名师名校名校长

凝聚名师共识
回应名师关怀
打造名师品牌
培育名师群体

数学之光

新高考下的
高中数学文化探索

崔 晋 / 主编

西安出版社

图书在版编目（CIP）数据

数学之光：新高考下的高中数学文化探索 /崔晋主编. -- 西安：西安出版社, 2024. 12. -- ISBN 978-7 -5541-7967-3

Ⅰ . G633.602

中国国家版本馆CIP数据核字第2025A0G316号

数学之光：新高考下的高中数学文化探索
SHUXUE ZHIGUANG XINGAOKAO XIA DE GAOZHONG SHUXUE WENHUA TANSUO

出版发行：西安出版社
社　　址：西安市曲江新区雁南五路 1868 号影视演艺大厦 11 层
电　　话：（029）85264440
邮政编码：710061
印　　刷：北京政采印刷服务有限公司
开　　本：710mm×1000mm　1 / 16
印　　张：16
字　　数：270千字
版　　次：2024 年 12 月第 1 版
印　　次：2025 年 5 月第 1 次印刷
书　　号：ISBN 978-7-5541-7967-3
定　　价：58.00 元

编委会

我对数学之美的认识

决定撰写这本关于数学的书籍时，我内心充盈着一种难以言喻的激动与敬畏。数学，这门古老而深邃的学科，如同宇宙中璀璨的星辰，既遥远又亲近，既神秘又熟悉。它不仅仅是数字和符号的排列组合，更是一种思维的艺术，一种揭示世界本质的力量。

因此，我还有一点隐忧，担心写出来的文字不能恰如其分地表达我理解到的数学之美。好在今天是一个开放、包容的时代，完全不用担心"草创未就，会遭此祸"的危险，那我就学古人的做法尝试下"究天人之际，成一家之言"吧。

以前我总在思考，古代没有所谓的"数学"也让人类历史延续了几千至几万年，那么是不是说"数学"可有可无呢？我想有很多没有深入了解数学的人也会有此疑问的。

其实，在我们的日常生活中，数学无处不在，从简单的购物计算到复杂的工程设计，从自然科学的规律探索到社会科学的数据分析，甚至也有人说地球、人类都是数学的产物。只是，数学太过于高深，以至于那些数学天才被深深地折服，乃至深信这是上帝的杰作，人类无法洞彻。我们这些"凡夫俗子"更难领略数学本身所蕴含的无尽魅力和深刻智慧。

尽管如此，我还是想做一点努力，向喜欢数学的人谈谈数学之美，期待有更多的人喜欢数学、研究数学、发展数学。我希望通过我们的团队，为读者打开一扇通向数学奇妙世界的大门，让大家看到数学不仅仅是枯燥的公式和定理，更是充满生机和创造力的人类智慧的结晶。

数学之美，美在它的简洁与和谐。世界上的美实在太多了，艺术之美在于激发人的遐想，促进多巴胺的分泌；语言之美在于让读者感受到温度，产生情感上的共鸣；食物之美在于刺激味蕾，让人感受到酸甜苦辣咸的精彩。但是这些美，人们虽然能感受到，却说不清道不明。而数学之美就简单得多，就拿黄金分割来说吧，中国古代有过类似的描述，诸如"增之一分则腴，减之一分则瘦，著粉则太白，施朱则太赤"，只是多出多少、减少多少才是最合适的，最能表现出这种美呢？古人似乎也说不清楚。而数学上的"黄金分割"理论只用一个公式就可以让世人懂得其中的奥秘。

另外，黄金分割之美同圆的完美对称、三角形的稳定结构之美一样让人着迷。这些图形不仅仅是视觉上的享受，更是数学思想的直观体现。它们以一种无言的方式，向我们展示着数学的秩序和规律，体现出整饬和谐之美。

当然，数学之美还体现在它的普遍性和永恒性上。无论在地球上的哪个角落，无论在过去、现在还是未来，数学的真理都是不变的。数学的定理和公式不会因为时间的流逝而褪色，不会因为文化的差异而改变。它是全人类共同的语言，是跨越时空的智慧纽带。全世界的人都知道 $1+1=2$，我一想到这么奇妙的结论就屡屡感叹，也就明白那些顶尖的数学家为什么会相信上帝的存在了。莫非人类的认知真的是与生俱来的，后天的学习只是唤醒他们的记忆？

数学之美还在于数学之力，这个"力"不是具体的物理上的力，而是一种数学思维之力，是一种看不见却能真实感受到的力。可以说，数学是推动科学技术进步的重要工具。从牛顿的万有引力定律到爱因斯坦的相对论，从量子力学的发展到现代 AI 技术的诞生，数学在每一次科学革命中都发挥了关键作用。它帮助我们理解自然界的运行规律，预测未知的现象，解决实际生活中的各种难题。桥梁可以横跨江面，火箭可以飞往太空，一枚芯片可以存贮世界上所有的图书……一切就好理解了。

在当今数字化的时代，数学在信息技术领域的作用愈发凸显。算法、密码学、数据压缩、人工智能等众多前沿技术都建立在坚实的数学基础之上。数学的力量不仅改变了我们的生活方式，还为人类社会的发展提供了源源不断的动力。

当然，数学之美还在于它严谨的思维、神秘的哲理，也还有其他的美的形式，不一而足。

就像人类历史上数学的发展一样，每一步都是艰难的，都是付出了巨大的代价的。我在编写这本书的时候常常在想，为了这本书的结集出版，我的团队熬过多少个通宵，牺牲了多少与家人相处的时光，在此，我要特别感谢他们的辛苦付出，虽然我被冠名主编，付出的时间和精力却是不够的，对此我深表歉意。

不管怎么样，这本书终于画上了句号，就像每一朵花都有个春天的梦想，我也一样，希望这本书能对喜欢数学的人起到一点点作用，希望翻阅此书的你能感受到数学之美，这也是我最大的期望。

崔晋

2024 年 9 月 9 日深夜

目录

第四章　数学之探：新高考下的高中数学备考

第五章　数学之韵：数学文化的传承与发展

第一章

数学之美：

基础

1.1 数学的历史长河

数学是已知的历史上最古老的学科之一，其起源可以追溯到古代文明，如古巴比伦、古埃及、古印度、古希腊和古中国。数学发展到今天，已经成长为一门十分重要的学科，小如生活中的一次扫码支付，大到航天航空的发展，都离不开数学。那么，数学是如何诞生与发展的呢？

1.1.1 数学形成的萌芽时期

人类最早用手指和脚趾来计数，但它们只能表示 20 以内的数字。当数目很多时，人们又用石头、豆粒、打绳结，或者在兽皮、兽骨、树木、石头上刻画记数。1960 年，非洲乌干达与扎伊尔交界处的伊尚戈村出土了一块狒狒的腓骨，其上清晰地刻着 29 道 "V" 字形的刻痕，这些刻痕似乎被有意地分成了几个小组，考古学家们猜测它的用途是记录月亮周期或时间的变迁。这就是著名的伊尚戈骨，被认为是迄今为止发现的最早的数学工具之一。

（1）美索不达米亚的数学

亚洲西部的底格里斯河和幼发拉底河之间的地带（大致相当于今天的伊拉克），古代称为美索不达米亚，公元前 19 世纪至公元前 6 世纪期间，该地区的数学称为美索不达米亚数学，有时也称为巴比伦数学。

19 世纪上半叶，大约 50 万块刻有楔形文字的泥书板于美索不达米亚被挖出。其中有近 400 块被鉴定为载有数字表和一批数学问题的纯数学书板，现在关于巴比伦的数学知识就源于这些原始文献。从这些文献中可以看出，美索不达米亚人使用的是六十进制（基数为 60）的数字系统，他们用两种符号来表示 "1" 与 "10"，用它们的组合来表示其他数字，以 60 为基底采用进位符号，与现代的时间和角度度量系统相同——这可能与他们对天文学的研究有关。他们已经会区分恒星和行星，预测日食和月食。这种记数法允许他们以相对较少的符号表示大范围的数字，并且能够进行复杂的分数操作，但缺少零的符号。

美索不达米亚人对算数、代数、几何和测量均有研究。他们编制了各种数表帮助计算，有些泥板上记录了乘法表、倒数表、平方与平方根表，立方与立方根表。他们还掌握了一些初步的几何知识，能够计算三角形、梯形的面积和棱柱、方锥的体积，表明他们在几何学和数值计算方面有着相当高的水平。美索不达米亚数学的应用非常广泛，涉及经济、建筑、天文学、法律等众多领域。

虽然他们的数学体系缺乏像后来古希腊数学那样的理论深度和公理化结构，但这些辉煌的数学成就对西方和中东地区的数学发展都有着不可忽视的影响。

（2）古埃及的数学

古埃及的数学起源于大约公元前 3000 年的古王国时期，主要服务于实际应用。古埃及的数学没有留下像古希腊那样的哲学性或理论性的数学著作，除了一些坟墓和纪念碑上的铭文，主要体现在一些保存下来的纸草卷上。

从这些奇迹般保存下来的莎草纸上，我们认识到古埃及人使用一种基于十进制的符号系统，但没有位值的概念，因此每到需要表示 10 的幂次方的数值时，都需要重新设计一个新的符号，每个数量级的数字都需要单独的符号表示。1 用一条单杆（竖线）代表，10 用蹄印代表，100 则是一朵莲花的形状，弯曲的绳索代表 1000，手指代表 10000，蝌蚪或青蛙代表 100000，神或人的形象代表 1000000。其他具体的整数，需要在相应数量的符号旁边放置对应数量的单杆（竖线）。例如，表示数字 246，他们会画两个莲花（代表 200），四个蹄印（代表 40），以及六个单杆（代表 6）。古埃及人对分数的处理也有其独特之处。除了 $\frac{2}{3}$，他们通常只使用单分数，也就是分子为 1 的分数，并用一个特殊的符号（开口朝左的半圆）来表示分数的概念。例如，表示分数 $\frac{1}{n}$，古埃及人会直接写出 n 的符号，并在其上方加上分数冠。对于一些常见的分数，如，$\frac{1}{2}$，$\frac{1}{3}$，$\frac{2}{3}$，$\frac{1}{5}$，…，他们也有一套特殊的符号来表示。对于其他的分数，古埃及人会将它们分解成单位分数的和。这种分解通常不是唯一的，古埃及人会使用各种方法来找到合适的分解。他们用重复叠加的方式进行乘法和除法运算，加倍算法在他们的数学中相当重要。《莱因德纸草书》中就有一个数表，列出了部分数的双倍，如，$\frac{1}{5}$的双倍是$\frac{1}{3} + \frac{1}{15}$。这种记数法在当时的文化和社会实践中非常实用。当然，缺乏位值系统也影响了其灵活性和效率，使得大数目的计算变得复杂和烦琐。此外，由于分数只能用单位分数表示，处理非单位分数的运算会相当困难。

古埃及人在几何学方面尤其擅长，这可能与他们修建金字塔等建筑活动有关。他们知道如何计算矩形、三角形、梯形以及圆的面积。在体积计算方面，他们能够计算立方体、圆柱体和截锥体的体积。比如，《莫斯科纸草书》中就记载了这样一个问题：

一个平头金字塔的形状，其底面是一个正方形，顶面也是一个正方形，但大小不同，并且四个侧面是斜面。

古埃及人提出了一个公式来计算这种形状的体积，即

$$V = \frac{1}{3}h(a^2 + ab + b^2)$$

其中，h是高度，a和b分别是底面和顶面的边长。这个公式与现代数学中计算截棱锥体积的公式相似。

尽管古埃及的数学缺乏系统性的理论框架，但它的实用性满足了当时社会的需要，同时也展示了古埃及人在数学上的创造力和智慧，对后来的数学发展产生了一定的影响。

这一时期的古埃及人在长期的生产实践中逐渐形成数的概念，并初步掌握了其运算方法等数学知识，几何知识初步兴起，但似乎都更侧重实用性，缺乏逻辑因素，更没有命题的证明。相比之下，后来的希腊数学家们开始注重逻辑推理和证明，真正改变了数学应用的意义。

1.1.2 初等数学开创与发展时期

公元前6世纪到公元17世纪初，是初等数学开创与发展的时期，也被称为常量数学时期。在这一时期，形成了初等数学的主要分支：算术、几何、代数、

三角，其研究成果构成了今天中学数学的主要内容。

（1）古希腊的数学

古希腊数学最著名的成就之一是对几何学的深入研究。欧几里得的《几何原本》是最具代表性的作品，涵盖了当时已知的几何学、数论和初等代数的基本内容。每一卷都以一组定义、公设和公理开始，随后是一系列定理和它们的证明。它展示了如何从一个小的、精心选择的前提集合出发，构建一个完整的、内在一致的理论体系。这种构建科学理论的方法至今仍是科学和数学研究的基石。

阿基米德在几何学、力学和流体静力学方面都有重要贡献，他的数学工作包括对圆周率的近似计算和求积问题。他从单位圆出发，先用内接正六边形得出圆周率大于 3，再用外接正六边形并借助勾股定理得出圆周率小于 4。随后，他对正六边形的边数分别加倍，直到正 96 边形为止，求出了圆周率的下界和上界分别为 $\frac{223}{71}$ 和 $\frac{22}{7}$，并取它们的平均值 3.141851 为圆周率的近似值，开创了人类通过理论计算圆周率近似值的先河。

毕达哥拉斯学派最著名的数学成就是"勾股定理"（毕达哥拉斯定理），并给出了严格证明。该学派还在数论方面做出了重要贡献，他们对整数的研究尤其深入，认为"万物皆数"，数字是宇宙的基础。他们发现了许多关于整数的性质，包括完美数、亲和数、素数等概念。他们还研究了数学与艺术的和谐关系，发现了"黄金分割"，获得关于比例的形式美规律。他们还发现在音乐上，当弦长之比为 2：1，3：2 等简单整数比时，能产生和谐的音调。

同样在算术与代数方面有所建树的还有丢番图，他的《算术》一书专注于代数和算术问题，特别是关于整数解的方程问题。其中展示了一种处理代数问题的新方法，这种方法更加抽象，不依赖于几何图形，推动了代数学从几何学中独立分离出来。他还采用了一种缩写符号来表示未知数的运算，这可以说是代数符号化的早期尝试。

（2）欧洲文艺复兴时期的数学

从 11 世纪到 12 世纪，欧洲经历了一次文化上的复兴。通过与伊斯兰世界的接触，欧洲学者开始重新发现和翻译古典文献，欧几里得的《几何原本》、托勒密的《天文学大成》等经典数学著作再次受到重视，成为大学教育的基础教材。在文艺复兴的浪潮下，数学在科学与自然的探索中愈发被重视，进一步走向繁荣。文艺复兴时期的艺术家，如达·芬奇、米开朗琪罗等人也在他们的作品中应用了数学原理，特别是在人体比例和透视画法方面，使画面更有立体感。这种数学与艺术的融合体现了当时人们对美和秩序的追求。随着大航海时代的到来，还出现了许多用于计算经纬度、航海路线的数学工具和方法。

这一时期产生了许多重要的数学成就。斐波那契撰写了《算盘书》，书中包含了古代中国、印度和希腊的数学内容，特别是古代中国的"孙子问题"和"百鸡问题"。卡尔达诺在《大术》一书中详细介绍了求解三次方程和四次方程的一般解法，其著作《论赌博游戏》也被认为是概率论的先声。符号代数学也在此时确立，"代数学之父"韦达在《分析方法入门》中首次系统地使用字母来表示未知数和已知数，这一创举极大地推动了代数学的发展。三角学上，德国数学家雷格蒙塔努斯的《论各种三角形》是欧洲第一本独立的三角学著作，该著作对平面三角和球面三角进行了系统阐述。哥白尼的学生雷蒂库斯在重新定义三角函数的基础上，制作了更加精密的三角函数表。

欧洲文艺复兴时期的数学在物理学、工程学、经济学等领域的应用推动了现代科学和技术的进步，在文化交流、数学家贡献、数学领域发展以及与自然科学的结合等方面都取得了显著的成就，为后来的科学革命和现代数学的发展奠定了坚实的基础。

1.1.3 变量数学时期

变量数学时期，也称为变量与函数数学时期或高等数学初期，大致 17 世纪初到 19 世纪末。这一时期的数学研究，数学符号开始趋向标准化，引入了变量与函数的概念，并创立了一系列新的数学分支和理论。

法国数学家勒内·笛卡尔创立了解析几何学。他在著作《几何》中详细阐述了解析几何的基本原理，引入了坐标系的概念，将几何图形与代数方程联系起来，使得几何问题可以通过代数方法来解决，反之亦然。这改变了传统几何的研究方法，为微积分等后续学科的发展奠定了基础。

牛顿和莱布尼茨分别独立地创立了微积分学，用于处理变化率和累积量的问题。它极大地扩展了数学的应用领域，推动了物理学、天文学、工程学等多个学科的发展，是数学史上的一次重要里程碑。微积分的发展催生了一个新的数学领域——数学分析（包括无穷级数论、微分方程、微分几何、变分法等学科），它后来成为数学发展的一个主流。

法国数学家布莱兹·帕斯卡和法国律师皮埃尔·德·费马在一系列通信中讨论了如何合理分配赌金等概率问题，这标志着概率论的诞生。1657年，荷兰数学家惠更斯发表《论赌博中的计算》，也用自己的方法解决了这一问题。其中均涉及了"数学期望"这一概念，奠定了古典概型的基础。

17世纪，莱布尼茨、牛顿等人利用无穷级数进行微积分的研究。随后，格雷戈里发现了一般函数的二项展开式，若干三角函数和反三角函数的无穷级数展开式，但并未解决收敛和发散问题。18世纪，数学家莱昂哈德·欧拉对无穷级数做出了巨大的贡献。他不仅广泛地使用了无穷级数，而且还研究了它们的收敛性和发散性，包括对调和级数、几何级数和其他类型的无穷级数的深入分析。

同时，射影几何、数论等分支也在变量数学时期得到了进一步的发展，研究内容更加深入和广泛。变量数学时期是数学史上一个重要的转型期，它推动了数学和科学的发展进入了一个新的阶段，为现代数学的发展奠定了基础。

1.1.4 现代数学时期

19世纪20年代开始的漫长而丰富的数学发展阶段，被称为现代数学时期。有人说，现代数学常常被喻为一棵枝繁叶茂的大树，它以抽象代数、拓扑学、泛函分析为三大主体。变量数学时期新兴起的许多学科，也在此时期蓬勃地向前发展，得以不断充实和深入。

19世纪前半叶，非欧几何的发现打破了欧几里得几何的唯一性。它的提出者包括高斯、罗巴切夫斯基、黎曼等著名数学家。他们通过质疑和修改欧氏几何的平行公理，逐步建立了非欧几何的理论体系，为相对论的诞生打下了基础。1843年，哈密顿发现四元数代数不满足乘法交换律，改变了人们对代数的传统认识，推开了近代代数的大门。多项式方程的研究引出了群论的概念，多种代数系统，如环、域、线性空间等概念被建立起来，使得数学家们能够更深入地研究代数系统的结构和性质。这两大领域的发展，被称为几何学的解放与代数学的解放。

抽象代数在 20 世纪初迅速发展，超越了传统的数论和代数方程的研究。群论、环论、域论、模论等抽象结构成为研究的重点。这些理论不仅在数学内部有广泛的应用，而且在物理学、化学、计算机科学等领域也有着重要影响。

拓扑学作为数学的一个分支，研究空间在连续变换下的不变性质。从点集拓扑学到代数拓扑学，再到微分拓扑学，拓扑学的发展为数学提供了新的视角和工具，对几何学、分析学和物理学产生了深远影响。

泛函分析结合了函数论和线性代数的思想，研究无限维空间上的函数和算子。它在量子力学、偏微分方程、信号处理等领域有着广泛的应用。

1946 年，第一台电子计算机诞生后，随着信息技术的发展，计算数学作为一门新的学科逐渐兴起，推动了数学在计算机科学中的应用。

19 世纪结束时，德国著名数学家大卫·希尔伯特在一次演讲中集中讨论了数学研究中尚未解决的问题在引领未来数学研究中所起的作用。他讲述了他认为在新世纪将要着重研究的 23 个重要问题。这些问题在此后百年中激发着数学家的智慧，对数学发展的影响和推动是巨大的。

总之，现代数学时期是一个充满创新和发展的时期，数学几乎渗透到所有的科学领域，形成了许多边缘数学学科。数学与自然科学、社会科学和哲学的联系更加紧密，形成了一个综合的知识集合体，不断推动着人类文明的进步。

1.1.5 中国的数学发展

作为人类文明古国之一，中国的历史源远流长，中国的数学也有着自己独特的发展轨迹。

（1）先秦时期

中国古代数学的萌芽可以追溯到商周时期，甚至更早的新石器时期。约 7000 年前，人们开始通过结绳记数等方式进行基本的计数和记数。商周时期，人们使用象棋棋子、绳结、算筹等工具来进行简单的计数和记数，殷商甲骨文中已有 13 个记数单字。

传说伏羲创造了画圆的"规"和画方的"矩"，黄帝臣子倕则是"规矩"和"准绳"的创始人。这些工具在当时的土地丈量、山高谷深测算、产量计算等方面发挥了重要作用。

《周髀算经》是中国古代一部重要的数学和天文学著作，可能孕于周而成于西汉。其中明确记载了勾股定理的公式："若求邪至日者，以日下为勾，日高为股，勾股各自乘，并而开方除之，得邪至日。"书中还给出了详细的证明与应用，如测量太阳到地球的距离。

到春秋战国时期，数学知识已经远远超出了简单的计数范畴，算术、几何等领域都有了显著发展。春秋战国时期的诸子百家争鸣，思想活跃，逻辑思维得到了显著发展，也对数学推理和证明有一定的促进作用。如《庄子》中写到的"一尺之棰，日取其半，万世不竭"就体现了极限的思想。

（2）秦汉至隋唐时期

秦汉时期的数学在算术和代数方面取得了显著进步，几何知识也有所发展。东汉初年，数学专著《九章算术》诞生，以问题集的形式分九章编写，全书收录了 246 道数学应用题，涵盖了分数四则算法、平面几何图形求面积法、粮食交易的计算方法等多个领域，标志着中国数学理论的第一个发展高峰。

魏晋时期的数学在中国数学史上占据着重要地位，这一时期涌现了众多杰出的数学家并取得了许多重要的数学成就。刘徽对《九章算术》进行了详细注解，不仅阐释了原文，还添加了自己的见解和数学方法。他的注解被视为极具洞见和创造性的工作，为后世数学家提供了宝贵的思想源泉。刘徽还提出了"割圆术"，通过逐步细分正多边形来逼近圆的周长，从而计算出圆周率的近似值。他利用极限思想和无穷小分割，将圆内接正多边形不断加倍，推算到正 3072 边形，得出了当时世界上最精确的圆周率值（约 3.1416）。他还提出十进小数的概念、正负数的概念以及加减运算的法则，改进了线性方程组的解法，并首次提出"不定方程组问题"。

祖冲之在刘徽开创的探索圆周率精确方法的基础上，首次将圆周率精算到第七位小数，即在 3.1415926 和 3.1415927 之间。他与儿子祖暅撰写的《缀术》五卷，被收入著名的《算经十书》中。他们提出"幂势既同则积不容异"，并据此解决了球的体积问题。他们还提出了二次方程。他们三次方程的解法。

公元 400 年前后，《孙子算经》给出了筹算记数制度及乘除法则，其中的河上荡杯、鸡兔同笼等问题后来在民间广泛流传，"物不知数"题目开一次同余式解法之先河。张丘建著的《张丘建算经》三卷，补充了等差级数的若干公式。

随着社会的发展，唐初的王孝通编著《缉古算经》，用三次方程解决了计算土方等问题。隋唐时期建立了国子监算学馆，李淳风等人编纂的《算经十书》作为教材被广泛使用，它是中国古代数学奠基时期的总结之作。

（3）宋元时期

这一时期的数学是中国古代数学发展的又一个高峰，其成就和贡献极为丰富。数学家们在代数、几何、方程解法等领域都取得了显著成就。例如，贾宪的《黄帝九章算经细草》，创造增乘开方法，并提出了开四次方的程序。沈括在《梦溪笔谈》中首创隙积术，开高阶等差级数求和问题之先河，又提出会圆术，首次提出求弓形弧长的近似公式。

秦九韶的《数书九章》，共分九类问题，涵盖了一次同余式组解法，如中国剩余定理（秦九韶定理）和高次方程的数值解法；土地面积的计算，如尖田求积、与海伦公式等价的三斜求积问题等；探讨勾股、重差等问题，如望山高远、临台测水等；建筑、施工相关的数学问题；交易、利息等经济数学问题，比西方同类成果早数百年。

杨辉在《九章算术》基础上解题、比类，著有《详解九章算法》，该书中画有一张表示二项式展开后的系数构成的三角图形，被称作"开方做法本源"，即著名的"杨辉三角"。

李冶在其著作《测圆海镜》和《益古演段》中系统地介绍了用天元术建立二次方程的方法，即利用未知数列方程的一般方法。随后，朱世杰在此基础上，于《四元玉鉴》中介绍了"四元术"，即设立四个未知数（天元 x、地元 y、人元 z、物元 u）的高次联立方程组的列法及解法。同时涉及了垛积术（高阶等差级数求和）与招差术（高次内插法）。

这一时期的数学家们在解决实际问题的同时，也注重数学理论的研究，为中国古代数学的进一步发展奠定了坚实的基础。

（4）明清与近代时期

这一时期，除珠算外，中国数学的发展相对缓慢。16 世纪末，利玛窦等欧洲传教士来华，与徐光启等一起翻译《几何原本》等著作。随后，三角学、对数等西方初等数学，解析几何、微积分、无穷级数论、概率论等近代数学知识也逐渐传入中国，中国数学开始了中西会通的阶段，数学工作者们在研究传统数学的同时不断吸收新的方法。如梅文鼎的《数理精蕴》和李善兰的《续几何原本》等，他们在继承传统数学的基础上，吸收西方数学的成果，推动了中国数学的发展。但这些成果，与同时代的西方相比，还是明显落后了。清末，随着洋务运动的兴起，新式学堂开始设立，数学教育逐渐向现代化转型。这些学堂采用了西方的数学教材和教学方法，培养了一批具有近代数学知识的人才。

（5）现代发展

19 世纪末 20 世纪初，中国数学发生了很大的变化，中国政府派出大批留学生出国深造，这样一批海外学子归来之后，中国在科研、教育、学术交流等方面都有了新发展。

中华人民共和国成立后，我国成立了中国科学院数学研究所，创办了《数学学报》等刊物，培养了大量数学研究人才，形成了多个具有影响力的学派。

这一时期，涌现了许多成就突出的数学家，例如：华罗庚，在解析数论、典型群、矩阵几何学、自守函数论、多复变函数论等多个领域均有开创性贡献，被誉为"人民的数学家"。苏步青，微分几何学和计算几何学领域的杰出数学家，被誉为"东方国度上灿烂的数学明星"。陈景润，在数学领域取得了重要成就，1973 年发表了哥德巴赫猜想中的"1＋2"命题的详细证明，这一结果被公认为对哥德巴赫猜想研究的重大贡献。丘成桐，国际知名的数学家，菲尔兹奖首位华人得主，在几何分析领域有杰出贡献，证明了卡拉比猜想和正质量猜想。

如今，中国数学在国际上已享有较高声誉，数学家们在各个领域都取得了显著成就，为世界数学的发展做出了重要贡献。

参考文献

［1］令狐若明．古埃及人丰富的数学知识［J］．大众考古，2019（9）：67－72.

［2］董晓丽．巴比伦数学研究［D］．大连：辽宁师范大学，2020.

［3］潘达成 . 浅议中国数学发展史［J］. 黑龙江科技信息，2015
（30）：19.

［4］林彤 . 东西方数学发展史对比分析［J］. 科技视界，2016（25）：
124，297.

［5］林夏水 . 毕达哥拉斯学派的数本说［J］. 自然辩证法研究，1989
（6）：48 – 58.

1.2 数学的基本语言：数与式

随着我国教育改革的深入，新高考制度的实施对数学教育提出了全新的挑战与机遇。数学，作为人类思维的工具和科学的语言，其核心在于理解和应用数与式。在新高考背景下，数学教育的目标不再仅仅是知识的传授，而是转向了对学生数学核心素养的培养，包括数学抽象、逻辑推理、数学建模、直观想象、数据分析、问题解决等能力。因此，深入探讨数学基本语言中的数与式，对于理解数学的本质，提升学生的数学素养，以及适应新高考的要求，具有重要的理论与实践意义。

数，作为最基本的数学元素，是人类理解和描述客观世界的基本工具。它不仅承载着数量的信息，更蕴含了运算的规则与结构的内涵。新高考的改革强调对数的本质特征的深入理解，以及不同运算之间的联系，旨在引导学生从本质上理解数的性质，从而构建坚实的数的理论基础，为后续的数学学习奠定基础。

与此同时，代数式作为一种特殊的数的语言，它将数与运算以符号的形式组织起来，形成了更为抽象和通用的表达方式。在新高考中，对代数式的理解和应用将更加强调其在问题解决中的关键作用，通过代数式的灵活应用，学生可以更直观地表示和理解复杂的数学关系，这对于提升他们的数学抽象能力和问题解决能力至关重要。

进一步讲，方程作为数学语言中的重要工具，其解法与性质的研究不仅有助于学生深入理解数学思想，更能培养他们运用数学解决实际问题的能力。新高考改革中，对方程的考查将更加注重其作为数学交流手段的功能，鼓励学生通过方程来表达和探索数学问题，从而提高他们与数学思想的沟通能力。

下面将从数的基本概念出发，通过解析其本质特征，揭示不同运算的内在联系，为后续章节的深入探讨奠定基础。我们将详细介绍代数式的基本构成和表达方式，以及其在问题解决中的重要性。此外，我们还将探讨方程的解法与性质，强调其在数学语言中的核心地位。通过理论探讨与实例分析，我们希望为学生和教育工作者提供一种全新的视角，帮助他们更有效地理解和运用数学基本语言，以适应新高考的要求。

1.2.1　数的基本概念与运算

（1）整数与有理数

在新高考的数学教学中，数的基本概念和运算被视为数学学习的基石。首先，我们关注整数，这是所有有理数的基础。整数包括正整数、零与负整数，它们之间的加减运算是最基本的数学操作。新高考要求学生深入理解整数的运算规则，不仅停留在操作层面，更要理解其背后的逻辑和结构。例如，加法的交换律和结合律，以及减法和乘除的定义。通过深入理解，学生能够更准确地把握数的本质，为后续学习有理数运算打下坚实的基础。

有理数是对整数概念的拓展，它包含了所有可以写成两个整数比的形式的数，如分数和小数。有理数的运算，尤其是乘除法，涉及分数的运算，这是学生在新高考中常常遇到的难点。为了帮助学生克服这一难点，教学中应强调分数的直观理解，如借助实物模型或图形来展示分数的意义，通过比较大小和通分来学习分数的加减。同时，新高考也鼓励教师引导学生探索分数乘除的规律，例如，乘法中分数的倒数规律和除法中"除以一个数等于乘以它的倒数"的原则。

在处理有理数运算时，教师需注重培养学生的抽象思维能力。例如，通过引入代数符号，用 a 和 b 代表任意的整数，学生可以学习操作变量，从而逐步理解有理数的一般性质。这有助于学生在面对更复杂的数学问题时，能够迅速抽象出问题的核心，用数学语言进行表达和解决。

新高考改革强调了数学在实际生活与科学中的应用。因此，教学中应结合实际例子，让学生在解决具体问题中体会整数与有理数运算的应用，如测量、金融计算、科学监测等。这种"数学建模"的教学方法，不仅能让学生看到数学与实际的紧密联系，也能提升他们对数与运算的直观理解，从而更好地解决学习中的应用题。

在新高考的背景下，理解和掌握整数与有理数的概念、运算及其在实际问题中的应用，是学生提升数学素养的关键。通过深入研究数的本质，探索运算的内在联系，结合实际问题的解决，学生能够更好地适应新高考的要求，为后续的数学学习打下坚实的基础。教师的角色不仅仅是知识的传授者，更是引导学生主动探索、应用数学思维的伙伴，师生共同构建一个以理解和应用数学语言为核心的教学环境。

（2）实数与虚数

在深入探讨数的基本概念之后，我们进一步引领学生进入实数与虚数的广阔世界，这是数学语言中描述连续性与复杂数学结构的核心工具。实数，包括有理数和无理数，形成了一个完备的数系，能够精确地描述所有实数轴上的点。新高考改革要求学生不仅要理解实数的定义，更要探索其内在的结构和运算规则，比如实数的完备性，以及实数之间的大小比较和加减乘除运算的性质。通过理解实数的性质，学生能更全面地把握数的连续性，这对于他们在高等数学学习中理解微积分和函数的连续性至关重要。

虚数的引入扩大了数的概念，它是由实数加上一个虚数单位 i 构成，其中 i 满足 $i^2 = -1$。虚数虽然在实际生活中看似抽象，但在解决某些数学问题，如复数分析、电路理论等领域，却有着不可替代的作用。新高考改革鼓励学生接触和理解虚数，以培养他们的数学抽象能力和对复杂数学结构的感知。教学中，教师应通过实例让学生体验虚数在解决实际问题中的应用，如在解决代数方程时，虚数根揭示了数学的深层对称性。

实数和虚数构成了复数系统，这个系统是解析几何和工程领域中的重要工具。新高考中的题目可能会直接或间接考查复数的运算，如共轭复数的概念、复数的模和幅角，以及复数方程的解法。教师在教学过程中，不仅要讲解复数的定义和基本运算，还要引导学生探索复数的几何意义，通过平面直角坐标系中的点与复数的对应关系，直观地理解复数的加减乘除。通过这样的教学，学生不仅能掌握复数的运算，还能建立起复数与几何图形间的直观联系，为理解更高级的数学概念做好铺垫。

新高考数学教育强调与现实世界的联系，因此，教师可以引入实际问题，如电子电路中的阻抗和相位分析，或是量子力学中的波函数，让学生在解决这些问题的过程中，自然地体会到复数的应用。这样的教学方式，有助于学生将理论知识与实践相结合，增强他们对数学语言的理解，提高他们解决实际问题的能力。

在新高考的背景下，理解和应用实数与虚数，不仅能够丰富学生的数学素养，还能培养他们面对复杂问题时的抽象思考和解决问题的能力。通过深入学习实数与虚数的理论，学生能更好地适应数学教育的新要求，为未来的学术和职业发展打下坚实的基础。教师在教学过程中，要充分发掘实数与虚数的丰富内涵，引导学生体会数学语言的深度和广度，激发他们对数学的热爱和探索精神。

1.2.2 代数式与方程

（1）多项式与因式分解

多项式，作为代数式的一个重要分支，是数学语言中的精髓，它由常数和变量的乘积组成，通过加法连接。在新高考的数学教育中，多项式及其相关概念的掌握成为学生深入理解数学语言、提升问题解决能力的关键。多项式不仅提供了描述和解析复杂数学关系的工具，而且在实际问题中，如物理运动模型、工程设计乃至经济学预测中，都扮演着核心角色。

多项式的系数、指数、项数等特性是学生需要理解和掌握的基础知识。新高考要求学生能够熟练地识别和区分不同类型的多项式，如一次多项式、二次多项式等，并理解它们与函数图像的对应关系。教学中，教师应注重通过图形直观展示多项式的性质，比如画出二次多项式的抛物线图像，以帮助学生理解其单调性、极值点和根的几何意义。

因式分解是多项式理论中的核心技巧，它将复杂的多项式转化为更简单的因式乘积，有助于简化计算和揭示多项式的本质结构。新高考改革强调因式分解在解决问题中的重要性，要求学生掌握基本的因式分解方法，如提取公因式、运用完全平方公式和平方差公式，以及处理更复杂情况的十字相乘法和韦达定理。教师应引导学生通过实例分析，掌握因式分解的策略，并在解决实际问题时灵活运用，如在求解方程、求最值问题和求曲线的交点时，因式分解能显著简化问题的解决过程。

在新高考背景下，教学资源如《新高考数学题型全归纳》会针对因式分解这一技能进行专门的训练和讲解，通过历年高考真题和变式题，帮助学生掌握解题技巧，提高解题效率。同时，网络教学资源如 UP 主的视频讲解，也能让学生在自主学习过程中，通过观看分解过程，加深对因式分解的理解。

除此之外，教师还可以通过引导学生参与数学建模活动，比如用多项式模型来模拟物理运动，或者用二次多项式来拟合数据，让学生在实际应用中体验因式分解的价值。这样既能增强学生的数学应用能力，又能提高他们对数学语言的理解，从而更好地适应新高考的要求。

在新高考的数学教育中，对多项式与因式分解的深入理解和熟练掌握，有助于学生提升数学素养，培养他们的抽象思维和问题解决能力。教师应充分利用教材和教学资源，引导学生通过理论学习和实践应用掌握多项式理论，为后续学习微积分、线性代数等高级数学打下坚实基础。

（2）一元二次方程与不等式

一元二次方程是代数方程的核心部分，它在数学的基本语言中具有举足轻重的地位，不仅因为其广泛应用于现实生活中的各种问题，如物理、工程、经济等领域，更是因为其解法和性质揭示了数学思想的深刻内涵。新高考改革背景下，对一元二次方程的理解和应用成为学生数学素养提升的关键组成部分。

一元二次方程的一般形式为 $ax^2 + bx + c = 0$，其中 a，b，c 为实数，且 $a \neq 0$。解一元二次方程的方法包括直接开平方法、因式分解法、配方法、求根公式法，甚至可以利用图形法，这些方法不仅要求学生具备扎实的代数基础，还强调数学思维的灵活性。新高考改革要求学生能够根据题目的特点选择合适的方法解题，这有助于培养他们解决问题策略的多样性，以应对不同类型的考试题目。

求根公式是解一元二次方程的标准方法，其形式为 $x = \dfrac{-b \pm \sqrt{b^2 - 4ac}}{2a}$。

教师在教学过程中，不仅要让学生熟练掌握求根公式的推导和应用，还要引导他们理解公式背后的几何意义，即抛物线与 x 轴的交点。通过这种方式，学生能够更直观地理解方程解的几何内涵，并增强他们对数学语言的感知。

不等式是另一项在新高考中占据重要地位的数学技能。它不仅反映了数与式的比较关系，而且在实际问题中还起着描述和约束的作用。一元二次不等式的解法通常涉及配方法、作图法和利用二次函数的图像法。新高考改革强调不等式的实际应用，比如在经济模型中确定利润最大化的生产量，或者在物理问题中确定物体运动的可能区间。为了让学生更好地适应这种要求，教师需要在教学中精心设计实例，让学生在解决实际问题的过程中熟悉不等式的解法。

新高考数学试卷中，一元二次方程与不等式的题目设计往往更具挑战性，它们通常与实际问题紧密相连，要求学生具备良好的数学建模能力，能够将问题数学化，并灵活应用所学知识找到答案。例如，题目可能会要求学生建立一元二次方程来描述物体的运动轨迹，然后求出方程的解来确定关键点，同时还需要解不等式来划定问题的可行区间。

新高考改革倡导的教育理念是培养学生的数学核心素养，教师的角色转变为学习的指导者，教材则需要强调实际问题的解决，以适应新的教学需求。为了帮助学生适应这一变化，教师可以引入《新高考数学题型全归纳》等教学资源，通过解析历年真题和模拟题，让学生熟悉题型特点和解题策略。同时，网络教学资源，如 UP 主提供的视频讲解，为学生提供了自主学习的途径，他们可以通过观看视频来深化对一元二次方程和不等式的理解。

在新高考背景下，教师要注重引导学生从本质上理解一元二次方程与不等式的概念、解法及其在实际问题中的应用，鼓励学生通过数学语言来表达和探索问题，从而提高他们问题解决的能力。通过理论研讨与实际应用的结合，学生将能更好地掌握数学基本语言，提升数学素养，以适应新时代数学教育的要求。

参考文献

[1] 李鸿昌. 如何使数据更加集中——由 2023 年新高考 I 卷第 9 题引发的探究 [J]. 高中数理化，2024（1）：32-36.

[2] 王坤. 2013 年新课标高考数学试题分类选析与变式研究——基本初等函数（I）[J]. 高中数理化，2013（19）：7-9.

[3] 夏玉梅. 一道函数导数题的"深挖细掘"——2022 年新高考数学 I 卷

第 22 题分析及教学启示 ［J］. 教育研究与评论（中学教育教学），
2023（4）：34 – 39.

［4］ 林全德. 数学运算能力的理论理解与培养路径——新高考的视野下 ［J］.
数学教学通讯，2023（6）：43 – 45.

［5］ 胡晓梅. 2013 年新课标高考数学试题分类选析与变式研究——集合与
简易逻辑 ［J］. 高中数理化，2013（17）：6 – 8.

1.3 图形之美：平面几何与立体几何

在知识经济时代，教育的重心逐渐从知识的灌输转向思维能力的培养，特别是在新高考改革的背景下，数学教育的目标已经超越了对公式和计算的掌握，转向了对逻辑推理、空间想象、问题解决等核心素养的提升。几何学作为数学的重要组成部分，其图形的直观性和逻辑性，使其成为培养这些能力的有效载体。平面几何和立体几何，作为几何学的两大支柱，分别对应了二维和三维空间的理解，它们的理论与应用深深根植于日常生活、艺术、工程和科学研究中。

1.3.1 平面几何

（1）基本概念与定理

平面几何作为几何学的基石，研究的是二维空间中的图形及其性质。下面将深入探讨平面几何中的基本概念，包括点、线、面、角以及它们之间的相互关系，并讨论与之相关的定理，以揭示几何学的严谨性和美学价值。

平面几何中最基本的元素是点，它是没有大小但占有位置的抽象概念。点的集合构成了直线，直线则是由无数点组成，且具有方向和长度但没有宽度的几何对象。在平面上，两直线要么相交于一点，要么互相平行永不相交。点和直线的结合形成了面，面是具有大小和形状的二维空间，如矩形、三角形等都是面的不同形态。

再者，角是两条射线共享一个顶点的几何结构，它在平面几何中扮演着至关重要的角色。角的大小由构成它的两条射线的夹角决定，而角度的度量是通过比较它与标准角度的大小关系来实现的。平面上的角可以分为锐角、直角、钝角、平角、周角等不同类型，每种角都有其特定的性质和应用。

平面几何中的核心定理包括中点定理、垂直平分线定理、相似三角形定理、圆的性质定理等。中点定理指出，连接三角形两边中点的线段平行于第三边且等于第三边的一半；垂直平分线定理说明，垂直于线段且通过线段中点的线，各点到线段两端点的距离相等。相似三角形定理则阐述了两个三角形的比例关系及其对应边、对应角的等比例性，这对于解决复杂几何问题至关重要。圆的性质定理则涵盖了半径、直径、弧度、圆周角和圆心角的关系，及其在计算圆的周长和面积中的应用。

这些基本概念和定理构成了平面几何的理论框架，它们之间的联系和相互作用形成了几何学的逻辑体系。在新高考背景下，理解这些基本概念和定理的内涵，有助于学生在解决实际问题时能够灵活运用几何知识，提升空间思维能力。同时，教师应当以富有创意的方式教授这些概念，让学生在直观感受中发现几何的美感，增强他们对几何学的兴趣。

通过深入理解平面几何的基本概念与定理，学生不仅能应对新高考中的几何问题，还能在艺术、设计、建筑等领域中发现几何的实用价值。平面几何的美学价值不仅体现在其简洁的线条和对称的结构，更体现在其理论与实际的紧密结合，这正是我们希望通过教学策略和现代信息技术，引导学生探索和欣赏平面几何之美的核心理念。

（2）图形变换与应用

图形变换，作为平面几何中的重要概念，是指通过平移、旋转、翻折等操作，将一个图形转换为另一个图形，同时保持图形的形状和大小不变。这些变换在新高考中不仅作为独立的知识点进行考查，也常被用于解决复杂问题，如证明图形的相似性、探索图形的周期性以及在实际生活中应用几何原理时对物体进行建模和分析。理解图形变换的理论有助于培养学生的抽象思维和空间感知能力。同时，它在艺术设计、物理模拟和工程技术中也有广泛的应用。

在平面几何中，平移是最简单的变换，通过在平面上沿任意方向移动图形，平移不改变图形的大小和形状。平移常被用来探索图形的对称性，例如，通过平移可以揭示一个图形的轴对称或中心对称特性。旋转则是图形围绕一个固定点旋转一定角度，旋转可以保持图形原有的形状，但改变了其位置和方向。在解题过程中，旋转常用于比较和证明两个图形的位置关系，如旋转一个三角形使其与另一个三角形重合，以证明它们的相似性。

翻折，也称为轴对称，是将图形沿着一条直线（对称轴）对折，使图形的两边完全重合。翻折操作在新高考中常用于证明图形的对称性，以及在工程设计中简化复杂的结构。例如，在建筑设计中，对称性不仅增添了美感，也简化了施工过程，节省了材料。

图形变换的理论知识在现代艺术创作中也有广泛的应用。艺术家们利用这些变换原理，创造出各种具有视觉冲击力的作品，如荷兰艺术家莫里茨·科内利斯·埃舍尔（M. C. Escher）的木刻作品，就巧妙地融入了平移、旋转、翻折等变换，构造出看似不可能的图形世界，展现了几何美与逻辑美。

在物理模拟中，图形变换被用于描述物体的运动状态和空间关系。例如，在分析粒子轨迹时，可以通过图形变换将复杂的三维问题转化为二维问题，便于分析和解决。在工程设计中，如电路板布局或结构力学分析，图形变换有助于优化空间配置，提高设计的效率和精度。

在教学中，引入现代信息技术，如计算机辅助设计（CAD）软件，可以直观地展示图形变换的过程，帮助学生更深入地理解图形变换的原理及其在实际问题中的应用。同时，教师可以设计一些富有趣味性的作业，比如让学生通过图形变换来创作自己的艺术作品，或者解决一些与生活密切相关的实际问题，如设计一个对称的图案，或者规划一个高效的仓库布局。这样既能培养学生的创新思维，又能提升他们将几何知识应用于实际问题的能力。

图形变换在平面几何中的理论研究与实际应用，不仅丰富了学生对几何的理解，也促进了他们在艺术、物理、工程等领域的发展。在新高考背景下，强调将理论与实践相结合的教学方式，能够帮助学生在解决几何问题时灵活运用图形变换的原理，同时也能使他们在艺术欣赏和工程实践中发现几何的美学价值和实用功能。

1.3.2 立体几何

（1）空间图形特性分析

立体几何，作为几何学的另一大支柱，研究的是三维空间中的图形及其性质，如体积、表面积、对称性以及空间中的直线和平面之间的关系。新高考改革背景下，对立体几何的考查更侧重理解立体图形的本质，以及它们在实际问题中的应用。我们将深入剖析三维空间图形的特性，为后续章节的讨论奠定基础。

我们聚焦于最常见的立体图形，如立方体、长方体、圆柱、圆锥、球体等。立方体，以其六个相等的正方形面和十二条等长的棱，展现了三维空间中的对称性和规整性。长方体则由不同长度的矩形面组成，其体积和表面积的计算是新高考中的常考题型。圆柱和圆锥，由一个圆和一个平行于圆的面卷曲而成，它们的体积和表面积计算涉及圆周率 π 的应用，而球体则是唯一由同半径圆面围成的规则图形，其性质的掌握对解决几何问题至关重要。

在立体几何中，空间直线和平面的相对位置是一个核心概念。垂直和平行关系在二维平面中相对简单，但在三维空间中，直线和平面之间的关系变得更为复杂，包括相交、平行和重合三种基本类型。理解这些关系，不仅有助于解决几何证明问题，也是几何建模和空间感知的基础。

立体几何的概念在实际应用中扮演着重要角色。在建筑设计中，建筑师利用立体几何原理设计结构，如柱廊、穹顶和拱门，创造出美观且坚固的建筑。在艺术创作中，雕塑家通过立体几何概念塑造空间中的形体，展现作品的立体感和动态美。在工程领域，如航空航天设计，工程师们利用立体几何原理来精确计算复杂的结构和飞行器的几何尺寸，优化性能，确保飞行安全。

在教学方法上，现代信息技术的引入，如计算机辅助设计（CAD）软件和虚拟现实（VR）技术，为立体几何教学提供了新的可能。这些工具可以创建动态三维模型，帮助学生直观地观察和分析立体图形的性质，增强空间感知能力。同时，设计富有挑战性的空间问题，如折纸雕塑或三维拼图，可以鼓励学生通过合作探究，发展创新思维，提升问题解决技能。

在案例研究中，我们可以探讨如何将立体几何知识应用于实际问题。例如，计算一个仓库的储物空间，或者设计一个高效的包装盒以减少运输成本。这样的实际问题能够让学生感受到几何学在日常生活中的应用，从而增强他们对几何学的理解。

空间图形的特性分析，不仅有助于学生理解立体几何的基本概念，也有助于他们学会将这些知识应用于生活和未来职业领域。在新高考背景下，通过创新的教学方式和现代技术的融合，我们旨在提升学生对立体几何的深入理解，培养他们的空间思维和实践能力，为他们在面对复杂多变的未来挑战时提供坚实的数学基础和科学素养。

（2）多面体与棱柱的性质

多面体是立体几何中的重要概念，它是由多个平面多边形围成的封闭三维图形。多面体的性质丰富多样，包括面数、棱数和顶点数，这组数据遵循著名的欧拉公式，即"面数＋顶点数－棱数＝2"。这一公式揭示了多面体内在的几何结构，是解决多面体问题的关键。

棱柱是多面体的一种特殊形式，其特征是所有侧面都是平行四边形，且两端为全等的多边形。常见的棱柱有矩形棱柱（如长方体）和正棱柱（如正方体和正六棱柱）。棱柱的特性包括底面形状、高、体积和表面积。棱柱的体积可以通过底面积乘以高来计算，而表面积则是底面积的两倍与侧面积之和。

正棱柱的性质尤为简单，其每条棱长度相等，每个面都是正多边形。正棱柱的对称性极强，这对于在建筑和设计中寻求规整性和平衡感尤为重要。例如，正方体是正棱柱的一种，其所有面都是正方形，对称性极高，这使得它在立方结构的设计中得到广泛应用，如立方格架、立方体包装等。

在新高考中，考查多面体与棱柱的性质，通常会涉及其体积和表面积的计算，以及对立体图形的直观感知和空间想象。教师需要引导学生理解如何通过测量、计算和分析解决涉及多面体的实际问题。例如，在设计仓储货架时，可能需要计算不同形状的货柜所占用的空间，这时就要用到棱柱的体积计算。

现代信息技术的应用，如计算机辅助设计软件，能够帮助学生直观地观察和调整多面体的形状，实时计算体积和表面积，甚至模拟实际问题的解决方案，从而提升学生对多面体与棱柱性质的掌握。此外，通过设计虚拟与现实的互动体验，学生可以亲身体验和探索多面体在三维空间中的变化，增强空间感知。

在教学过程中，可以引入艺术作品中对多面体的应用，如荷兰艺术家彼得·门德尔松的雕塑作品，他巧妙地利用不同形状的棱柱拼接出复杂的作品，让学生在欣赏艺术的同时，理解几何图形在艺术创作中的应用。同时，设计一些与日常生活相关的实践活动，让学生利用多面体和棱柱的知识解决实际问题，比如设计一个美观且实用的储物盒，有助于提高学生的创新思维和空间问题解决能力。

在新高考背景下，多面体与棱柱的性质学习是立体几何教育的重要组成部分。教师应结合现代技术，设计富有创新的教学方法，让学生成为几何图形的探索者和应用者，从而培养他们的空间思维能力，为将来应对各种挑战打好基础。

参考文献

［1］董英．"动""静"相结合，创新巧解题——谈立体几何中的运动变化问题［J］．中学生数理化（高一数学），2024（4）：36－37.

［2］刘护灵．平凡之中赋新意——2023 年新高考全国数学 I 卷立体几何第 18 题的多解探究［J］．广东教育（高中版），2023（12）：19－21.

［3］翟荣俊．创新视角下的立体几何图形变换问题［J］．中学生数理化（高二数学、高考数学），2021（3）：11－13.

［4］张帆．近年高考新课程全国卷（理科）立体几何试题分析及备考建议［J］．中国数学教育（高中版），2014（1）：97－103.

［5］吕大军．2012 年新课标高考试题分类评析——立体几何［J］．高中数理化，2012（23）：6－9，10.

1.4 变化的魅力：函数与图像

1.4.1 引言

数学，这门古老而常青的学科，以其独特的语言和逻辑结构，构筑了一个充满智慧与美的世界。在这个世界中，函数与图像如同跳动的音符，奏响了数学文化的华美乐章。通过以"变化的魅力：函数与图像"为题，不仅要深入探讨函数与图像在数学文化中的渗透，更要揭示它们如何以变化为核心，展现数学文化的深刻内涵和独特魅力。数学文化，作为人类文化的重要组成部分，它不仅包括了数学知识和技能，更蕴含了数学的思想、方法和精神。函数与图像，作为数学文化的载体，它们通过变化的形态和丰富的内涵，将数学的抽象美和逻辑美展现得淋漓尽致。下面我们将从教材中的函数数学文化和高考中函数与图像的数学文化考查两个方面入手，力求全面而深入地理解和欣赏数学文化的多样性和深度。

教材中的函数数学文化，是学生接触和学习数学文化的重要途径。通过教材中的例子、习题和探究活动，学生可以感受到函数与图像如何以变化为核心，展现数学的逻辑性和创造性。例如，教材中通过对不同类型函数的图像分析，让学生理解函数的变化规律，从而培养学生的观察力、想象力和逻辑推理能力。高考中函数与图像的数学文化考查，则是对学生数学文化素养的综合检验。高考题目往往巧妙地将数学文化融入其中，通过函数图像的变化，考查学生对数学本质的理解和应用能力。例如，通过设计与实际生活紧密相关的函数图像题目，让学生在解决问题的过程中，体验数学的文化价值和实践意义。

总之，函数与图像作为数学文化的重要组成部分，它们的变化不仅体现了数学的动态美，更蕴含了数学的深刻思想和方法。通过深入探讨，我们希望能引领读者走进数学文化的殿堂，领略函数与图像所展现的数学之美，以及其变化所彰显的数学文化主题。

1.4.2　函数的音乐

函数，作为数学的重要基础概念，不仅是变量间相互依存关系的抽象描述，更如同音乐一般，富有节奏与和谐的美感。在教材中，函数的数学文化渗透得尤为深入。函数的图像作为抽象概念的具象化展示，通过其曲线的优美和图形的变化，展现出数学之美。图中的函数曲线如同音乐符号般跳动，展现出函数的节奏感与和谐美。从函数的增减性、极值点到曲线的凹凸性，每一个细节都诉说着函数的故事，将数学之美传达给学生，激发他们对函数的探索兴趣。函数的音乐不仅是一种数学表现形式，更是一段充满韵律与和谐的艺术作品。函数的曲线如同音符般跃动，奏响数学之美的乐章。在教材中，函数的数学文化表现在每一条曲线中，蕴含着数学思维的细腻和智慧。以下是更深入的丰富内容，突出数学文化的主题，并列举具体案例以增强理解。

（1）多样性的旋律

函数图像的多样性体现了数学的丰富性和多变性。每种类型的函数都有其独特的图像特征，如同各具特色的音乐旋律。

案例1：线性函数

如图1-4-1所示，形如$f(x) = kx + b$的函数叫作线性函数，因为它的图像是一条直线。这里的k指的是直线的斜率，这个$k \neq 0$。如果$k = 0$，此时$f(x) = b$，它是一个常数函数，也是一条直线，但它不是线性函数。这里的b称之为截距。线性函数的图像是一条直线，其简单明确的增减关系如同音乐中的单音符，诉说着直率和简洁之美。

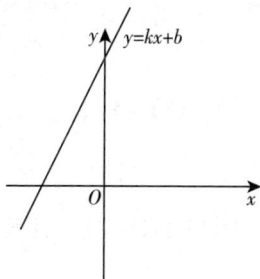

图1-4-1

案例2：二次函数

如图 1-4-2 所示，形如 $f(x)=ax^2+bx+c$ 的函数叫作二次函数，它的图像是一条抛物线，a 决定了函数图像的开口方向，判别式 b^2-4ac 决定了函数图像与 x 轴的交点，对称轴两边的单调性不同。二次函数的抛物线图像有明显的开口方向和顶点，其对称性和曲线变化如同优美的二重奏，表现了浓厚的节奏感。

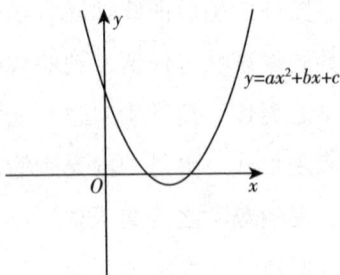

$$y=ax^2+bx+c$$

图 1-4-2

案例3：三角函数

如图 1-4-3 所示，形如 $y=\sin x$ 和 $y=\cos x$ 的函数叫作三角函数，他们的图像是周期性的波浪线。三角函数作为描述现实世界中周期现象的一种数学模型可以用来研究很多问题，在刻画周期变化规律、预测未来等方面发挥着重要作用。三角函数的周期性波形曲线像振荡的音符，充满了韵律和重复之美，体现出多样性和周期性的完美结合。

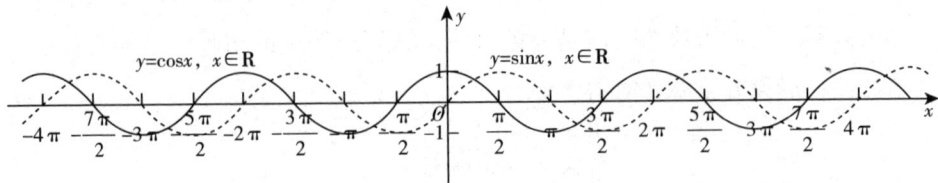

图 1-4-3

（2）对称之美

函数图像中的对称性如同和谐的双重唱，展现了数学的对称美。

案例1：偶函数

如图 1-4-4 所示，形如 $f(x)=x^2$ 的函数叫作偶函数，它的图像关于 y 轴对称，偶函数的对称性让图像如同镜像般完美呈现，表现出数学中的平衡与和谐。

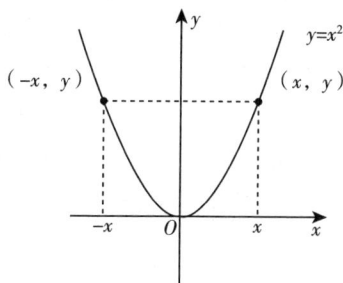

图 1 - 4 - 4

案例 2：奇函数

如图 1 - 4 - 5 所示，形如 $f(x) = x^3$ 的函数叫作奇函数，它的图像关于原点对称，奇函数的对称中心为原点，其图像变化如同左右手的交替演奏，展现出独特的对称美。

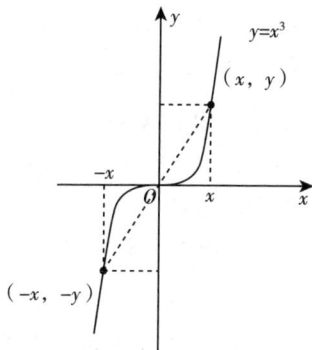

图 1 - 4 - 5

（3）韵律的变化

函数图像的曲线如同音乐中的旋律变化，呈现出不同的节奏感和韵律。

案例 1：指数函数

指数函数图像急剧上升，其爆发式的增长如同演奏中高潮部分的急速变化，充满戏剧性和动感。

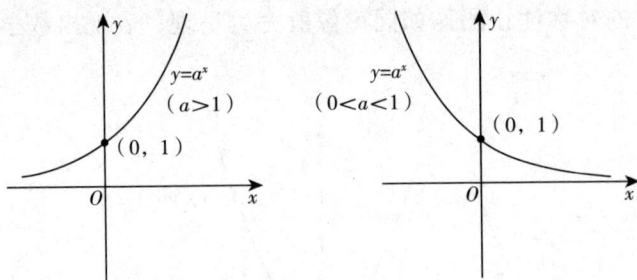

图 1-4-6

案例 2：对数函数

对数函数的图像缓慢变化，如同乐曲中的舒缓节奏，展现出稳健和渐进的美感。

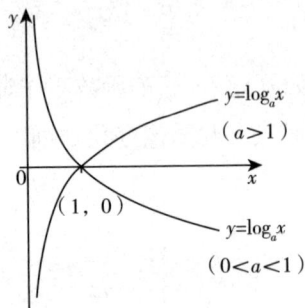

图 1-4-7

（4）凹凸之美

函数的凹凸性和曲率带来了丰富的形态变化，如同音乐中的高低起伏。

案例 1：凸函数

函数 $y = f(x)$ 在区间 $[x_1, x_2]$ 上，如果每一点都在其端点弦线上方，则称函数 $y = f(x)$ 为凸函数，如 $y = -x^2$ 为凸函数，其图像为向下开口的抛物线，给人一种沉稳和厚重的感觉。

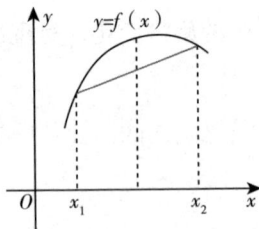

图 1-4-8

案例 2：凹函数

函数 $y = f(x)$ 在区间 $[x_1, x_2]$ 上，如果每一点都在端点弦线下方，则称函数 $y = f(x)$ 为凹函数，如 $y = x^2$ 为凹函数，其图像为向上开口的抛物线，如同轻盈的旋律般展现出上升和希望。

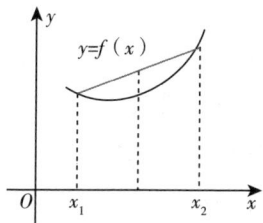

图 1-4-9

总之，函数的音乐，如同一段绚丽多彩的旋律，每一条函数曲线都是跳动的音符，奏响着数学之美的交响乐章。通过对函数图像的赏析和探索，学生不仅能领略到数学的美感和深度，更能感受到数学文化中蕴含的无穷魅力，激发他们对数学的热爱与探索欲望。愿我们都能沉浸在函数与图像的音乐之中，体会数学文化的绚丽与美妙。

1.4.3 图像的绘画艺术

图像在数学中扮演着重要角色，尤其是函数的图像，它们将抽象的数学概念生动地展现在我们眼前，仿佛一幅幅富有深意的绘画作品。而在高考中，函数与图像的数学文化渗透显得尤为明显。考题不仅要求学生根据函数表达式绘制图像，还要求他们分析图像的特征，从几何角度深入理解函数的性质。以下是进一步丰富的内容，突出数学文化的主题，并列举具体案例来增强理解。

（1）艺术的表现形式

函数图像如同艺术作品的绘画过程，精细描绘每一条曲线，每一个交点，体现了数学的艺术之美。在高考中，通过绘制和分析函数图像的习题，学生不仅掌握了数学知识，还领会了如何在图像中表达数学思想，体会数学的绘画艺术。例如，对于二次函数，需要识别顶点、开口方向和交点。通过绘制一条对称的抛物线，使学生体验到数学中的图画美学。绘制三角函数的图像要求学生准确定位周期、幅度和相位，像艺术家一样细致入微，创作出富有韵律的美学作品。

（2）变化中的哲理

每一个函数图像都蕴含着变化的哲理。不论是函数的单调性、局部极值，还是曲率的变化，这些都在揭示万物变化的规律。通过高考题目的训练，学生在分析图像时要挖掘出这些深层次的数学理念，从而领悟到数学中所蕴含的哲理之美。

案例1：一次函数的单调性

考虑函数 $f(x) = kx + b$，其图像是一条直线，通过斜率 k 的正负，学生理解了函数增减的哲理，从中感受到变化的轨迹。

案例2：对数函数的增长行为

对于函数 $f(x) = \log_a x$，正向无限接近但不达顶的性质反映了稳定增长和无穷接近之哲理。

（3）几何与代数的交织

函数图像是代数与几何的完美结合体。学生通过绘制和分析图像，将代数方程与几何图形紧密联系，理解两者之间的关系。这种结合不仅是在解题，更是在探索数学文化的跨学科融合之美。

案例1：圆的标准方程

方程 $(x - a)^2 + (x - b)^2 = r^2$ 将代数与几何紧密结合。通过绘制这个圆，学生理解了中心和半径的几何意义与代数描述。

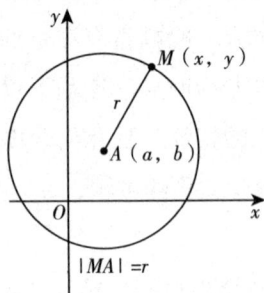

图 1 – 4 – 10

案例2：抛物线的焦点与准线

对于函数 $x^2 = 2py$，通过理解其焦点和准线的几何特性，学生能更深刻地理解抛物线的代数属性。

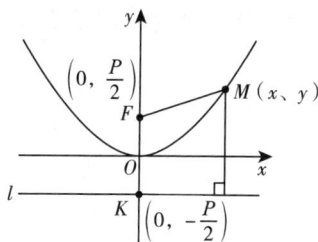

图 1 - 4 - 11

1.4.4 函数的文学表达

函数与图像不仅仅是数学中的符号与形式，更是数学文化的浓缩与表达。函数的不同表达方式犹如诗歌一般多姿多彩，反映了数学的多样性和深邃的内涵。在教材和高考考试中，学生通过理解和应用函数的各种表达形式，不仅展现了数学的魅力和深度，更是在探索数学文化的广阔天地。以下是进一步丰富的内容，突出数学文化的主题，并列举具体案例说明函数中包含的数学文化内涵。

（1）函数的诗意表达

如同诗歌可以用多种方式表达情感，函数也有着多种表达形式，包括代数表达式、图像、表格和文字描述。这些形式之间的相互转换展现了数学的灵动和优美。

线性函数如同简洁明了的七言绝句，其图像是一条直线，直接而清晰地表现出变量间的线性关系。这种简洁有力的表达方式如同一首意境深远的短诗，蕴含着无限的哲理。

三角函数如同跌宕起伏的长篇叙事诗，通过波动循环传达出无尽的韵律与和谐。这些函数的图像具有周期性和对称性，表现了数学中的循环和重复，仿佛是节奏分明的诗句在诉说着周而复始的自然规律。

（2）数学语言的魅力

函数表达式是数学语言的基本载体，就像文学中的文字。通过不同的数学符号和公式，函数表达了复杂而深刻的数学思想。学生在学习和应用这些表达式的过程中，不仅是在计算和解题，更是在体验数学语言的独特魅力和美感。

案例1：二次函数的表达式和图像（抛物线）展示了对称性和极值性质。

这如同文学作品中对称韵律的美感，抛物线的顶点反映了极值点，仿佛在揭示故事情节的高潮部分。

案例 2：对数函数。对数函数的形状独特，增长缓慢而持续。这种表达形式在文学中可类比为一种渐进的、耐人寻味的叙述风格，既隐含着力量又充满了哲理。

（3）情感与哲理的结合

每种函数都有其独特的特性和行为，就如每一首诗有其独特的情感和哲理。例如，指数函数的迅速增长象征着速度与力量，抛物线的对称美表达了平衡与和谐。在学习和考试中，学生通过研究这些函数的行为，逐步领悟到蕴藏在其中的深刻数学理念。

案例 1：指数函数

指数函数 $f(x) = a^x (a > 1)$ 展示了迅速增长的特性。这就如同文学作品中的突飞猛进和急剧变化，象征着力量与速度。

案例 2：绝对值函数

绝对值函数 $f(x) = |2x + 4|$，其图像具有 V 字形的对称性，这种对称性可以看作是力量与平衡的象征，表达了对复杂问题进行简化和对立统一的哲理，如同文学中对复杂情感的深刻表达。

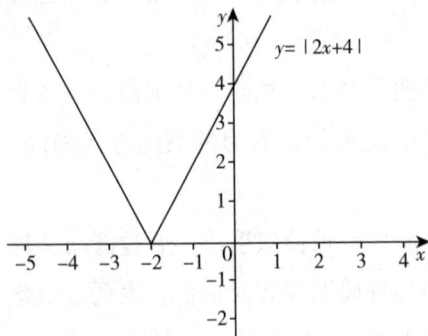

图 1 - 4 - 12

案例 3：反比例函数

形如 $f(x) = \dfrac{k}{x}$（k 为常数，$k \neq 0$）的函数图像是双曲线，具有对称性和渐近线特性。这表现了无穷与有限的对比，象征着在不同领域（如经济和物理）中的相反效果及相互依赖关系。

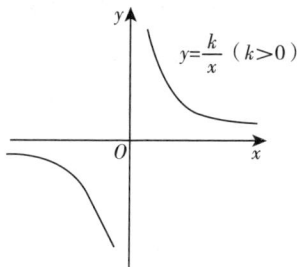

图 1 - 4 - 13

（4）跨学科的融合

函数的文学表达不仅局限于数学范畴，更可以跨越到其他学科领域。例如，物理中的运动方程、经济学中的供求模型、工程学中的系统响应，这些都可以与函数表达建立紧密联系。这样的跨学科融合使得函数不仅仅是一个纯粹的数学概念，而成为广泛应用的工具，体现了数学文化的广度和深度。

案例 1：物理中的运动方程

在物理学中，物体的运动可以用函数来描述。例如，自由落体运动的位移随时间变化的函数 $s(t) = \frac{1}{2}gt^2$，表现出抛物线的特性。通过这个函数，学生不仅学习了数学，还理解了物理世界中的规律。

案例 2：经济学中的供求模型

供给和需求可以通过函数关系描述。例如，线性供给函数和线性需求函数的交点就是市场均衡点，这里的函数表达展示了经济学中的关键概念和研究方法。

案例 3：生物学中的种群增长模型

种群增长模型常用指数函数和对数函数来表示。例如，指数增长函数 $P(t) = p_0 e^{rt}$ 描述了细胞分裂或人口增长的情况，这种模型让学生通过数学理解自然界中的生物现象。

（5）高考中的文化展现

在高考题目中，函数表达常常作为一个考查焦点。通过不同形式的题目，如解析函数极值、求解函数方程、绘制函数图像，学生们不仅要展示自己的数学技能，更要将隐含在函数背后的数学文化展现出来。

案例： 已知函数 $f(x) = x^3 - 3x + 1$，求该函数的导数，并分析其单调性和极值点。解答这个问题不仅仅是纯粹的计算，更是对函数行为的深入探讨，对其几何意义和数学思想的理解与表达。在这个例题中，学生需要进行以下的步骤。

① 计算导数：$f'(x) = 3x^2 - 3$；

② 分析导数的零点和符号变化，判断函数的单调性；

③ 通过二次导数确定极值点并分析其几何意义。

这一过程让学生体会到数学中的逻辑美与结构美，通过计算和分析反映出函数背后的深刻思想。函数的文学表达是一种优雅且深刻的数学文化展示。通过多种表达形式，函数不仅赋予了数学知识以多样的表现手法，更融入了文学般的情感和哲理。在学习与探讨函数的过程中，学生能够发现数学之美，体会数学文化的厚重，从而在数学的海洋中遨游，感受数学无尽的魅力和深邃的哲理。期望通过这些内容，学生们能够以更丰富的视角和更深层次的理解去探索数学文化，享受函数带来的美妙体验。

1.4.5 小结

函数与图像，这两大数学概念，不仅在数学的殿堂中占据着核心地位，更是数学文化中不可或缺的元素。它们以独特的语言和形式，展现了数学的深邃与美妙，以及在自然界和社会生活中的广泛应用。在教材中，函数与图像的教学不仅仅是传递知识，更是对数学文化的一种传承和发扬。高考作为检验学生学习成果的重要环节，对函数与图像的考查，不仅是对学生数学能力的测试，更是对学生数学文化素养的一种培养和提升。通过深入探讨，我们不仅领略了函数与图像的数学之美，还感受到了它们在不同学科和现实世界中的广泛应用。从简单的线性函数到复杂的非线性函数，从静态的图像到动态的变化，每一处都体现了数学的精确与优雅。函数与图像的结合，如同一首首数学的诗篇，既富有逻辑性，又充满了艺术的美感。

在数学文化的广阔天地中，函数与图像就像是一座座桥梁，连接着不同的数学领域，也连接着数学与现实世界。它们不仅是数学家们智慧的结晶，也是我们理解和探索世界的工具。通过学习函数与图像，我们不仅能够解决实际问题，还能够培养逻辑思维、解决问题的能力以及审美情趣。愿每一位读者，都能在函数与图像的世界里，发现数学的乐趣，体验数学文化的魅力，激发对数学的热爱。让我们一起在数学的海洋中遨游，领略数学之美，感受数学文化的无穷魅力，让数学成为我们探索世界、启迪智慧的钥匙。

1.5 逻辑的力量：推理与证明

1.5.1 引言

数学不仅是一门学科，更是一门蕴含深厚文化底蕴和逻辑智慧的艺术。通过逻辑和推理，数学揭示了自然界和人类社会中诸多隐藏的规律。逻辑与推理的思想是数学文化的重要组成部分，它不仅帮助我们理解复杂的问题，还为我们提供了一种独特的思维方式，赋予我们以严谨和创造的力量。下面将详细探讨教材中关于逻辑与推理的数学文化渗透，并分析高考中对逻辑与推理的数学文化考查，旨在展示逻辑力量的独特魅力和在数学学习中的广泛应用。

逻辑与推理是数学家的思维武器，它们不仅帮助我们理解复杂的问题，还为我们提供了一种独特的思维方式，赋予我们以严谨和创造的力量。通过逻辑推理，我们能够从已知的事实出发，层层深入，揭开未知的谜团，这种思维过程不仅是追求真理的路径，更是一种艺术般的体验。在这个过程中，我们不仅仅是解题体验，更是一种思想和文化的重现和迸发。在数学文化的传播和传承中，逻辑与推理起到了不可替代的作用。每一个数学定理、公式都是无数数学家通过严密的逻辑推理和实践证明的结晶，它们记录了数学发展的历史轨迹，体现了数学文化的深厚积淀。通过学习这些逻辑与推理的过程，学生不仅掌握了数学知识，更是在不知不觉中继承了数学文化，学习了数学家们严谨、创新的思维方式和探究精神。

现代数学教材不仅仅教授我们数学知识，更渗透了大量的数学文化。在教材中，逻辑与推理不仅是知识点的展示，更贯穿于整个学习过程。通过命题、集合、函数、方程等内容的学习，学生逐步进入了数学的逻辑世界，体会到数学严密的推理和深邃的思想。这种文化渗透不仅帮助学生掌握了数学知识，更让他们感受到数学的智慧和美感。在现代数学教材中，逻辑与推理元素不仅是知识点出现的核心，更是渗透在整个学习过程中，通过多种形式彰显数学文化的内涵。这种渗透不仅涵盖了命题、集合、函数、方程等具体的知识，还触及数学思维中的文化传承。

1.5.2 命题、推理与集合

命题和集合论的引入为推理与证明奠定了基础。教材通过逻辑命题、集合关系以及逻辑推理的基本知识，逐步引导学生进入数学的逻辑世界。这一过程不仅培养了学生的数学思维，还为其他高深数学理论的学习奠定了坚实的基础。命题是在数学中具有确定真假性的陈述。对命题的理解和分析是学生进入逻辑推理世界的第一步。教材中通常会引入命题的基础概念，包括"真"和"假"的判断，命题的否定、合取（与）、析取（或）、蕴含（若……则……）、等值（当且仅当）等逻辑运算。例如，在逻辑命题的学习中，学生首先接触到简单命题的判断，如"所有学生都是勤奋的"和"有些学生是勤奋的"的真假判断。复杂的命题会涉及复合命题的结构，如"如果某个学生勤奋，那么他一定能够取得好成绩"。这种条件性命题，通过对前提和结论的逻辑推理，学生逐渐掌握了命题之间的关系和推导方法。

逻辑推理是从已知事实出发，通过合乎逻辑的步骤，得出新结论的过程。在逻辑推理的世界里，各种证明方法镶嵌其中，如直接证明法、反证法、归纳法、演绎法等。通过这些推理和证明，学生学会了如何从已知事实推导出新的结论，为后续的数学学习和科学探究打下了基础。例如，学生在学习完全归纳法时，需要理解如何从基础情况出发，通过归纳假设和推理步骤，证明某个命题对所有自然数都成立。这种推理方法不仅在数学中广泛应用，也在计算机科学、物理、工程等领域发挥了重要作用。

集合论是现代数学的重要基础之一，通过研究对象的集合关系，引导学生理解更广泛的数学结构。在集合论的引入中，学生首先接触到集合的基本概念，包括集合的表示、子集、并集、交集、补集等基本操作。例如，在学习集合的同时，学生能够通过韦恩图（Venn Diagram）直观地理解集合之间的关系，如两个集合的交集表示它们共有的元素，集合的并集表示它们所有的元素等。这些基本的集合关系，为学生理解更加复杂的数学结构奠定了基础。

此外，集合之间的包含关系、幂集、笛卡尔积等概念，为学生打开了数学思维的新视野，使他们能够在更高层次上理解数学对象及其关系。命题、推理与集合不仅是各自独立的知识模块，它们在实际应用中紧密结合，共同构成了严密的数学逻辑体系。例如，在函数的定义中，集合是函数定义域和值域的抽象表达；命题逻辑用于定义函数的性质和特征，通过逻辑推理，证明函数的各种重要性质。在解析几何中，点和线的集合关系，直线方程的推导，都需要结合命题、集合和逻辑推理。例如，直线方程的斜截式推导，实际上是通过逻辑命题描述了直线的几何性质和代数表达，最终通过推理将集合论的概念应用于具体问题的解决。

案例：命题及其关系

命题关系的推理展示了数学中的推理逻辑。例如，通过对命题 $P \Rightarrow Q$ 、其逆命题 $Q \Rightarrow P$ 、否命题 $\neg P \Rightarrow \neg Q$ 、逆否命题 $\neg Q \Rightarrow \neg P$ 的关系推导，使学生能够理解逻辑推理的严密性和复杂性。

$$\neg (P \vee Q) \Leftrightarrow (\neg P) \wedge (\neg Q)$$

$$\neg (P \wedge Q) \Leftrightarrow (\neg P) \vee (\neg Q)$$

通过这种结构化的教学，学生能感受到逻辑推理的美感和力量，意识到数学不仅是计算，更是一种思维的艺术。运用韦恩图可以更直观地展示集合之间的关系，帮助学生理解集合论中的逻辑推理。以下是集合 A ，B 分别包含不同元素关系的示意图：

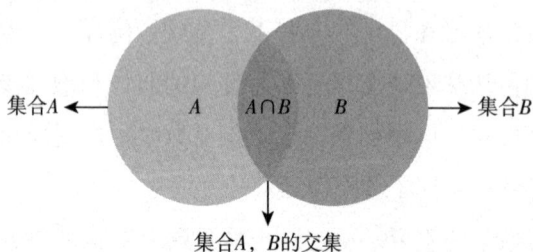

集合 A ，B 的交集

图 1-5-1

数学文化在此表现为对逻辑形式的美学欣赏和对严谨思考的崇拜，而这些是数学文化的重要组成部分。诸如德·摩根定理等逻辑法则也在教材中得到介绍，这不仅是为了系统地掌握逻辑运算及推理，还因为这些法则体现了数学家如何通过逻辑思考来理解和处理问题。

$$C_U(A \cap B) = (C_U A) \cup (C_U B)$$
$$C_U(A \cup B) = (C_U A) \cap (C_U B)$$

通过展示和利用这些法则，学生能够体会到数学作为一种文化，是如何规范思想的过程。韦恩图在这里起到了很好的图示作用，使学生领悟到复合命题的运算及其等价转换。

命题、推理与集合的学习，不仅是学生理解数学逻辑体系的重要内容，也是培养他们逻辑思维能力的重要途径。通过逻辑命题的训练，学生学会了如何判断和推理；通过集合论的学习，学生掌握了数学结构的基础；通过各种证明方法的练习，学生进一步提升了逻辑推理能力。这些基础知识和技能，不仅仅在数学学习中具有重要意义，在解决实际问题、进行科学研究和复杂系统设计中也无可替代。通过系统的学习和实践，愿每一位学生都能够在命题、推理与集合的世界中探索数学的真理，享受逻辑思维带来的无尽乐趣和智慧。

1.5.3 函数与方程中的逻辑推理

在数学教学中，函数与方程是两个重要的知识领域，它们不仅呈现了丰富的数学内容，还蕴含着大量的逻辑推理过程。这些推理过程展示了数学的严密性和逻辑力量，使得学生在学习过程中不仅仅学到了知识，更在潜移默化中训练了他们的逻辑思维能力。

函数是描述变量之间关系的工具，通过函数的研究，我们可以揭示出诸多实际问题中的变化规律。例如，在学习一次函数时，从定义域、值域到函数图像，再到斜率、截距等，每一步都需要学生进行缜密的逻辑推理。确定函数的解析式，通过解读图像的变化，学生不仅仅得到了一个数学公式，更理解了背后的逻辑关系和变化规律。在更复杂的函数学习中，比如二次函数、指数函数、对数函数等，逻辑推理的应用更加显著。例如，二次函数的图像是抛物线，通过对顶点、对称轴及开口方向的推理分析，学生能够理解和掌握抛物线的各类性质。每一个性质的背后都是一个严密的逻辑链条，这些逻辑推理反映了人类对自然现象的深入理解。

　　方程作为数学的重要组成部分，其解题过程更是逻辑推理的经典体现。无论是一元一次方程还是高次方程，甚至是线性方程组，解题的每一个步骤都需要严密的逻辑推理。例如，在解一元二次方程时，可以采用因式分解法、配方法或求根公式法，但每一种方法都需要学生理解其背后的数学原理和推理过程。特别是在解方程组问题中，如二元一次方程组，学生需要理解每一个方程所表达的几何意义，通过代入消元法或矩阵方法求解，这不仅仅是操作过程，更是逻辑思维的培养。当复杂的问题通过缜密的推理最终得到解决，学生不仅掌握了数学知识，还体会到逻辑推理的巨大力量。

　　在函数与方程的学习中，这种逻辑推理不仅使学生理解了数学原理，还训练了他们的逻辑思维。例如，解决函数单调性问题时，通过推理判断导数的符号变化；解决方程问题时，通过每一步的推理，找到最优解或唯一解。这不仅仅体现在数学考试中，更在实际应用中得到了充分的体现，如在物理、经济学和工程学中，函数和方程的应用无处不在。

　　在函数与方程的学习中，通过丰富的推理过程，学生不仅能掌握数学知识，更能体验到逻辑推理的力量。这种逻辑推理训练了学生的严密思维，培养了他们解决问题的能力，提升了他们的数学素养。在教育实践中，我们应继续注重学生这种逻辑思维的培养，通过丰富的教学内容和实际应用，让学生更加深刻地感受到数学文化的魅力和逻辑推理的无穷力量。愿每一个学生都能在函数与方程的奇妙探险中，开启逻辑思维的智慧之门，享受数学带来的无尽乐趣。

1.5.4　统计与概率中的逻辑推理

　　概率和统计是现代数学的重要分支，通过逻辑推理理解概率分布、统计假设检验是提高逻辑思维能力的重要途径。在日常生活、科学研究和工程实践中，概率与统计为解释不确定性、分析数据、做出合理决策等方面提供了强有力的工具。下面我们将进一步探讨统计与概率中的逻辑推理及其对学生逻辑思维能力的提升作用。

　　概率分布描述了随机试验中各种可能结果的概率，一个核心概念是理解随机变量及其分布。例如，正态分布（常态分布）在自然和社会科学中广泛存在，它描述了很多随机现象的分布特征。在学习过程中，学生首先要理解随机变量的定义，然后推导出它们的概率分布。这种推理过程涉及从具体事件到一般模型的抽象过程，极大地提升了学生的逻辑思维能力。

比如，掷骰子的例子可以帮助学生理解离散型随机变量及其概率分布，而通过生活中的测量数据（如身高或考试分数）可以帮助学生理解连续型随机变量及其概率分布。在上述过程中，学生通过数据分析和概率分布的推导，形成了良好的思维习惯，还能从具体问题中抽象出数学模型，并通过逻辑推理进行分析。

统计假设检验是一种统计推断方法，用于判断数据是否支持某一个特定假设。这一过程不仅要求学生掌握统计基础知识，还需要严密的逻辑推理。假设检验包括提出原假设和备择假设、选择适当的检验统计量、计算显著性水平或 P 值以及做出推断。例如，在医学研究中，假设某种新药比现有药物更有效，研究人员需要通过设立假设、收集数据、计算相应的统计量来检验这个假设是否成立。在这一过程中，学生需要经历一连串的逻辑推理，从数据的收集和分析直到结果的解释和结论的得出。这种体验极大地提升了他们的逻辑推理能力。

描述性统计是概率与统计中的基本内容，通过对数据的整理、描述和分析，学生能够初步培养数据处理能力。例如，计算数据的均值、中位数、方差和标准差，通过这些统计量来描述数据的中心趋势和离散程度。学生需要通过对数据的详细分析，理解其背后的分布规律和特点。例如，通过分析一组学生的成绩数据，学生可以推理出这组成绩的平均水平和离散程度，进一步提出合理的教学建议。这种从数据到结论的推理过程，不仅训练了学生的逻辑思维，还培养了他们的批判性思维和科学素养。

概率与统计的应用无处不在，从市场分析、金融风险评估到气象预报、基因测序，这些领域都离不开概率与统计的支持。例如，在市场分析中，企业可以通过统计分析客户行为数据，预测销售趋势，优化经营策略；在金融风险评估中，通过统计模型估算投资风险，指导投资决策。通过这些实际应用，学生们不仅能够理解概率与统计的理论，还能感受到它们在解决现实问题中的巨大作用。这种理论与实践相结合的学习方式，使学生在潜移默化中提高了逻辑思维能力和实际应用能力。

案例：条件概率

条件概率是数学课程中的重要内容，条件概率公式展示了严谨的逻辑推理过程。教材中，通常还介绍贝叶斯定理。

条件概率公式：$P(A \mid B) = \dfrac{P(A \cap B)}{P(B)}$

贝叶斯定理：$P(A \mid B) = \dfrac{P(B \mid A) \cdot P(A)}{P(B)}$

通过实际案例，如药物测试、疾病诊断等，展示如何应用逻辑推理进行条件概率的计算和分析。这不仅是为了让学生掌握一种工具，更是为了让他们感受从数学抽象思维到实际应用的文化魅力。

概率和统计中的逻辑推理过程，不仅使学生理解了深奥的数学原理，更训练了他们的逻辑思维能力。在学习概率分布时，从事件的发生到概率模型的建立，学生经历了从具体到抽象的逻辑推理；在统计假设检验中，从数据分析到结论的推导，学生经历了科学严谨的推理过程；在描述性统计中，从数据梳理到结果解释，学生掌握了从数据中提取信息的能力；在实际应用中，通过对现实问题的分析和解决，学生看到了概率与统计在生活和工作中的广泛应用。

通过这些逻辑推理的训练，学生不仅能够提升数学素养，更能在面对复杂问题时应用科学的逻辑思维进行分析和决策。这不仅是数学学习的目标，更是培养学生综合素质和能力的重要途径。愿每一位学习概率与统计的学生，都能够在逻辑推理的过程中实现自身的成长，体验到数学文化的深邃与美丽。

1.5.5 高考中的逻辑与推理考查

高考作为选拔性考试，不仅考查学生的知识储备，更重视逻辑推理能力和数学素养的考查。通过设置多种题型，高考展示了对逻辑与推理能力的重视，这些考查不仅是对学生知识的检验，更是对数学文化的传承和弘扬。

（1）命题证明题

高考中，命题证明题是常见题型，通过多个步骤考查学生对数学定理、性质的理解和应用，以及逻辑推理能力。

案例：几何证明题

题目：如图 $1-5-2$，在直三棱柱 $ABC-A_1B_1C_1$ 中，D，E 分别为 BC，AC

的中点，*AB = BC*。

求证：①A_1B_1//平面DEC_1；②$BE \perp C_1E$。

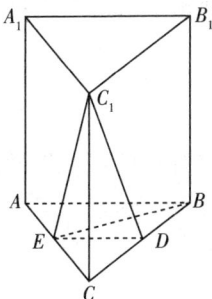

图 1 - 5 - 2

证明：①∵ 在直三棱柱 $ABC - A_1B_1C_1$ 中，D，E 分别为 BC，AC 的中点，

∴ DE//AB，AB//A_1B_1，∴ DE//A_1B_1，

∵ $DE \subset$ 平面 DEC_1，$A_1B_1 \subset$ 平面 DEC_1，

∴ A_1B_1//平面 DEC_1。

②∵ 在直三棱柱 $ABC - A_1B_1C_1$ 中，E 是 AC 的中点，$AB = BC$。

∴ $BE \perp AC$，且 $BE \perp AA_1$，

又 $AA_1 \cap AC = A$，AA_1、$AC \subset$ 平面 ACC_1A_1，

∴ $BE \perp$ 平面 ACC_1A_1，

∵ $C_1E \subset$ 平面 ACC_1A_1，

∴ $BE \perp C_1E$。

通过这种几何证明，学生体会到逻辑推理在几何中的严密性和美感。这种严密性正是数学文化的核心之一——追求真理的坚定信念和方法论。

（2）代数推理题

高考中的代数题通常要求学生使用推理论证的方法来解决复杂的问题，考查学生的逻辑推理能力。

案例：多项式零点

高考试题中可能会涉及对多项式零点的分析，通过因式分解和零点定理进行严密论证。例如：已知多项式 $P(x) = x^3 - 3x + 2$，设其一个零点为 $x = 1$。求另外两个零点。

逻辑推理过程：$P(x) = (x-1)(x^2+x-2) = (x-1)(x+2)(x-1)$，进一步解方程，可得其余两个零点：1，-2。

这种代数题中的推理论证展示了通过逻辑推理探寻数学现象背后本质规律的数学文化精神。

（3）几何综合题

几何综合题是高考中经典的考查逻辑推理能力的题型，要求学生通过几何性质和坐标几的综合应用进行严密论证。

案例：圆与直线的位置关系

题目：已知圆 $(x-1)^2 + (y-2)^2 = 9$ 与直线 $y = kx+1$ 相交于 A，B 两点，求点 A，B 的坐标。

逻辑推理和计算过程：$(x-1)^2 + (kx-1)^2 = 9$，通过展开和化简，可以得到关于 x 的二次方程：$(1+k^2)x^2 - (2+2k)x - 7 = 0$；求解上述方程后，用所得到的 x 坐标，代入求解 y 坐标。该过程让学生在几何综合题中体会逻辑推理的深奥与美妙，感受数学文化在空间和形态的优雅体现。

高考作为选拔性考试，不仅考查学生的知识储备，更重视逻辑推理能力和数学素养的考查。通过命题证明题、代数推理题、几何综合题及概率统计题的严密考查，高考全面衡量了学生的数学素养。每一道题目不仅是知识的运用，更是对数学文化的继承和弘扬。这种文化的考查通过题型设计，要求学生运用严谨的逻辑思维和推理能力解决复杂问题，从而检验和提升学生的数学应用能力和文化素养。

1.5.6 小结

逻辑与推理不仅是数学学习的重要部分，更是获取知识和培养科学思维及探索精神的途径。在数学文化中，逻辑与推理展示了一种追求真理、探求本质的崇高精神。这种精神不仅渗透在数学定理和公式中，也融入了数学家的思考和探究过程之中。通过这种严密的逻辑和推理，我们能够解开各类复杂的科学谜题，从而贴近自然的奥秘，窥见宇宙的规律。在教材中，通过逻辑与推理的文化渗透和任务设计，学生不仅可以掌握数学知识，还能感受到数学文化的独特魅力。现代数学教材不仅是知识点的展示，更是数学文化的传递。通过命题的引入、集合和函数的定义、方程的求解，教材展示了数学思维的严谨、系统和逻辑魅力。这种文化的渗透不仅在于知识的掌握，更在于数学思维方式的内化，从而培养学生严谨的逻辑思维、创造的探索精神以及对真理的追求。

我们通过分析逻辑与推理在教材、高考及实践教学中的应用，展示了它们在数学中的力量和魅力。希望读者通过"数学之美"这一章，深入理解逻辑推理的重要性，感受数学文化的深邃与美丽，提升数学素养和探索能力。现代数学不仅仅是一本教科书上的知识点，更是人类智慧的结晶和文化的传承。在逻辑与证明的神奇世界中，我们不仅是在解题，更是在体验数学文化的无穷魅力。愿我们每一个人都能够在数学文化的星空下，借助逻辑与推理的力量，探索无限的知识世界，体会数学之美带来的智慧与启迪。数学文化的魅力，无论在何时何地，都将继续引领我们追求真理、探索未知的浩瀚征程。

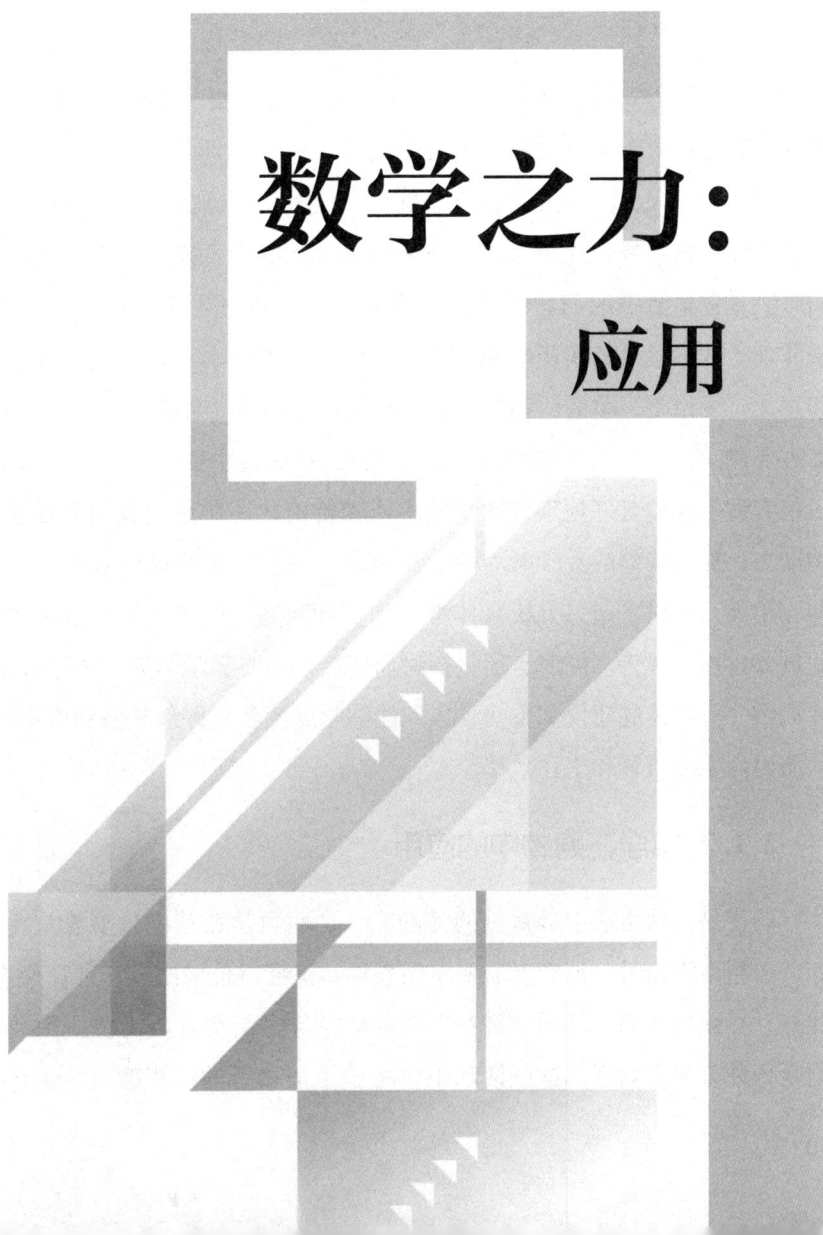

第二章

数学之力：

应用

2.1 数学在日常生活中的应用

2.1.1 引言

数学，作为一门基础科学，不仅在学术研究领域中发挥着至关重要的作用，更在人们的日常生活中扮演着不可或缺的角色。特别是在高中阶段，数学的学习内容逐渐深入，涉的知识点也更为广泛，从基础的代数、几何到更复杂的概率统计、数列等，这些知识不仅为学生未来的学术发展奠定了基础，更为他们解决日常生活中的问题提供了有力的工具。高中数学在日常生活中的应用，既体现了数学学科的实用性和普适性，也彰显了数学知识在现代社会中的价值和意义。无论是简单的购物计算、理财规划，还是复杂的工程设计、科学研究，都需要数学知识的支撑和辅助。因此，深入探讨高中数学在日常生活中的应用，不仅有助于我们更好地理解数学的本质和价值，还能激发我们学习数学的兴趣和动力，提高我们的数学素养和应用能力。我们将围绕高中数学在日常生活中的应用展开探讨，通过分析具体案例和实际问题，阐述数学在解决实际问题中的重要作用和优势。同时，还将探讨如何更好地将数学知识应用于日常生活中，并提出一些具体的建议和方法，以期能够帮助读者更好地掌握和应用数学知识，从而提高生活质量和工作效率。

2.1.2 数学在购物中的应用

购物是日常生活中最常见的活动之一，而数学在其中扮演着重要角色。例如，在超市购物时，消费者需要应用数学知识进行价格比较、计算优惠幅度等。此外，在促销活动中，如"满减""买赠"等，消费者也需要应用数学知识来判断哪种方式更划算。这些活动不仅考验了消费者的计算能力，也让他们在实践中感受到了数学的魅力。

（1）购物打折计算

在超市或商场购物时，商家经常会推出打折促销活动。例如，一件商品原价为 100 元，现打 8 折出售。这时，顾客需要支付的金额就是原价乘以折扣率，即 100 元 ×0.8 = 80 元。这种简单的乘法运算便是数学在购物中的直接应用，能够帮助顾客快速计算出优惠后的价格。

（2）满减优惠

满减活动也是商家常用的促销手段。比如，"满 200 减 50"的活动意味着，当顾客购买的商品总金额达到或超过 200 元时，可以减免 50 元。这种优惠方式需要顾客运用数学进行简单的加减法运算，以判断自己的购物金额是否达到满减条件，并计算出实际支付的金额。

（3）买一赠一

"买一赠一"活动在购物中也很常见。这种活动实质上是利用了数学中的倍数概念。顾客花一份的钱，却能得到两份商品，相当于享受了半价优惠。这种优惠方式让顾客在心理上感觉更划算，同时也提高了商品的销量。

2.1.3 数学在经济决策中的应用

经济决策是生活中不可避免的一种行为，而数学是经济决策的重要工具。例如，在购房或购车时，消费者需要应用数学进行贷款计算、利率比较等。此外，在投资理财方面，数学更是不可或缺。投资者需要应用数学进行风险评估、收益预测等，以制定出最优的投资策略。这些活动不仅要求投资者具备扎实的数学基础，还需要他们具备灵活应用数学知识解决实际问题的能力。

例如：理财规划与复利计算

案例概述：在理财规划中，复利计算是一个重要的概念。通过复利计算，我们可以了解资金在不同时间点的增长情况，为制定更为合理的理财计划提供依据。

数学应用：

① 复利公式：用于计算资金在不同时间点的增长情况，包括本金和利息的累积。

② 利率与计息方式：影响复利计算的重要因素，包括年利率、计息周期等。

③ 案例分析：假设某人将 10000 元存入银行，年利率为 5%，每年计息一次。通过复利公式计算，我们可以知道 5 年后的终值为 12762.82 元。这个例子展示了复利计算在理财规划中的应用，能够帮助人们了解资金的增长情况，为制定更为合理的理财计划提供依据。

2.1.4 数学在时间管理中的应用

时间管理是日常生活中非常重要的一项技能，而数学在其中发挥着重要的作用。例如，在制定日程安排时，人们需要应用数学进行时间规划、任务分配等。此外，在处理紧急事务时，人们也需要应用数学进行优先级排序、时间估算等。这些活动不仅提高了人们的工作效率，还让我们在实践中感受到了数学的实用性。

例如：任务优先级排序

案例分析：

（1）四象限法则

方法描述：将任务分为四类——重要且紧急、重要不紧急、紧急不重要、不重要不紧急。数学上可以理解为根据两个维度（重要性和紧急性）对任务进行坐标分类。

应用：优先处理重要且紧急的任务，然后处理重要不紧急的任务，这样有助于长期目标的达成，避免陷入"救火队员"的困境。

（2）加权最短处理时间

方法描述：计算每个任务的"密度"，即重要程度除以完成时间，按密度从高到低排序。

应用：假设有两个任务，任务 A 需要 1 小时完成，带来 200 元收益；任务 B 需要 3 小时完成，带来 300 元收益。任务 A 的密度为 $\frac{200}{1}=200$，任务 B 的密度为 $\frac{300}{3}=100$，因此应先完成任务 A。

2.1.5　数学在科学研究中的应用

科学研究是推动社会进步的重要力量，而数学是科学研究的重要工具。在自然科学、社会科学等各领域中，数学都发挥着不可替代的作用。例如，在物理学中，数学被用于描述物理现象、推导物理公式等；在经济学中，数学被用于建立经济模型、进行数据分析等。这些应用不仅推动了科学研究的深入发展，还为人类社会的进步做出了重要贡献。

（1）GPS 导航与三维坐标

案例概述：GPS（全球定位系统）导航利用高等数学中的三维坐标知识来确定地球上任意一点的位置。通过计算多颗卫星信号之间的时间差，接收器可以确定其三维坐标位置，从而为我们规划出最佳路线。

数学应用：

① 三维坐标：用于表示地球上的位置，由经度、纬度和高度三个坐标值确定。

② 案例分析：GPS 导航在现代生活中扮演着重要角色，它为我们提供了准确的定位信息和路线规划，能帮助我们顺利到达目的地。

（2）图像处理与傅里叶变换

案例概述：在图像处理中，傅里叶变换是一种将图像从空间域转换到频率域的方法。通过对图像进行傅里叶变换，我们可以分析图像的亮度、颜色等特征，进而实现图像的增强、去噪、压缩等功能。

数学应用：

① 傅里叶变换：将图像信号从空间域转换到频率域便于分析图像的频率成分。

② 图像增强：通过调整傅里叶变换后的频率成分，增强图像的某些特征，如亮度、对比度等。

③ 图像去噪：利用傅里叶变换去除图像中的噪声成分，提高图像的质量。

④ 案例分析：在社交媒体上发布照片时，我们通常会使用各种美颜功能来优化照片。这些美颜功能中就包含了傅里叶变换的应用。通过对照片进行傅里叶变换，我们可以去除照片中的瑕疵和噪声，同时增强照片的亮度和对比度，

使照片更加美观。

2.1.6 结论

综上所述，数学在日常生活中的应用广泛而深入。从购物计算到经济决策，从时间管理到科学研究，数学无处不在。因此，我们应该重视数学的学习和应用，不断提升自己的数学素养和解决实际问题的能力。只有这样，我们才能更好地应对生活中的各种挑战和机遇，从而实现自己的人生价值。

参考文献

［1］吴群，李明．数学模型在日常生活中的应用实例分析［J］．数学通报，2018（12）：1–5.

［2］张华．经济学中的数学应用：从线性回归到博弈论［J］．经济与管理评论，2019，35（2）：78–84.

［3］王强，刘芳，陈伟．图像处理中的数学方法与应用［J］．计算机科学，2020，47（3）：123–129.

［4］SMITH J A.，JOHNSON B D. Mathematics in Everyday Life［M］. Oxford：Oxford University Press，2017.

［5］李娜，周杰．数学优化算法在物流配送路径规划中的应用［J］．物流技术，2021，40（10）：65–69.

［6］陈晨，郑伟．基于大数据分析的数学模型在预测市场趋势中的应用［J］．统计与信息论坛，2022，37（2）：45–52.

2.2 数学在物理、化学中的应用

2.2.1 数学与物理、化学学科间的联系

物理学是研究物质最一般的运动规律和物质基本结构的学科。物理学研究大至宇宙，小至基本粒子等一切物质最基本的运动形式和规律，因此成为其他自然科学学科的研究基础。物理学起始于伽利略和牛顿时代，现在的学科分支有牛顿力学、电磁学、热力学、相对论、量子力学等，研究领域包括四大方面：凝聚态物理，原子、分子和光学物理，粒子物理，天体物理。物理学是一门实验科学，崇尚理性，重视逻辑推理。物理学以数学作为工作语言，因此也是一门精密的自然科学学科。

化学，字面理解就是"自然认为变化的科学"，是在原子、分子层次上研究物质的组成、结构、性质、转化及其应用的基础自然科学。不同于粒子物理学与核物理学，化学研究的是原子、分子、离子的物质结构以及化学键、分子间作用力等相互作用。学科分支有无机化学、有机化学、物理化学、分析化学、高分子化学、核化学、生物化学等。作为沟通微观与宏观物质世界的重要桥梁，化学是人类认识和改造物质世界的主要方法和手段之一。从开始用火的原始社会，到使用各种人造物质的现代社会，人类都在享用化学成果，再加上数学工具的改造，人们的物质生活水平不断得到提高。

华罗庚说："宇宙之大，粒子之微，火箭之速，化工之巧，地球之变，生物之谜，日用之繁，无处不用数学。"这句话指出了物理和化学都是以数学为基础发展起来的认识社会改造社会的学科本质，而且物理和化学的大部分重要发现都与数学有着紧密的联系。数学从它萌芽之日起，就表现出解决人类实际需要而提出的各种问题的功效。人类文明的每次重大产业革命和思想革命，数学作

为科学的推动力或者参与者，均起到了不可或缺的作用。

2.2.2 中西方古代数学在物理中的应用

《史记·夏本纪》中写到夏禹治水时"左准绳，右规矩，载四时，以开九州，通九道，陂九泽，度九山。"这是有文字记载的应用数学工具于土木工程河道治理，大禹随身携带的数学工具分别是测平直的准平与绳墨，画图用的圆规与矩尺，以及装载测定时令的仪器。古人会用圆方、圭表观测天象判定节气，通过观察日出、日影推断节历和时间。后来又有奚仲用规矩造车，鲁班用准绳设计建造建筑。

东汉末年（206年），刘洪撰写"乾象历"法在计算月球在黄道内外度数时，就用了正负数加减法则。他说，正负数"相并，同名相从，异名相消；其相减也，同名相消，异名相从，无对互之。"这就是我国最早的正负数加减法则在天文学中的应用，也为后来的开方法和天元术的发展起到了重要的铺垫作用。

《周髀算经》是一部西汉末、东汉初的天文学书籍，供官学内部使用。《周髀算经》中，周公问商高："夫天不可阶而升，地不可得尺寸而度，请问数安从出？"商高说："数之法出于圆方，圆出于方，方出于矩，矩出于九九八十一。"周公听后由衷赞叹："大哉言数"。商高认为解决天之高地之广的问题，可以通过探究方和圆的关系。果然，现代科技通过圆锥曲线把宇宙飞船送上天，应用勾股定理确定空间中任意点的位置。

祖冲之是南北朝著名的数学家，他利用"割圆术"计算出了圆周率 π 更精确的近似值，大大促进了古代建筑、水利、农业等领域的发展。

南宋末年（1224年），少年秦九昭跟随父亲到杭州，跟当时在太史局供职的天文学家学习，掌握了"上元积年"的计算方法，二十余年后，他写成著名的《数书九章》十八卷，其中第一、二卷详论一次同余式的解法。他说"数理精微，不易窥识。穷年致志，感于梦寐。幸而得之，谨不敢隐。"后来秦九昭提出了"大衍求一术"等重要的数学思想和算法，在天文、历法、工程等诸多领域都有广泛的应用。

古希腊的哲学家们非常重视数学的实用性。阿基米德特别擅长将数学思维应用到发明创造中，比如他的螺旋抽水机和抛物面镜。罗马人攻打叙拉古时，阿基米德设计的反光镜利用太阳光点燃了罗马舰队，使得罗马军队损失惨重。与他同时代的几位希腊人还应用几何推理测算了太阳和月亮与地球之间的距离、地球的周长和地球自转轴倾角，得到的结果精确度很高。几个世纪后，人类才用数学定律去描述在地球上观察到的这些事物的规律。

2.2.3 中西方近代数学在物理中的应用

1492 年，哥伦布发现了美洲大陆，地理大发现加速了新兴资产阶级的海上扩展，造就了航海事业的黄金时代。远洋航行需要通过对天体的精密观测来确定船舶在海上的位置，这又导致了天文学研究的重大突破。文艺复兴以来，资本主义生产力大发展，自然科学也开始突破所面临的数学困难，微积分成为重要的突破口，该时期几乎所有的大师都在致力于寻求解决这些问题的新的数学工具，特别是描述运动与变化的无穷小算法。在开普勒公布了行星运动三大定律后，从数学上推证开普勒经验定律，涉及天体的非匀速运动、远日点与近日点以及行星轨道运动的路程、矢径扫过的面积、天体间的引力等，都是促进微积分发明的基本问题。

1615 年，开普勒通过两次使用无限小元素方法推导出圆环的体积公式，意大利数学家卡瓦列利（B. Cavalieri，1598—1647）在 1635 年提出了著名的"卡瓦列利原理"并据此计算出许多立体图形的体积。英国数学家巴罗，也是牛顿的老师，曾找到一种求曲线切线的方法，叫作"微分三角形"。沃利斯将分析方法引入微积分，将卡瓦列利的幂函数积分推广到分数幂情形。在这么多先驱进行了充分的研究之后，微积分应运而生。牛顿的数学思想受笛卡尔的《几何学》和沃利斯的《无穷算术》影响最大，又因对笛卡尔圆法产生兴趣而开始寻找更好的求切线方法。1665 年 11 月，牛顿发明"正流数术"（微分法），1666 年 5 月又建立了"反流数术"（积分法），10 月整理成一篇总结性论文《流数简论》，震惊世界。在该论文中，牛顿将他所建立的统一算法应用于求曲线的切线、曲率、拐点、长度及面积，求引力与引力中心等问题中，展示了其算法的极大普遍性与系统性。

牛顿微积分学说最早的公开表述出现在 1687 年出版的力学名著《自然哲学的数学原理》一书中，该书被爱因斯坦盛赞为"无比辉煌的演绎成就"，也是数学推动物理发展的光辉映证，微积分也成了近代科技迅猛发展的源头。恩格斯说："在一切理论成就中，未必再有什么像 17 世纪下半叶微积分的发明那样被看作人类精神的最高胜利了。"

物理问题从来就是数学发展的重要源泉。18 世纪数学和物理的结合点主要是常微分方程。随着物理科学研究的现象从力学向电学以及电磁学扩展，到 19 世纪，偏微分方程的求解成为数学家和物理学家所关注的重点。19 世纪偏微分方程发展的序幕，由法国数学家傅里叶拉开。他研究了吸热或放热物体内部任意点处的温度随空间和时间变化的规律，在 1822 年发表了《热的解析理论》，这是数学史上的经典文献之一。该文不但包含了傅里叶推导出的三维空间热传导偏微分方程，而且是傅里叶级数有关结果的肇端。傅里叶的工作在发展偏微分方程理论的同时，还解放了人们对函数概念的固有认识，从此以后，函数不再仅仅局限于解析函数或可展成泰勒级数的函数。

四元数的发现是继伽罗瓦提出群的概念后，19 世纪数学界最重大的事件。四元数是推广平面复数系结构的产物，哈密顿启发数学家们可以更加自由地构造新的数系，通过减弱、放弃或者替换普通代数中的不同定律和公理，为众多代数系的研究开辟了道路。德国数学家拉格斯曼试图推广 n 个分量的超复数，1855 年，他在一篇论文中给出了 16 种不同类型的乘积，并对这些乘积作了集合解释，还给出了它们在力学、磁学、结晶学等方面的应用。将复数推广到超复数的一个重要动力来源于物理中力学的计算，英国物理学家麦克斯韦将四元数改造使其成为物理学家都需要使用的重要工具。1864 年，麦克斯韦借助偏微分方程导出的电磁场方程，是 19 世纪数学物理最伟大的胜利。根据对这组方程的研究，麦克斯韦预言了电磁波的存在。24 年后德国物理学家赫兹证明了该预言，不久后意大利人马可尼和俄国人波波夫发明了无线电报，推动了全球无线电通信技术的全面发展。如果说麦克斯韦方程是改变世界的方程，这一点都不夸张。由于近代物理学与数学的深度融合，数学不断促进物理学发展的同时，物理也在不断地改进数学，最终一起改变世界。

爱因斯坦是现代物理学大师、诺贝尔物理学奖获得者，相对论也是数学在物理中应用的光辉范例。闵可夫斯基几何为爱因斯坦狭义相对论提供了合适的数学模型，爱因斯坦利用数学公式导出了著名的质能方程 $E = mc^2$，导致人类对原子能的利用。有了闵可夫斯基时空模型后，爱因斯坦又进一步研究引力场理论以建立广义相对论。在苦寻三年半时间后，终于在以黎曼几何为基础的绝对微分学中找到了他所需的数学工具，并据此导出了广义协变的引力场方程。广义相对论的数学表述第一次揭示了非欧几何的现实意义，成为史上数学应用最伟大的例子之一。爱因斯坦曾反复表示："在几年独立的科学研究之后，我才逐渐明白了在科学探索的过程中，通向更深入的道路是同最精密的数学方法联系在一起的。"

量子力学是 20 世纪的一项重大发现，但是在理论初创的 20 多年时间里，海森堡建立的矩阵力学和薛定谔发展的波动力学彼此独立。后来得益于希尔伯特谱理论的推广与应用，完全奠定了量子力学严格的数学基础。希尔伯特的学生外尔在寻求电磁场与引力场的统一表述过程中，创立了自己的规范场理论，即"规范不变几何"。于是，物理学家们提出的"杨 - 米尔斯理论"揭示了规范不变性可能是所有四种（电磁、引力、强、弱）相互作用的共性。该理论所需要的工具"物理规范势"实际就是微分几何中纤维丛上的联络，规范场的杨 - 米尔斯方程是一组在数学史上有着重要意义的非线性偏微分方程。统一场理论自此打开了大门，研究硕果累累。

自从中华人民共和国成立以来，我国大量数学家投身到基础理论研究中，给祖国的发展积蓄了很多力量。各大院校成立数学研究所，翻译外国文献，对专题进行研讨，取得的成就也足够光鲜亮丽。1964 年 10 月，原子弹爆炸成功；1966 年 10 月，携带核弹头的地地导弹飞行爆炸成功；1967 年 6 月，氢弹空爆试验成功；1970 年 4 月，东方红一号发射成功；1999 年 11 月，神舟一号成功升天；2001 年 1 月，神舟二号成功升天；2002 年 3 月，神舟三号成功升天；2002 年 12 月，神舟四号成功升天；2003 年 10 月，神舟五号载人飞船发射成功；2005 年 10 月，神舟六号载人飞船发射成功；2008 年 9 月，神舟七号载人飞船成功升天……2024 年 10 月，神舟十九号载人飞船发射成功。每一件大事的背后都有无数的物理学家和数学家在辛勤奉献，共同完成大国伟业。

中国第一颗原子弹由北京应用物理与计算数学研究所进行探索与研究，其理论部八大主任中邓稼先、周光召、于敏、黄祖洽是物理学家，周毓麟、秦元勋、江泽培、何桂莲是数学家。从 1960 年 4 月份开始理论设计的计算工作，周毓麟用冯·诺依曼的"人为粘性法"解决流体力学方程组计算中遇到的问题，彭桓武的多种粗估公式，邓稼先和秦元勋的威力粗估公式，黄祖洽为核燃料生产厂提供的"铀水系统安全质量的建议估算法"对复杂的物理问题作近似处理。秦元勋提出用"人为次临界法"解非定常中子输运方程的问题，编制并通过"人为次临界法"解非定常中子输运方程的程序，合作研究了有效的数值计算方法，领导编制出第一个反应前的流体计算程序。1960年11月，秦元勋和周毓麟应用"人为次临界法"完成了核材料被压缩到超高临界后能量释放过程的总体计算法，并完成反应前的总体程序编制。1961年底，历时近一年的"九次计算"终于告一段落。原子弹的起爆元件俗称"瓦片"，它的设计极为重要，根据"美国原子间谍罗森堡夫妇案件"中透露，原子弹的球形结构是36块拼凑起来的多边形，但中国科学家们在研究时却发现36块无法合成特定的球形体，秦元勋等人用拓扑法去论证，解决了该问题，得出正确答案应该是32块。1964年4月，中央专委会决定"596"采用塔爆方式，要求第九研究院论证，依据计算结果试验成功概率在99%以上。由于大多数技术材料已送去试验基地，部长指派周光召、黄祖洽、秦元勋去完成这个任务。三位科学家只能凭自己的记忆，用计算尺进行核算，花了一天时间核算完毕，确保成功概率能够达到99%以上。10月16日15时整，"596"原子弹在罗布泊成功爆炸，建立起新中国的核力量。他们是时代的英雄，给西方国家带来了极大震撼，为祖国贡献了战略定力。

如今，在美国制裁大刀之下依旧逆风飞翔的华为已经成为中美贸易战中"国货当自强"的一面旗帜。华为的高楼是厚积薄发，实际上华为从多年以前就开始布局，其最出彩的一招是和土耳其数学家埃达尔·阿勒坎的合作。阿勒坎在2008年独立完成并发表了主要用于5G通信编码的极化码技术方案。阅读他的论文之后，华为的工程师们意识到这篇论文中的技术可以用于5G编码。该论文发表两个月后，华为就开始以它为中心研究各种专利，投入大量资金和人才，积极和阿勒坎教授团队合作，出资支持他的实验室，助其扩大研究团队。这一切的努力结出了硕果，华为拥有了世界上超过四分之一的5G专利，雄踞世界第一。所以，当谈到华为是如何突破重重壁垒的，华为CEO任正非如此说："我们真正的突破是数学，一切是以数学为中心。"

当代的科技不是一门学科可以决定其发展，各学科呈现交叉融合，互相促进的态势。比如人工智能是一个涉及多领域的交叉学科的产物，其理论基础涉及概率论、统计学、线性代数、微积分等数学知识和算法，以及数据结构、计算机组成原理、操作系统、编程语言等计算机知识。其运行原理是复杂的，大数据 GPT 分析和处理数据的能力也来自数理逻辑，使得人工智能可以不断学习和创新，为解决实际问题提供更多可能性。

2.2.4 中西方古代数学在化学中的应用

远古的工艺化学时期，人类的制陶、冶金、酿酒、染色都是由实践经验直接形成。公元前 1500 年到 1650 年，炼丹术士和炼金术士为求得长生不老和荣华富贵，开始了最早的化学实验，但数学知识的应用较少。直到 1775 年，拉瓦锡用定量化学实验阐述了燃烧的氧化学说，开启了定量化学时期，数学逐渐被引入到各种化学实验和数据处理之中。直到现代化学时期，不同学科间的知识相互渗透，密不可分。

我国古代的中医中草药的配伍炮制，都讲究数量和时间上的精确控制。比如，附子小量温补脾胃，中量祛寒止痛，大量回阳救逆；红花小量生血，中量活血，大量破血；大黄小量健胃，中量清湿热，大量泻下。中药炮制的时长也有差异，通常补益类中药熬制时间稍长，使得药物有效成分充分释放；而清热解毒、发散风寒的中药，熬制时间不可过长，时间过长容易破坏药效。冶铁制陶等工艺都需要对火候进行精确控制，这些都是古人智慧中数学与辩证思想的统一。

2.2.5 中西方近代数学在化学中的应用

1774 年 10 月，拉瓦锡设计的探究燃烧的科学实验，根据实验结果提出新的燃烧理论：燃烧不是物质燃素的外逸，而是物质跟氧气的剧烈作用，放出光和热。空气中有五分之一的氧气，可以帮助燃烧，还有五分之四的窒息空气，不能帮助燃烧。拉瓦锡把少量的汞放在密闭"曲颈甑"中连续加热二十天，空气体积减少至五分之四就不再减少，剩余的气体不能维持生命。然后把得到的红色粉末加强热后得到汞和氧气，且氧气的体积正好等于减少的五分之一。这个过程的精确测量需要数学方法辅助，最终结论以大量实验数据作为依据，得到了大多数化学家的支持，推翻了近百年的燃素说。

1868 年，迈尔依据原子体积的改变是各元素原子量的函数的原理，绘制了一张曲线图，直观地表示出单个元素原子体积的改变的周期性。1869 年，他又制作了一张化学元素周期表，明确指出元素的性质是它的原子量的函数，迈尔的化学元素周期表偏重于原子量和物理性质之间的关系。1869 年，俄国圣彼得堡大学化学教授门捷列夫提出，元素的性质随着元素的原子量的增加呈现周期性变化，这个规律称为"元素周期律"。并把当时确定的 63 种元素按原子量从小到大分成几个周期，同一周期的排在同一行上，原子量大的那一周期重叠在原子量小的周期下面。性质类似的元素落在同一列，归属同一族元素。门捷列夫运用周期律，大胆地留下很多空格，每个空格代表一种未发现的元素，并预言了这种元素的性质。他的预言和之后实践的结果惊人的相似。迈尔只注意元素的原子体积的物理性质，并未做过多推想。而门捷列夫应用科学的数学方法，对大量实验事实进行了订正、分析和概括，归纳总结出元素周期律，并做出科学推想和预言。他在周期表中也没有机械地完全按照原子量数值的顺序排列，并指出当时测定的某些元素原子量的数值有错误，这是因为缺乏科学的方法和严谨的态度，真理留给了门捷列夫。为了纪念他的功绩，大家都称之为门捷列夫元素周期律和门捷列夫元素周期表。

定量化学时期建立了不少化学基本定律，提出了原子学说，发现了周期律，发展了有机结构理论。这些理论都为现代化学的发展奠定了坚实的基础。分析化学以实验为主，在实验数据处理中涉及的原理较多，计算方法烦琐、复杂且计算结果要求准确度高，常常遇到数值计算如浓度、pH 值；用实验数据作图以求直观表述，如吸光度曲线、电位滴定曲线等；对大量实验数据进行曲线拟合，以求出其规律并做出预测；对实验数据进行插值计算，以求出不同条件下的参数值。现代分析化学还引入了数学建模思想，运用 MATLAB 软件提供的初等数学和绘图方法研究随机误差的正态分布函数、多元酸的各形态分布函数以及络合滴定曲线的模拟回归、形象直观地展示所描述过程的静态动态特性。比如，分光度测平衡常数在最后处理数据时要用到计算机制作表格和绘制图表，才能得到结论。高等数学工具的引入将定量化学带入现代化学时期，也给 20 世纪化学与物理、生物、地质等学科渗透提供了可能。

现代化学中的材料科学基于物理科学、工程以及数学，主要用于冶金、制陶和塑料业中。所有材料的性质最终取决于它们的原子及其组合成的分子结构。材料科学关心物质的性质和使用，而性质最终取决于它们的原子及其组合成的分子结构。比如，某汽车公司需要将铝与硅碳粒子相混合以得到重量轻的钢的替代物，在进行材料设计时，通常分为三个层次：第一为微观层次，运用统计力学与量子力学来研究原子与分子的集体行为；第二为显微层次，研究微米级原子或分子在一定范围内的平均性质，如形变、磁性等，一般用连续统计方程来描述；第三层次是宏观层次，如宏观性能、生产流程与使用性能间的关系，材料的断裂以及微观结构的形成等。现代计算机技术可以同时考虑三个层次的因素，建立模型进行模拟，得出符合预期性能的新材料的最佳成分、最佳结构和最合理的工艺流程。计算机的高速计算能力、巨大的存储能力和逻辑判断能力与人的创造能力相结合，大大提高了设计质量，缩短了设计周期，为开发新材料和新工艺创造了条件。

2.3 数学与经济学的交汇

2.3.1 数学与经济学的联系

数学与经济学,一个研究抽象的数理关系,一个探讨人类行为和资源分配,从古至今就有着千丝万缕的紧密联系。数学为经济学提供了精确的工具和方法,经济学为数学提供了实际应用的场景和问题。数学的高抽象性和严密的逻辑性,帮助经济学解释原理建立模型,迅速抓住本质建立联系。同时,经济现象的复杂性也不断提出新的数学问题,推动着数学的发展。在人类社会的历史长河中,数学与经济学互相促进、共同发展至今,已经成为不可或缺的你中有我我中有你的两个学科。

世界经济竞争越来越激烈,数学对经济学的发展起到了极大的推动作用,经济学的理论成果更倾向于用数学表达。研究对象有劳动、资本、人口、价值、货币、地租、投入、产出等,而随着对这些研究对象更深入的挖掘,产生了一系列的分支学科,如数理经济学、经济计量学、经济控制论、经济预测、经济信息等。数学之所以能够在现代经济学中发挥如此大的作用,有以下三点原因:①借助数学模型用数学语言描述使得表达更清晰、精炼;②逻辑推理严密精确,可以防止漏洞和谬误;③可以更深入地得到仅凭直觉无法或不易得出的结论,发现现象之间更深层次的本质联系。简言之,数学使得经济学更清晰、严密和深入。

2.3.2 西方古代数学在经济学中的应用

希腊最早的数学家是来自小亚细亚的泰勒斯(Thales),作为苏格拉底时代的"七贤之首",他曾被指责在无用的研究中浪费时间。于是有一次,他用自身知识预见到当地橄榄今年必然获得特大丰收，便垄断了该地区的榨油机。当橄榄丰收后，种植橄榄的农户都到他这里来榨油，他因此获得了巨额财富。他说："如果一个哲学家或者数学家想去赚钱，那么事实上他就可以做到。"公元4世纪后期，泰勒斯不仅被认为是希腊数学传统的开创者，还是希腊科学研究的开创者，因为他认识到物质现象是受一些不可知规律控制的，而数学就是这些规律的最直接体现。

在柏拉图学苑中，他们的课程提纲分为五个部分：算术（即数的理论）、平面几何、立体几何、天文学和谐音学（音乐）。柏拉图还引进了当时最好的数学家来授课，并进行研究，其对数学知识的重视程度可见一斑。作为柏拉图的学生，色诺芬在其著作《经济论》中，将具有使用价值的东西视为财富，这种有用性既包含使用性，也包含交换性。在探求财富以及财富的来源和增长方式时，色诺芬借助数学工具和统计资料来分析，模糊地意识到商品价格的波动是依据供给和需求关系的变化而变化的。他说："当农产品价格低廉时，农业就无利可图，许多农民就会放弃耕耘而从事商业、旅店业或借贷业。""当铜器或铁器生产过多，价格就会变得低廉，工人就会因此破产失业。"这说明供求关系对价格产生影响，继而会影响到社会劳动的分配。并指出"商品的价格受供求关系的影响而经常发生上下波动。"这可能是政治经济学中价格与供求关系最早的原型，这种逻辑推理的思维方式至今仍是经济学家们分析经济现状获得重要结论的方法之一。

古西方的数学知识大都由哲学家研究并传播，因此注重逻辑推理和思维的提升。受限于当时低下的生产力，数学知识的应用发展得比较缓慢。

2.3.3　中国古代数学在经济学中的应用

中国古代数学有着灿烂的文明，《九章算术》就是众多瑰宝之一。周礼大司徒篇说："保氏掌谏王恶而养国子以道。乃教之六艺：一曰五礼，二曰六乐，三曰五射，四曰五驭，五曰六书，六曰九数。"也就是说，主持贵族子弟教育的保氏以礼乐射御书数为"小学"的六门课程。此时的数学知识还只是政府管理人员的选学内容。春秋战国时期，由于生铁冶铸技术的产生和铁器的普遍使用，生产力逐渐提高，扩大了社会对数学知识和计算技能的需求。当时各国的统治阶级按亩收税，必须有测量土地、计算面积的方法；要储备粮食，必须有计算仓库容积的方法；要修建灌溉渠道、治河堤防和其他土木工事，必须能计算人工；要修订一个适合农业生产的历法，必须能运用天文数据。那时候的百姓掌握了相当丰富的、由日常生活中产生的数学知识和计算技能。公元 1 世纪，《九章算术》经张苍、耿寿昌等人删补编纂成书，唐宋明令其为指定教科书，隋唐时期就已传入朝鲜、日本，现已被译成日、俄、德、英、法等多种文字。

翻开目录，其九章的章节名分别是：方田（田亩面积的量法和分数算法），粟米（谷物粮食交易，按比例折换），衰分（配分比例问题），少广（已知体积面积求边长和径长，开平方和开立方），商功（土石工程体积的量法），均输（政府征收粮食，合理摊派赋税），盈不足（盈亏类问题），方程（联立一次方程组解法和正负数），勾股（勾股测量）。可见，这本书从成书到使用，都是为了政治管理需要，而经济发展是政治稳定的第一要务，因此，数学主要的作用就是发展经济和辅助管理。书中的 246 个应用问题都围绕生产与生活实践而展开，真正体现出数学来源于生活并应用于生活的本质，也能让读者快速掌握并应用这些方法和技巧。

古人制作矩作为测量的工具，它由两条互相垂直的直尺做成，即现在工人所用的曲尺。周朝初年（约公元前 1100 年），周公问商高用矩尺测量方法，商高说："偃矩以望高，复矩以测深，卧矩以知远。"意思是利用 $\angle A$ 的正切值求 MP 的高度（如图 2-3-1 所示），应用了勾股定理和三角形相似，以达到遥测长度、高度和深度的目的。泰勒斯也曾利用影长和相似三角形测量金字塔的高度，但仅停留于逻辑推理的理论层面。我们的古人非常重视应用，勾股定理被广泛应用到了建筑、航海、地理测量等诸多领域，并取得不俗的成就。在建筑领域中，勾股定理可用于各种测量和设计工作；在航海领域中，船舶在航行过程中要确定自身位置与目标位置之间的距离，准确导航避免碰撞；地理测量领域中，勾股定理可以遥测到某处的距离、计算地表的高度差、推算山坡的斜率等问题。这里，任何一个问题的解决都能带来巨大的经济效益，显著提高生产力，促进社会的创新活力，当中国几千年古代文明迎来多次盛世，才有了长城、布达拉宫等伟大建筑物的建造，指南针的发明和郑和七下西洋的光辉事迹。

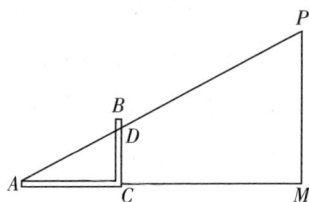

图 2-3-1

随着国家之间经济和文化的交流，中西方数学也发生了多次融合，我们的数学偏重于应用，西方数学偏重于推理，两者取长补短，数学体系变得更加完善。随着工业革命的到来，生产力获得飞速发展，高等数学的作用开始变得举足轻重。

2.3.4 西方近代数学在经济学中的应用

20世纪40年代，经济学研究开始数学化，导致数理经济学的诞生。1944年，冯·诺依曼与摩根斯顿（O. Morgenstern）提出了竞争的数学模型并应用于经济问题，成为现代数量经济学的开端。20世纪50年代以后，数学方法在经济学中的地位愈显突出。

1951年，美籍荷兰经济学家库普曼斯（T. C. Koopmans）利用苏联数学家康托洛维奇创立的线性规划理论，以"活动分析"替代经典经济学中的生产函数，为资源配置效率与价格体系对应关系的研究提供了有效方法。他们共同获得了1975年度诺贝尔经济学奖。

1959年，美籍法国数学家、经济学家德布洛（G. Debreu）发表《价格理论》，对一般经济均衡理论给出了严格的公理化表述，使公理化方法成为现代经济学研究的基本方法之一。一般经济均衡价格存在的问题是经济学界长期关注但悬而未决的问题。早在1874年，法国经济学家沃拉斯（L. Walras）就已将这个问题归结为由供给等于需求所决定的方程组的求解，但这样导出的一般是一组复杂的非线性方程，难以求解。直到1954年，德布洛和另外一位美国经济学家阿罗（K. Arrow）才第一次利用凸集理论、不动点定理等给出了一般经济均衡的严格表述和存在性证明。阿罗和德布洛先后获得1972年度和1983年度诺贝尔经济学奖。

纳什均衡是纳什在博弈论方面的数学研究，这项成果使他获得了 1994 年诺贝尔经济学奖。他提出的非合作对策的纳什均衡，是当今经济学中双赢概念的理论基础。人们的经济行为中，最想规避的一个问题是不确定性与风险性，在应用了博弈论之后对不确定性的行为分析也有了突破性的进展。

20 世纪 70 年代以后，随机分析进入经济学领域，特别是 1973 年布莱克（F. Black）和斯科尔斯（M. S. Scholes）将期权定价问题归结为一个随机微分方程的解，从而导出了相当符合实际的著名的期权定价公式，即布莱克－斯科尔斯公式。布莱克－斯科尔斯理论被认为是金融数学方面的一项重大突破，后来又被默顿（R. C. Merton）进一步完善，不仅在金融活动中行之有效并产生巨大效益，而且在数学上对随机分析、随机控制、偏微分方程、非线性分析、数值分析、数理统计等领域的发展也给予极大的推动。默顿和斯科尔斯荣获 1997 年度诺贝尔经济学奖。

从 1969 年首届诺贝尔经济学奖颁发至今已经颁发了 55 届，93 位经济学家获此殊荣。其中，有 52.8% 的经济学家都有数学或者理工学位，84.7% 的获奖者具有较强的数学应用能力，90% 以上的经济学家都是应用数学方法阐释经济理论，甚至还有少数获奖者本身就是著名的数学家。

进入 20 世纪后，数学的应用已完全突破了传统的范围，几乎向人类所有的知识领域渗透。而且，纯粹数学几乎所有的分支都获得了应用，其中包括那些最为抽象的分支，就连被哈代称为最清白和无用的数论，也在密码技术、卫星信号传输、计算机科学、量子场论等诸多领域发挥着重要的甚至是关键的作用。此外，现代数学在生产技术中的应用变得越来越直接，数学所提供的工具直接影响和推动技术进步的频率正在加大，并在许多情况下产生巨大的经济效益。例如，以流体力学为基础的数值模拟已成为飞行器设计的有效工具，类似的数值模拟方法正在被应用于很多技术部门以替代耗资巨大的试验；以调和分析为基础的小波分析直接应用于通信、石油勘探、图像处理等广泛的技术领域。

纵观经济学的发展史，经济学的每一次重大突破，都与数学有着不可分割的联系。无论是从古典经济学到新古典经济学的转变，还是从"边际革命"到"凯恩斯革命"都得益于数学方法的应用。亚当·斯密的"看不见的手"揭示了市场经济最基本的内在规律：价格调节会自发实现均衡。但这一思想最终是由迪布鲁应用拓扑论、集合论等现代数学工具给出了完备的证明。在由常量数学向变量数学的转折过程中，微积分被应用于经济学引发了经济学的"边际革命"，这也奠定了当代西方经济学的理论框架。必然数学向随机数学的转折，促使人们用概率论的观念取代了传统的定数论的观念，由此产生了经济计量学，沟通了经济理论与实践的联系，是经济学的进一步实用化。

宏观经济学研究的是经济综合指标的控制，如研究失业、价格水平以及收支平衡的控制等。1972年以来，承担调整美国经济的政府机构，如联邦储备局，以最优控制方法，特别是线性二次方法为背景，提出了包括失业与通货膨胀平衡的政策建议，对美国政府调整经济政策发挥了巨大的作用。应用控制理论和梯度法，人们还求解了其他国家经济的最优计划模型，有力地促进了这些国家的经济发展。

微观经济学中研究稀缺资源最合理配置的问题，很多时候都用到了高等数学的方法。甚至有人说，微观经济学就是半本数学书。它以单个经济主体的经济行为作为考察对象，包括价值理论、分配理论以及福利经济学等；它研究具体产品的数量、产量、相对价格以及质量管理等具体经济活动。比如数理经济学亦是它的工具之一，可以用数理统计中的"实验设计""质量控制""多元分析"等方法来提高产品的质量。如一家美国电视机制造公司被日本人买下，通过应用质量控制后，大大降低该公司的废品率至2%，生产率增加121%，工作时间减少61%，产品成功率从90%增加到98%。

数学具有高度的抽象性和严密的逻辑性，因而它更容易冲破表面现象抓住本质联系，并建立模型，从而对经济原理进行解释。经济学数学化，使经济学作为一门科学专业不断加强，学者型经济学家数量不断增加，研究领域专门化程度不断发展。经济事物的存在是质与量的统一，对其质的定性认识是定量分析的前提，而由定性认识到定量分析则意味着认识过程的发展和深化。

马克思曾指出："一门科学只有成功地运用数学时，才算达到了完善的地步。"数学方法使经济学研究对象明确具体、经济变量之间的关系数量化，并保证逻辑推理过程的严密性，最终将保证在理论上得出的结论具体明确，使响应的经济理论建立在坚实的科学基础上，从而减少或消除经济关系中的不确定因素，促进经济科学不断发展。用数学建模方法分析和求解问题已成为对各经济领域进行研究，从而获得最佳解决方案，做出比较理想决策的常用方法。这也是我们需要打好高中数学基础的一大原因，而且新高考对先进知识的探索也越来越普遍，作为高中生，我们的阅读量和涉猎范围需要同步扩大。

2.3.5 中国近代数学在经济学中的应用

古代数学领跑世界，近代数学日渐式微，现代数学奋起直追。14 世纪前，我国数学毫无争议地处于世界领先，特别是代数方面。14 世纪后，数学发展大断裂，明清的专制统治及思想控制遏制了数学及科学的创造研究。明末清初，西方数学被引进，但雍正之后的闭关锁国大大限制了 17 世纪西方近代数学的输入。鸦片战争之后，中国沦为半殖民地半封建社会，民众处于水深火热之中，知识分子都在忙于救亡图存，反动官僚仇视先进科学技术，加上清廷的愚民政策，中国数学已经远远落后于日本。直到 20 世纪初，中国开始真正大规模引进先进数学知识，经过一代又一代数学家的努力，我国数学才开始崛起并有所成就。

1917 年，京师大学堂蔡元培任校长，此时的数学系有秦汾、冯祖荀、王仁辅等，留美回国的郑元蕃到清华大学任教并筹备数学系，胡明复与胡敦复在上海创办大同大学，姜立夫创建南开大学数学系。1921 年，留学比、法的熊庆来创办东南大学，1926 年担任新的清华大学算学系主任，孙光远、杨武之也到清华任教。吴在渊、何鲁、傅种孙、陈荩民等老前辈翻译了众多外国数学著作。陈建功三次东渡日本学习，回国后系统开展教学与科研工作。苏步青于 1931 年获日本理学博士后回国执教浙大，先后培养了大批学生。李俨及钱宝琮系统研究了中国数学史。陈省身从德国、法国回来后任教于西南联大，在微分几何和拓扑学上取得了突破性的成果。华罗庚在数论上有突出贡献，并引入了抽象代数学。许宝騄留学英国后回国任教，为我国在统计学和矩阵的应用上打下了良好的基础。段学复同薛华荔在有限群论及在代数群方面的研究做出了贡献。王湘浩指出格林瓦德（H. Grunwald）定理证明中的错误并加以修正。严志达在李群李代数方面的工作，特别是例外群的贝蒂数的研究为国际称道。王宪钟在几何拓扑方面做出了极为杰出的贡献。钟开莱在概率论、王浩在数理逻辑方面也都有杰出成就。曾炯之 1936 年引进 C 域的概念，证明了曾炯之定理。周炜良在代数几何学得出周环、周坐标等重要概念及成果。吴文俊留学法国，回国后在北大任教，在拓扑学上发挥其创造性，并证明了惠特尼示性类的乘积定理，后期研究机械化证明，重振中国古算，开展了机械化数学研究。

1972 年，苏步青教授被派到江南造船厂劳动，劳动期间他对数学研究工作没有松懈，把技术人员、工人提出的技术革新中的难题变为数学问题，再应用计算几何的原理加以解决。苏教授发现造多大船就要多大的放样楼，工人们放样需要几个月才能把船体的三向剖线光顺好，再控制切割机自动把钢板切割成需要的形状，这种人工放样不仅效率低，工人的体力耗费也很大。苏教授决定寻求更好的数学放样方法，通过现场调查和翻译文献，他找到了突破口并提出了一整套方案，从参数曲线和参数曲面着手解决大挠度曲线、空间曲线和曲面的问题。根据这一思想完成的算法程序，成功地计算出了几种不同类型的船，效果良好。其中应用于船舶的一种光顺方法"平行圆面法"就是苏先生指导数学放样小组共同完成的课题。可见，高尖精的工业难题都需要抽象成数学问题，用数学基础理论方法才能够更快更好地得到解决，问题解决之后不仅能够促进生产效率的提高，同时还能产生巨大的经济效益。

数学大师华罗庚只有初中文凭，18 岁发表论文《苏家驹之代数的五次方程式解法不能成立之理由》震惊数学界，20 岁时被熊庆来教授推荐当清华大学图书管理助理员，并在清华旁听进修数学。1941 年完成经典著作《堆垒素数论》，爱因斯坦来信表示祝贺。1950 年，华罗庚放弃美国的终身教授和优越的物质生活，回国任教。收到毛主席的两封信后，华老从 60 年代开始将工作重心放到数学理论如何为国民经济和生产建设服务上来。1965 年在贵昆线的安顺西南铁路建设工地指挥部开办了我国第一个统筹方法培训班，收效显著。同年在中国科技大学数学系设立我国第一个统筹方法研究室，应用数学联系生产实际。华老认为，生产技术的现代化需要数学，管理的现代化需要数学。1977 年成立了中国科学院应用数学研究推广办公室，奔赴除西藏、青海和台湾的全国各地，进行规划统筹与方案优选的论证咨询工作。用统筹法和优选法对生产组织的统筹安排，对工艺参数进行合理优化选择，就可以用较少的人力、资金、物资生产更多更好的产品，收到优质、高产、低消耗的效果。华老认为，国民经济中的许多问题，表现为找出投资少、见效快、收效大的最优方案的问题，实际上这就是优选法要解决的问题。统筹法就是对规划、计划的评价与审查。从方法上来讲，优选法和统筹法是经济数学与管理科学的最核心的部分，取得的成果也非常耀眼，两淮煤炭开发方案投产每年多产出 4000 万吨煤；成昆线进行的施工统筹方法在导坑掘进、桥涵施工、铺轨架桥、机具大修等方面取得了节约成本、降低损耗、提高功效、提高质量的显著效益；攀钢 1 号高炉大修提前 21 天完工，实际增产 2.5 万吨，多创造价值 400 多万元；大庆油田、胜利油田、克拉玛依油田用"双法"与经济数学攻克难关，华老作为技术顾问，九下龙江五到大庆，走遍大江南北，致力于中国产业经济的数学化，仅用 20 年的时间完成了其他国家需要几代人才能做完的事情。

正是这样一代又一代勤勤恳恳钻研数学基础理论的数学家们不间断的努力奋斗，造就了现在我国拥有的如此完备的工业体系，成为全球制造业强国。其原因仍然是任何工业难题都可以借助数学工具抽象化，然后得到分析和解决。如果创造力是工业的电动机，那数学就是创造力的发电机。如今社会经济飞速发展，各行各业已经与数学知识紧密融合在一起，先进的数学知识和人才仍然是大国发展的利器，需要青少年一代勇敢地接过时代的接力棒，奋起直追，永不言败。

参考文献

[1] 色诺芬. 经济论 [M]. 北京：商务印书馆，1961.

[2] 钱宝宗. 数学史通论 [M]. 北京：中国青年出版社，1957.

[3] 李文林. 文明之光 [M]. 济南：山东教育出版社，2005.

[4] 赵宏量. 一代数圣——华罗庚 [J]. 数学教学通讯，2000 (11)：1-4.

[5] 张奠宙，宋乃庆. 数学教育概论（第三版）[M]. 北京：高等教育出版社，2016.

2.4 数学在信息技术中的应用

数学在信息技术中的应用极为广泛且日益深入，几乎渗透到信息技术的每一个角落。从基础的加密技术、数据压缩，到高级的机器学习、人工智能，再到计算机图形学、网络流量控制等，数学都发挥着不可替代的作用。以下是对数学在信息技术中应用的详细探讨，旨在全面展现数学在这一领域的重要性和影响力。

2.4.1 数学在加密技术中的应用

数学在加密技术中扮演着核心角色，它提供了构建安全通信系统所需的理论基础和实用算法。加密技术是保障信息安全的重要手段，它利用数学原理将原始信息转化为无法直接识别的密文形式，只有拥有相应解密算法的合法用户才能将其还原为明文。数学在加密技术中的应用主要体现在以下几个方面。

密码学基础：密码学是研究如何保护信息机密性、完整性和认证性的科学，而数学则是其坚实的理论基础。从简单的凯撒密码到复杂的公钥加密算法，如RSA 和 ECC（椭圆曲线密码学），都离不开数学的支持。

大数运算：RSA公钥加密算法与数论中的素数以及大数分解密切相关，是一种基于大整数的因数分解难题。在公钥加密算法中，大数运算是不可或缺的环节。通信双方使用一对密钥：一个公钥用于加密，一个私钥用于解密。公钥包含两个大素数的乘积，而私钥则包含这两个素数。即使知道公钥，要想分解大数找到原始素数也是非常困难的，因而保证了安全性。椭圆曲线密码学是一种基于椭圆曲线数学的公钥加密技术。它用椭圆曲线上的点进行加法和乘法运算，这些运算构成了椭圆曲线离散对数问题（ECDLP），这是一个难以解决的问题，使得 ECC 在相同的安全级别下可以使用比 RSA 更短的密钥长度。这些大数运算和复杂数学问题为加密技术提供了强大的安全保障。

哈希函数：哈希函数是一种将任意长度的输入数据映射为固定长度的输出数据的函数。在密码学中，哈希函数通常用于数据完整性验证、数字签名等领域。常见的哈希函数如 MD5、SHA－1、SHA－256 等，都依赖于数学上的散列函数理论。这些函数通过复杂的数学变换，将输入数据转换为一个几乎不可能从输出反向推导出的固定长度值。

随机数生成：随机数在加密技术中扮演着重要角色，用于生成密钥、初始化向量等。随机数的生成依赖于数学上的伪随机数生成算法或基于物理过程的真随机数生成器。这些算法或生成器通过复杂的数学变换或物理过程产生难以预测的随机数序列，从而为加密过程提供必要的随机性。

2.4.2 数学在数据压缩中的应用

随着信息技术的飞速发展，数据量呈爆炸式增长，如何高效地存储和传输这些数据成为一个亟待解决的问题。而数学为数据压缩提供了理论基础和算法，用以减少数据的存储和传输需求，同时尽可能保持信息的完整性。数据压缩可以分为两大类：无损压缩和有损压缩。无损压缩确保数据可以完全恢复，而有损压缩允许一定程度的信息损失以换取更高的压缩率。数学在数据压缩中的应用主要体现在以下几个方面。

统计与概率论：数据压缩通常涉及对数据的统计分析和概率建模。通过找出数据中的冗余部分（重复出现的模式、高频词汇等）并对其进行有效编码，可以显著减小数据的规模。这一过程需要应用数学中的统计与概率论知识来构建合适的模型和优化算法。如算术编码，这是一种高效的无损数据压缩方法，它可以将整个消息编码为一个浮点数或整数，通常与概率模型结合使用，以实现接近香农熵极限的压缩效果。预测编码，如差分编码（DPCM）和自适应差分编码（ADPCM），数学模型用于预测信号的未来值，然后只编码预测误差，这样可以显著减少数据量。

信息论：数据压缩的基本原理与信息论中的熵（Entropy）概念紧密相连。熵是量化信息和不确定性之间关系的一个重要参数。在信息论中，一个符号所携带的信息量与其出现的概率成反比，即出现概率越低的符号所携带的信息量越大，反之则越小。这一理论为数据压缩提供了理论基础，即通过减少冗余信息（高概率的符号）来实现数据的有效压缩。信息论不仅提供了熵的概念，还建立了数据压缩的理论极限。香农第二定理（噪声信道编码定理）指出，在存在噪声的通信信道中，数据传输率的最大值受限于信道的香农容量，这为数据压缩算法的设计和优化提供了理论指导。

变换编码：变换编码是一种有损压缩方法，它通过对数据进行某种变换（傅里叶变换、离散余弦变换、离散正弦变换等）来消除数据之间的相关性，并保留最重要的信息部分而丢弃次要信息部分。这种方法在音频、图像和视频压缩中得到了广泛应用。例如，JPEG 图像压缩标准采用了离散余弦变换（DCT）作为核心变换方法；而视频编码标准，如 H.264/AVC、H.265/HEVC 以及最新的 H.266/VVC，也都采用了变换编码技术来提高编码效率和压缩比。

在数据压缩算法的设计过程中，数学方法也被广泛应用于模型的优化。例如，在哈夫曼编码中，如何构建最优的哈夫曼树是一个关键问题。这通常涉及动态规划等数学优化方法的应用。此外，在有损压缩算法中，如何平衡压缩比和图像质量之间的关系也是一个需要应用数学方法进行优化的问题。通过构建合适的数学模型并求解，可以得到更优的压缩性能。

2.4.3 数学在机器学习与人工智能中的应用

机器学习和人工智能是信息技术的前沿领域，它们通过数学模型对数据进行处理和分析，从而实现智能决策和预测。数学在机器学习与人工智能中的应用极为广泛且深入，主要体现在以下几个方面。

线性代数：线性代数是机器学习和人工智能中最基础也是最重要的一种数学工具。它用于描述数据的向量表示、矩阵运算以及线性变换等概念。神经网络是深度学习的基础，其训练过程本质上是一个优化问题，即求解网络参数使得损失函数最小化。这一过程涉及大量的数学运算。在神经网络中，权重和偏置等参数通常以矩阵和向量的形式存在，并通过线性代数运算进行更新和优化。

统计与概率论：统计与概率论为机器学习和人工智能提供了数据分析和决策制定的理论基础。在监督学习中，模型通过训练数据学习输入与输出之间的映射关系；在无监督学习中，则通过聚类、降维等方法发现数据中的隐藏结构和规律。这些过程都需要应用统计与概率论中的相关知识和方法。概率论提供了处理不确定性和随机性的方法，是机器学习和人工智能中预测和决策的关键。例如，在医学诊断 AI 中，需要评估一个症状是否预示着某种疾病的概率。统计用于建模和分析数据，帮助理解数据的分布、相关性等特性，为机器学习算法的设计和优化提供基础。

优化理论：机器学习和人工智能中的许多问题都可以转化为优化问题来求解。例如，在神经网络训练中，需要找到一组最优的参数使得模型的预测误差最小化。这通常需要通过微积分中的梯度下降等优化算法来实现参数的迭代更新。优化理论为这些算法提供了数学基础和求解方法。

数学还为机器学习与人工智能模型的评估与改进提供了有力支持。统计学的抽样理论、假设检验等数学方法被用于评估模型的泛化能力，通过将数据集划分为训练集和测试集（或更多子集），并多次训练和测试模型来评估其性能。在机器学习中，经常需要在多个候选模型中选择性能最优的那一个。而这一过程可以基于信息论中的准则或统计学的显著性检验等方法。

2.4.4 数学在计算机图形学中的应用

计算机图形学是研究计算机生成和操作图形的科学，它涉及数学中的几何学、线性代数、微积分等多个分支。数学在计算机图形学中的应用主要体现在以下几个方面。

几何变换：计算机图形学中的几何对象，如点、线、面等，通常用数学中的向量和矩阵来表示。向量用于描述位置和方向，而矩阵则用于描述变换（如平移、旋转、缩放等）。计算机图形学中的几何变换包括平移、旋转、缩放等操作，这些操作都可以通过线性代数中的矩阵运算来实现。例如，一个二维图形的旋转可以通过一个二维旋转矩阵与图形的顶点坐标相乘来实现。

投影与视图变换：在计算机图形学中，为了将三维图形显示在二维屏幕上，需要进行投影和视图变换。这些变换涉及线性代数中的投影矩阵、视图矩阵等概念。通过这些变换，可以将三维场景中的物体投影到二维平面上，并调整视角和视距以产生逼真的视觉效果。

光照、渲染与纹理：光照和渲染是计算机图形学中非常重要的环节之一。它涉及物理学中的光学原理和数学中的微分方程等概念。通过模拟光线在物体表面的反射、折射、散射等过程，可以生成逼真的光照效果和阴影效果；光照模型用于模拟实际世界中的光照效果，这些模型基于物理光学原理，涉及大量的数学计算。常用的光照模型包括点光源、平行光源、环境光等，它们通过不同的数学公式来计算光照强度和颜色。阴影是光照效果的重要组成部分，计算机图形学中的阴影算法通过计算光线与物体之间的遮挡关系来生成阴影。这些算法通常涉及复杂的数学几何运算和光线追踪技术。渲染算法将三维图形转换为二维图像并显示在屏幕上，从而实现计算机生成图像的视觉呈现。纹理映射是将纹理图像映射到几何对象表面的过程，它涉及坐标变换、插值计算等数学方法。通过纹理映射，可以模拟物体表面的细节和纹理，使图像更加真实。

2.4.5 数学在网络流量控制与路由选择中的应用

在互联网中，如何有效地控制网络流量并选择最佳路由是一个关键问题。数学在网络流量控制与路由选择中的应用主要体现在以下几个方面。

图论：图论是数学中的一个重要分支，它为网络拓扑结构的分析提供了有效的工具。通过将网络抽象为图的形式，可以清晰地展示网络中节点和连接之间的关系，其中节点代表网络设备（路由器、交换机等），边代表网络链路，从而帮助研究人员设计和优化路由算法。图论中的算法，如最短路径算法（Dijkstra 算法）、最大流算法等可以用于解决网络流量控制与路由选择中的优化问题，提高数据传输效率。

流量控制与拥塞控制：为了保证网络的稳定性和高效性，需要对网络流量进行控制和拥塞控制。数学中的控制论和排队论可以用于建模和分析网络流量的动态变化过程，并设计出有效的流量控制和拥塞控制算法来应对网络中的突发流量和拥塞情况。数学模型被广泛应用于网络流量的建模与分析中，通过构建数学模型，研究人员能够理解和预测网络流量的行为模式，包括流量的分布、变化趋势以及潜在的异常流量。这些模型有助于网络管理员及时发现并解决网络拥塞、攻击等问题。

路由选择算法：路由选择算法是互联网中的核心算法之一，它负责根据网络拓扑结构和流量状况选择最佳路径来传输数据。数学中的优化理论、组合优化等方法可以用于设计和优化路由选择算法，以提高网络的传输效率和可靠性。

综上所述，数学在信息技术中的应用是多方面的、深入的且不可或缺的。它不仅为信息技术提供了基础理论和工具支持，还推动了信息技术的不断发展和创新。因此，我们应该充分认识到数学在信息技术中的重要性，并在学习和实践中加以重视和应用。

2.5 数学与艺术的融合

在人类文明的长河中，数学与艺术作为两大璀璨的文化瑰宝，各自以其独特的魅力照耀着人类的精神世界。数学，以其严谨的逻辑、精确的计算和深邃的抽象思维，成为探索自然规律、构建知识体系的基石；而艺术，则以其丰富的情感表达、无限的想象力和独特的审美体验，成为人类精神生活的重要组成部分。然而，当我们将目光投向这两个看似截然不同的领域时，却不难发现它们之间存在着千丝万缕的联系和深刻的融合。

下面我们将从数学与艺术的共性、相互渗透、历史渊源以及现代实践等多个维度，探讨数学与艺术之间的融合现象，揭示其背后的深刻内涵。

2.5.1 数学与艺术的共性

（1）抽象之美

数学与艺术在抽象性上有着惊人的相似。数学通过符号、公式、定理等抽象形式，揭示了自然界和社会现象背后的规律与本质；而艺术则通过线条、色彩、形状、节奏、旋律、和声等抽象元素，表达出艺术家的情感、思想和审美追求。两者都超越了具体事物的表象，深入到事物的内在结构和本质特征，展现出一种超越现实的抽象之美。

（2）结构之美

数学中的几何图形、代数结构、数论定理等，都呈现出一种严谨而和谐的结构之美。同样，美术作品中的构图、布局、比例等，也体现了艺术家对结构美的追求。谱写乐章时，往往需要将旋律、节奏、和声等音乐元素有机地结合在一起，形成一个统一、和谐且富有表现力的整体。无论是几何证明、画面布局还是旋律构建，都需要精心设计和巧妙安排，以达到整体上的和谐与统一。

（3）创造力

数学与艺术都是人类创造力的结晶。数学家通过逻辑推理和想象，发现新的数学定理和公式；艺术家则通过灵感和创造力，创作出独具特色的艺术作品。两者都需要具备高度的创新思维和敏锐的洞察力，才能在各自的领域内取得突破性的成果。

2.5.2 数学与艺术的相互渗透

（1）数学应用于艺术创作的实例

比例与乐律

德国数学家莱布尼兹所言："音乐生于直觉，其基础是数学。"据说，毕达哥拉斯在一次偶然的机会中发现了音乐与数学的联系。有一天，他在铁匠铺听到不同重量的锤子敲打铁砧发出的声音，发现当锤子的重量成简单的整数比时，敲击声听起来特别和谐。他随后进行了实验，使用单弦琴（一种只有一根弦的简单乐器）来探索音高与弦长之间的关系。

毕达哥拉斯发现，当弦的长度成简单的整数比（如 1:2，2:3，3:4 等）时，弹奏这些弦产生的音程听起来特别悦耳。这些音程包括八度（1:2）、五度（2:3）和四度（3:4）。这些简单的整数比后来被称为"谐音"或"谐波系列"，它们构成了西方音乐的基础音程。

基于这些发现，毕达哥拉斯学派发展了一种基于整数比的音律系统，称为毕达哥拉斯音律。在这种音律中，所有的音程都是基于简单的整数比来确定的，建立了音乐中的和谐与数学的精确性之间的直接联系。

而在中国古代的律学家们，则用三分损益法制定音律。它最早出现在《管子》一书中，基本原理是将一个基础音的弦长分为三等分，然后根据"损"（将弦长减少三分之一）和"益"（将弦长增加三分之一）的原则基于基础音生成一系列的音，形成一个完整的音阶。中国传统音乐中的"五音"与"十二律"均是这样产生的。明朝的律学家朱载堉首次提出"新法密律"，即现在的十二平均律，并用传统的"勾股术"将每个半音之间的频率比 $2^{\frac{1}{12}}$ 精确算至小数点后 12 位。为了计算这个数字，他著有《算学新说》，制作了八十一位的大算盘，发展了珠算开平方、开立方的方法。可见，数学与艺术的发展是相互促进的。

群论与音乐结构

在西方音乐理论中，群论可以用来分析和声的变换，比如调性的转换（转调）。在一个调性内，和弦之间的关系可以用群论的语言来描述。例如，主和弦、下属和弦、属和弦之间的功能关系。音乐中的对称性，如回文结构或镜像结构，也可以用群论中的对称群来描述。这些对称性在作曲中常被用来创造特定的效果或结构。音乐作品中的变奏技巧，如主题和变奏，可以看作是对原始主题的一系列变换。这些变换可以视为群的元素，而整个变奏系列则构成了一个变换群。作为一种强大的数学工具，群论还被用于更抽象的音乐理论研究，深入分析和理解音乐的内在结构和规律，使得音乐理论家和作曲家可以更系统地探索音乐，并在创作和分析中受到新的启发。

黄金分割与美术

黄金分割，又称黄金比例或黄金分割比，是一种数学上的比例关系。它的值大约为 1.6180339887，通常用希腊字母 φ 表示。它与斐波那契数列有着密切的关系。斐波那契数列是一个这样的数列：1，1，2，3，5，8，13，21，…，其中每个数字是前两个数字的和。当斐波那契数列的项数趋向无穷大时，相邻两项的比值趋向于黄金分割比。

黄金分割具有严格的艺术性与和谐性，蕴含着丰富的美学价值，因此在艺术、建筑、设计和自然界中都有着广泛的应用。例如，古希腊的帕特农神庙被认为是黄金分割在建筑中应用的典范。神庙的长宽比例接近黄金分割，柱子的间距和高度也遵循了这一比例。文艺复兴时期的大师莱昂纳多·达·芬奇在其作品中也广泛使用黄金分割。他的著名素描《维特鲁威人》中，人体的各个部分被安排在一个圆形和正方形内，这些几何形状的边长和人体的比例正好遵循黄金分割比。名作《蒙娜丽莎》中，人物脸的宽度与高度也是使用黄金分割来构图的，这使得画面看起来更加美观平衡。

由此衍生出的还有黄金矩形，一种长宽比为黄金分割比的矩形。在这种矩形中，如果从一边切掉一个正方形，剩下的部分仍然是一个黄金矩形。这个过程可以无限重复，产生一系列越来越小的黄金矩形。黄金螺旋，通过连续绘制正方形并以其黄金矩形的较短边为半径画弧，可以构建出近似的黄金螺旋。这条螺旋在自然界中很常见，在某些贝壳上、花朵的排列中，甚至银河系的旋臂中都可以观察到。

如今，很多雕塑、网页设计、摄影作品甚至音乐创作中，也经常使用黄金分割法则来进行设计与构图，以达到视觉和听觉上的和谐。

分形几何与艺术创作

分形理论是数学中的一个新兴领域，它揭示了自然界中许多复杂现象背后的自相似性和分形结构。分形几何的特点在于其组成部分无论放大多少倍都具有与整体相似的形态。它在艺术领域的应用为艺术家们提供了一种全新的创作工具和视角。这种性质使得分形几何在视觉艺术中产生了深远的影响。

分形几何揭示了世界的本质，提供了一种描述不规则复杂现象中秩序和结构的新方法。例如，自然界中的山脉、河流、雪花、树叶等都呈现出分形特征。分形艺术则是将分形理论应用于艺术创作中，通过计算机生成具有无限细节、复杂结构的图像和图形。著名的例子包括科赫曲线（又称科赫雪花），通过无限重复替换等边三角形边中的三分之一为"尖峰"而生成，展现出无限复杂的尖峰结构；曼德布洛特集合，这是一个在复数平面上的集合，通过复二次函数 $f(z) = z^2 + c$ 的不断迭代而获得，其结果却是一个极其复杂、绚丽且具有无限自相似性的图形。因其对称性、复杂性和色彩对比而具有很高的美学价值，经常被用于艺术创作和计算机图形学中。

几何美学

几何学作为数学的一个重要分支，对艺术创作产生了深远的影响。几何学与艺术的发展史紧密相连，两者相辅相成，从未相互割裂。几何学为艺术家提供了丰富的创作手法和灵感来源。艺术家们可以通过几何图形来构建画面的基本结构和元素，创造出具有独特魅力和深度的艺术作品。

古希腊时期的雕塑和建筑，广泛运用了黄金比例与对称性，如帕特农神庙的设计就采用了黄金比例来确定柱子的间距、高度和建筑的宽度，营造出一种和谐的比例感，并采用了中心对称的布局，使得建筑物在视觉上更为稳定和平衡。那时的人们已经熟练掌握了几何形状的应用，如三角形、矩形、圆形、半圆形等，将其用于建筑物的布局、设计与细节装饰上。

　　文艺复兴时期，艺术家们开始使用几何透视法，这是一种革命性的技术，它使画面获得了前所未有的深度和真实感。达·芬奇等艺术家通过几何学的原理（如透视关系）来构建画面的空间感和立体感，推动了绘画艺术的发展。

　　20世纪，随着非欧几何和高维几何的发展，艺术家们开始探索更加抽象和复杂的几何形式。毕加索、埃舍尔等艺术家通过解构和重组物体的几何形状，打破了传统绘画的透视法和构图规则，创作出了具有强烈视觉冲击力的作品，推动了现代艺术的发展。极简主义艺术家则使用简单的几何形状和纯粹的色彩，探索形式与空间的关系，创造出简洁而富有深意的作品。

数学理论与动态艺术

　　微积分的诞生为刻画动态提供了理论基础。数学家们通过无穷小量的概念，研究了物体在连续时间内的变化状态。这种对动态的理解深刻地影响了艺术家的创作理念。艺术家们开始尝试在静态的画面上描述动态，通过捕捉某一瞬间的动作或表情，暗示出整个动态过程。例如，文艺复兴时期的画家彼得·保罗·鲁本斯的作品《强劫留西帕斯的女儿》通过强烈的动作和表情，展现出了动态的美感。

　　到了现代，随着计算机技术的不断发展，动态艺术逐渐成为一种新兴的艺术形式。

　　计算机图形学成为动态艺术创作的重要工具。数学模型和算法在其中得到了广泛的应用，使艺术家们能够创造出更加复杂和逼真的动态效果。例如，在计算机动画中，艺术家们可以应用数学模型来描述物体的形状、颜色、光照等特性，并通过算法来生成各种复杂的动态效果，创造出具有交互性的艺术作品。这些技术不仅提高了动态艺术的创作效率，也拓展了动态艺术的表现形式。在动态雕塑和装置艺术中，数学原理和技术也发挥了至关重要的作用。

　　数学为动态艺术提供了理论基础和技术支持，使艺术家们能够创造出更加丰富和生动的动态效果。同时，动态艺术也为数学的应用提供了广阔的舞台，展现了数学在艺术创作中的独特魅力。

　　（2）艺术对数学研究的启发

　　① 直观思维

　　艺术创作中的直观思维和形象思维，对数学研究具有重要的启发作用。数学家们在解决复杂问题时，往往需要借助直观思维和想象力来构建问题的模型和解决方案。而艺术创作中的这两种思维方式，有助于数学家们更好地理解和把握问题的本质和规律。

② 美学追求

艺术中的美学追求也对数学研究产生了积极的影响。数学家们在追求数学真理的同时，也注重数学的美感和审美价值。他们通过探索数学中的对称性、简洁性、和谐性等美学特征，不仅丰富了数学的内涵和外延，也推动了数学研究的深入发展。

2.5.3 数学与艺术融合的历史渊源

（1）古希腊时期

古希腊时期是数学与艺术融合的重要阶段。在这一时期，数学家们不仅致力于数学理论的研究和探索，还积极参与艺术实践和创作。例如，毕达哥拉斯学派就认为音乐与数学之间存在着密切的关系，他们通过数学方法来研究音乐的和谐与节奏；而雕塑家菲狄亚斯则应用黄金分割比例等数学知识来塑造雕像的完美身材比例和姿态。

（2）文艺复兴时期

文艺复兴时期是数学与艺术融合的高峰期。在这一时期，艺术家们开始应用透视法等数学原理来创作绘画作品，使画面呈现出更加真实和立体的效果。同时，数学家们也开始关注艺术领域中的数学问题，如建筑设计中的几何结构、比例关系等。这种跨学科的交流和合作不仅推动了数学和艺术的发展，也促进了人类文明的繁荣和进步。

2.5.4 现代数学与艺术的融合实践

（1）数字艺术

随着计算机技术的飞速发展，数字艺术逐渐成为数学与艺术融合的重要领域之一。数字艺术利用计算机技术和数字媒体技术来创作艺术作品，将数学算法、编程技术和艺术创意相结合，创造出具有独特风格和审美价值的艺术作品。例如，数字绘画、数字雕塑、虚拟现实艺术等都属于数字艺术的范畴。这些作品不仅展现了数学在艺术创作中的潜力和价值，也为观众提供了一种全新的艺术体验方式。

（2）数学美学研究

数学美学是数学与艺术融合的一个重要研究方向。数学美学研究数学中的美学特征和审美价值，探讨数学与艺术之间的内在联系和相互作用。例如，数学家们可以研究数学定理和公式的简洁性、对称性、和谐性等美学特征；艺术家们则可以应用数学原理和方法来创作具有数学美感的艺术作品。这种跨学科的研究不仅有助于深化对数学与艺术的理解和认识，也有助于推动数学与艺术领域的创新和发展。

2.5.5 结语

数学与艺术作为人类文化宝库中的两颗璀璨明珠，各自以其独特的魅力和价值吸引着人们的目光和心灵。然而，当我们深入探索这两个领域时，却不难发现它们之间存在着深刻的联系和融合现象。数学为艺术创作提供了丰富的灵感和工具支持；而艺术则赋予了数学以生命力和美感价值。这种融合不仅丰富了人类文化的内涵和外延，也推动了人类文明的进步和发展。随着科学技术的不断进步和人们审美观念的不断提高，数学与艺术的融合将会呈现出更加丰富多彩的形式和内涵。

第三章

数学之思：

思维拓展

3.1 数学思维的特征与培养

3.1.1 引言

数学思维，作为人类思维的一种独特形式，一直以来备受关注和重视。它不仅在数学学科中发挥着核心作用，更是人们解决问题、探索未知世界的重要工具。数学思维的培养对于提高学生的综合素质、培养创新型人才具有重要的意义。本文将从数学思维的特征入手，深入探讨其培养策略，以期为读者提供有益的参考。

3.1.2 数学思维的特征

（1）抽象性

数学思维的首要特征是抽象性。数学思维的抽象性体现在对具体事物的非本质属性的舍弃和对本质属性的抽取上。这种抽象性使得数学思维具有普遍性和概括性，能够应用于各种领域。在数学学习中，学生需要逐渐培养抽象思维的能力，学会从具体的事物中抽象出数学概念和规律，进而应用这些概念和规律去解决问题。

在数学教育中，教师可以通过引导学生观察、比较、分类、归纳等方法，帮助他们建立抽象思维的基础。例如，在教授几何图形时，教师可以让学生从各种具体的图形中抽象出它们的共同特征，形成对几何图形的本质认识。同时，教师还可以设计一些具有挑战性的问题，让学生在解决问题的过程中锻炼抽象思维的能力。

（2）逻辑性

数学思维的另一个显著特征是逻辑性。数学思维遵循严格的逻辑规则，从已知条件出发，通过推理和证明得出正确的结论。这种逻辑性使得数学思维具有严谨性和可靠性，能够确保所得出结论的正确性。在数学学习中，学生需要逐渐培养逻辑思维能力，学会应用数学语言进行推理和证明。

在数学教育中，教师可以通过讲解数学中的命题、定理、公式等知识点，帮助学生理解数学中的逻辑关系。同时，教师还可以设计一些逻辑推理题，让学生在解题过程中锻炼逻辑思维能力。此外，教师还可以引导学生关注数学中的证明过程，了解证明的严谨性和可靠性，从而培养他们的数学素养。

（3）创新性

数学思维还具有创新性。在数学领域中，许多新的定理、公式和方法都是通过创新思维得出的。这种创新性体现在对已有知识的重新组合、对问题的新颖解读以及对未知领域的探索上。在数学学习中，学生需要逐渐培养创新思维能力，学会从多个角度思考问题，并提出新的解决方案。

在数学教育中，教师可以通过引导学生进行数学探究、数学实验等活动，激发他们的创新潜能。例如，教师可以设计一些开放性的数学问题，让学生自主探究解决方案；或者组织学生进行数学建模比赛，让他们将数学知识应用于实际问题中。这些活动不仅可以激发学生的学习兴趣和热情，还可以培养他们的创新思维和实践能力。

3.1.3 数学思维的培养策略

（1）加强基础知识的学习

数学思维的培养离不开扎实的基础知识。因此，要培养学生的数学思维，首先要加强基础知识的学习。学生应掌握数学的基本概念、定理和公式，理解其背后的数学思想和方法。同时，教师也应注重基础知识的讲解和训练，帮助学生建立扎实的数学基础。

为了加强基础知识的学习，教师可以采用多种教学方法和手段。例如，教师可以利用多媒体课件、视频等教学资源，使抽象的概念和定理变得直观易懂；或者组织学生进行小组合作学习，让他们在交流中互相学习、互相帮助。此外，教师还可以设计一些有趣的数学游戏和竞赛活动，让学生在轻松愉快的氛围中学习数学知识。

（2）注重数学思想的渗透

数学思想的渗透是培养学生数学思维的关键。在数学教学中，教师应注重数学思想的渗透和讲解，帮助学生理解数学的本质和精髓。例如，教师可以通过讲解数学中的归纳、类比、化归等思想方法，引导学生应用这些思想方法去解决问题。同时，教师还应鼓励学生自主思考、探索和创新，培养他们的数学思维能力。

为了加强数学思想的渗透，教师可以结合具体的教学内容和学生实际情况，设计一些有针对性的教学活动。例如，教师可以引导学生对某个数学问题进行深入探究和思考，让他们从中领悟数学思想的精髓；或者组织学生进行数学实验和实践活动，让他们在操作中体验数学思想的应用。这些活动不仅可以帮助学生深入理解数学知识，还可以培养他们的数学素养和综合能力。

（3）开展多样化的数学活动

开展多样化的数学活动是培养学生数学思维的有效途径。通过数学竞赛、数学建模、数学实验等活动，学生可以接触到更多的数学问题和方法，并锻炼自己的数学思维能力。这些活动不仅可以激发学生的学习兴趣和热情，提高他们的数学素养和综合能力，还能将数学与实际生活相结合，使数学学习更具实际意义。

为了开展多样化的数学活动，学校可以组织各种形式的数学竞赛和比赛活动。例如，举办数学奥林匹克竞赛、数学建模比赛等活动，让学生展示自己的数学才华和创新能力；或者组织数学实验和实践活动，让学生在实际操作中体验数学的魅力和价值。此外，学校还可以邀请数学家和数学教育者来校做讲座和交流，为学生提供更多的学习机会和资源。

（4）培养良好的学习习惯

良好的学习习惯是培养学生数学思维的重要保障。学生应养成独立思考、善于质疑、勤于总结等学习习惯。独立思考可以帮助学生形成自己的思维方式和解题思路；善于质疑可以培养学生的批判性思维和创新能力；勤于总结可以帮助学生巩固所学知识，发现自己的不足之处并加以改进。

为了培养良好的学习习惯，教师可以采取一些具体的措施和方法。例如，教师可以鼓励学生多提问、多思考，培养他们的独立思考能力；或者引导学生对所学知识进行归纳和总结，帮助他们形成系统的知识体系。同时，教师还可以关注学生的作业和考试情况，及时给予反馈和指导，帮助他们纠正错误并改进学习方法。此外，家长也应积极参与孩子的学习过程，与孩子共同制定学习计划并监督执行，为孩子的数学思维发展提供良好的家庭环境。

3.1.4 结论

数学思维的培养是一个长期而复杂的过程，需要学校、教师和学生的共同努力。通过加强基础知识的学习、注重数学思想的渗透、开展多样化的数学活动以及培养良好的学习习惯等策略的实施，可以有效地培养学生的数学思维，提高他们的数学素养和综合能力。同时，我们也应认识到数学思维的培养不仅是为了应对考试和升学，更是为了培养学生的创新精神和探索精神，为他们的未来发展奠定坚实的基础。因此，我们应该高度重视数学思维的培养工作，不断探索高效的培养策略和方法。

参考文献

[1] 中华人民共和国教育部. 义务教育数学课程标准（2022年版）[S]. 北京：北京师范大学出版社，2022.

[2] 波利亚. 数学与猜想 [M]. 李志尧，王日爽，译. 北京：科学出版社，2001.

[3] 弗赖登塔尔. 作为教育任务的数学 [M]. 陈昌平，唐瑞芬，等译. 上海：上海教育出版社，1995.

[4] 张奠宙，宋乃庆. 数学教育概论 [M]. 北京：高等教育出版社，2009.

[5] 李俊. 中小学数学教材教法 [M]. 北京：东华大学出版社，2000.

[6] 张维忠. 数学教育中的数学文化 [M]. 上海：上海教育出版社，2011.

[7] 徐利治. 数学方法论选讲 [M]. 武汉：华中科技大学出版社，2000.

[8] 涂荣豹. 数学教学认识论 [M]. 南京：南京师范大学出版社，2003.

[9] 王梓坤. 科学发现纵横谈 [M]. 北京：北京师范大学出版社，2006.

［10］李树臣. 论形成和发展数学能力的两个根本途径［J］. 数学教育学报，2002，11（2）：50 - 52.

［11］张奠宙，唐瑞芬，刘鸿坤. 数学教育学［M］. 南昌：江西教育出版社，1991.

［12］任樟辉. 数学思维论［M］. 南宁：广西教育出版社，1996.

3.2 数学建模与问题解决

　　曾经的高中数学课堂教学，以讲授数学知识点、做题练习、刷题备考为主要内容。随着人们对数学价值取向的进一步认识，我们在新高考中认识到，要突出其应用价值，而数学建模是最有效的体现其实际应用价值的方法，数学知识点的目标要慢慢淡化。目前，高中数学建模已成为中学数学竞赛的主要内容之一，2021 年江西新高考下的北师大高中数学教材也将学生数学建模相关知识和解题方法列入其中必修的内容，数学建模已成为高中学生应用数学知识进行创新的必修内容。数学建模是数学现实生活中非常重要的实际应用的表现形式，是连接数学与外部世界的桥梁。我们通常可以用数学建模进行现实问题的抽象化，用数学语言和数学符号语言来描述和表达问题，使得文字语言数字符号化。这一构建数学建模的过程也是推动数学发展的重要动力，用数学方法构建数学模型，从而解决问题。

　　数学建模的定义：建模的定义通常有狭义和广义之分，而狭义数学建模是指用数学语言或数学符号语言描述实际问题的过程。广义数学建模指的是数学的方程式、数学公式、过程算法等有关数学的概念、数学的理论体系。数学建模关注的重点通常不是结果而是构建的过程，重点是为学生提供一个从被动到主动的独立思考和自我构建的空间，实现对知识的真正消化和应用，学会在数学建模过程中培养自己的思维习惯，而学习数学的所有知识是为了应用和解决问题。

　　数学建模方法：高中数学的价值取向包含科研价值、实际应用价值、人文素养价值三个方面。其中，实际应用价值是数学最根本的价值，也是最能带来经济利益的价值，而培养数学实际应用价值最长远、最有效的办法，就是善于应用数学建模。高中数学建模的方法很多，本着具体问题具体分析的原则，比较常见的有理论分析法、模拟法、函数拟合方法（包括对数函数和指数函数，线性拟合方法和非线性拟合方法），难度最大但也最有效的是写建模小论文。

数学建模的主要步骤：

（1）提出问题。实际情境中要解决的问题往往是既模糊又笼统的，原始的问题更多的是希望得到一个最优化的期待或者回复，又或是某个不良现象的消失。这就需要透过现象看本质，从而明确地提出问题。首先要把问题具体化，数学化，数字化。

（2）建立模型。在积累一定的数学知识的基础上，首先要构建合适的数学模型，抓住主要元素，抛开次要元素，做出适当的简化和假设。在假设的基础上，用数学概念和数学语言及符号来表示实际问题，用数学结构反映实际问题中各个变量和定量之间的关系。从不同角度应用不同的知识表示同样的问题，往往会发现得到的模型是不同的。

（3）求解模型。这个过程已经转化为某个数学问题的解答。值得我们注意的是，如果目标是求具体值，我们会发现一般不太容易求出精确值，这就需要根据需要求出近似解。

（4）检验结果。最后检验求得的解是不是符合实际的，用实际的现象或者数据来检测校对。不符合的要重新构建新的数学模型，重新解答验证。

我们知道数学建模活动的开始就是问题的选择。那么，问题从哪里来呢？

在刚接触学习数学建模的时候，哪些问题可以做，哪些问题建模不能解决，往往是一团乱麻的，这时候就可以把别人的文章找出来看一遍。例如，当发现有人做过"同一品牌不同质量的月饼价格研究"时，就可以参照研究方法，做"研究同一品牌不同规格的罐装辣椒酱的价格"。

这就是选题的来源之一。

对一些论文研究之后，若认真琢磨，就会引发更深入的思考。比如，有人做了"通过控制红绿灯的时间优化十字路口的汽车流量"的研究，你可以另外从增加车道，或者调整红绿灯时间比例，又或者改变直行、转弯车道的数量比等不同的视角，尝试增加汽车流量；还可以再换个视角，比如研究这个路口所在主干线上几个相邻路口红绿灯的统一治理，使得主干线车流通畅。

这就是选题来源之二：即研究已有的论文，换个视角，或者增加问题的复杂性，进一步研究相关的问题。

随着学习的深入，思路逐渐打开，视野逐渐放宽，这样就可以关注一些当下的现实问题、热点问题和身边问题。例如，随着社会的发展，出现了共享单车和新能源电车，这些新事物的诞生也引发了群雄逐鹿、管理混乱等问题。于是，研究共享单车如何平衡供需、有序发展，如何停放就是一个很好的问题。又如，可以研究某个区域的共享单车合适的投放数量，也可以研究共享单车的合理调度方案。还可以研究新能源电车的充电桩配置数，或者小区配备的停车位大小和数目规划等。

这就是选题来源之三：站在数学的角度看周围的世界，发现和研究新的问题。

下面摘录一些中学生曾经研究过的问题供参考。

自然方面的问题：

公路上雪的融化速度；

都江堰宝瓶口的水有多深；

圭表与日晷原理的数学分析；

利用灯光促进植物生长的实验；

由氢键理论推算冰的密度；

从拼图游戏到人类基因组计划；

水草治理问题；

天体日、月相在旋转点阵屏上运行的数学模型；

气候变化与树木年轮宽度的关联性探究云南白马雪山地区；

研究植物对大气微粒的吸附能力与叶表粗糙度之间的关系；

孔雀鱼体色基因类型初步研究。

社会与生活方面的问题：

"110"巡警站的位置安排；

公路护栏的改良；

防错拨的城市电话号码设置方案；

对小区学生择校问题的研究；

如何使防护林达到最佳防护效果；

安全保卫，航线计划，软件流程设计；

对路口红绿灯、学校门前高峰时段的循环时间进行规划；

利用数码相机测量桥梁裂纹；

埙的容积对音高的影响；

考试焦虑的影响因素分析；

社会费用老年人乘公交免费；

"梦之队"组建的最优化选择；

汉字结构特征及其识别；

古诗天文学题"柳梢上月，人约黄昏后"；

屋面曲线猜想"举折法"在中国古建筑的建造中；

环境空气监测网布设采用森泰多边形；

流行歌曲的流行趋势分析；

地铁站旅客流通情况及优化方案；

暖瓶的最佳保温水位；

讨论适合拼音输入法的键盘布局；

游览卢浮宫的最佳路线；

抽取式面巾纸包装盒设计优化；

汽车后视镜的角度分析及安装改进；

14 款笔记本电脑性价比报告；

地区加油站各区域分布数量方案；

为数独定难度；

对太阳能板发电装置进行优化；

区域养老院规划；

城市周边地区住房入住率估算与分析；

碘酸钾碘盐在烹饪食物时碘损失率的研究。

阅读材料：

洗衣服中的数学

一、实际情境

每天的衣物清洗主要分为两个步骤：第一步是用除污剂（洗衣液或者洗衣粉类）搓洗衣服；第二步是漂洗衣服，一般漂洗很多次。我们发现，漂洗衣服的次数越多，衣物清洗得越干净。

二、提出问题

在给定漂洗所用的清水量的前提下，漂洗几次能使衣服干净？

三、相关因素分析及假设

影响衣物漂洗干净程度的因素主要有：漂洗前衣物上残留污物的多少、漂洗次数、用于清洗衣物的水量、每次清洗所用清水的多少、每次清洗后衣物上残留污物的多少等。

假设：

1. 漂洗所用的清水总量是定值，记为 A kg；

2. 总共漂洗 $n(n \in \mathbf{N}_+)$ 次，设每次漂洗所用的清水量相等，并记为 a kg；

3. 第一次漂洗之前衣服上的污物量记为 m_0 kg，第 $i(1 \leqslant i \leqslant n$，且 $i \in \mathbf{N}_+)$ 次漂洗后，将衣服拧干后，则衣服上残留污物量记为 m_i kg；

4. 每次漂洗拧干后，假设衣服上留有的清水量相等，且记为 b kg；

5. 假设每次漂洗，衣服上残留的污物都可以均匀地溶解在水中；

6. 为了使衣服上的污物都能均匀地溶解在水里，每次漂洗时存在用水量最小值，记为 c kg；

7. 若衣服上的残留污物量小于 ε kg，则称衣服被漂洗干净了。

四、建立模型

第 1 次漂洗前，衣服上有污物 m_0 kg，衣服上留有的清水量为 b kg。

第 1 次漂洗时加入清水 a kg，此时 m_0 kg 污物均匀地溶解在 $(a+b)$ kg 清水里，漂洗拧干后，衣服上残留的污物量为 m_1 kg，满足 $\dfrac{m_1}{b} = \dfrac{m_0}{a+b}$，即 $m_1 = \dfrac{m_0}{1 + \dfrac{a}{b}}$。

进而可得 $m_2 = \dfrac{m_1}{1+\dfrac{a}{b}} = \dfrac{m_0}{\left(1+\dfrac{a}{b}\right)^2}$。同理，$m_n = \dfrac{m_0}{\left(1+\dfrac{a}{b}\right)^n} = \dfrac{m_0}{\left(1+\dfrac{A}{nb}\right)^n}$。

另外，由假设可知，$a \geqslant c$，即 $n \leqslant \dfrac{A}{c}$。

于是，问题转化为只需要求同时满足 $\dfrac{m_0}{\left(1+\dfrac{A}{nb}\right)^n} < \varepsilon$ 和 $n \leqslant \dfrac{A}{c}$ 的 n 值即可。

通过对 n 赋值，得到符合条件的 n 值，即得到正确结果。

事实上，为了保证有解，应当满足条件 $\dfrac{m_0}{\left(1+\dfrac{c}{b}\right)^{\left[\frac{A}{c}\right]}} < \varepsilon$，其中 $\left[\dfrac{A}{c}\right]$ 表示不

超过 $\dfrac{A}{c}$ 的最大整数。

五、检验

通过实际检测，可以验证数学模型得出的结论（略）。

以上过程是一个完整的数学建模活动过程。之后，我们还可以做进一步的工作，比如：

1. 改进已有的数学模型，可通过改进已知、假设、参数等，建立新的数学模型，使新的模型更接近实际。

2. 讨论模型的特征，扩大该模型的适用范围，方便解决更多的应用问题。

3. 深入分析实际问题情境，从不同的视角提出新的问题，并且对新问题再次进行数学建模活动。

在上面漂洗衣物的数学建模活动中，我们做了数学模型的假设：每次漂洗所用的清水量是相等的，在"实际情境"中还提及：漂洗的次数越多衣服越干净。现在，不禁要问：

（1）如果每次漂洗所用的清水量不相等，结果又怎样呢？

（2）"漂洗的次数越多衣服越干净"的结论正确吗？

在这里只讨论问题（1）：

为了简单起见，这里我们只讨论漂洗 2 次，设 2 次所用的清水量分别为 a_1 kg，a_2 kg，且 $a_1 + a_2 = A$，A 是定值，比较 $a_1 = a_2$ 和 $a_1 \neq a_2$ 的漂洗效果。

当漂洗所用的清水量不相等（$a_1 \neq a_2$）时，$m_2 = \dfrac{m_0}{\left(1 + \dfrac{a_1}{b}\right)\left(1 + \dfrac{a_2}{b}\right)}$。

我们希望 m_2 尽可能小，即 $\left(1 + \dfrac{a_1}{b}\right)\left(1 + \dfrac{a_2}{b}\right)$ 尽可能大，由基本不等式，得

$$\left(1 + \frac{a_1}{b}\right) + \left(1 + \frac{a_2}{b}\right) \geqslant 2\sqrt{\left(1 + \frac{a_1}{b}\right)\left(1 + \frac{a_2}{b}\right)}, \quad 即 \quad \left(1 + \frac{a_1}{b}\right)\left(1 + \frac{a_2}{b}\right) \leqslant$$

$$\frac{1}{4}\left[\left(1 + \frac{a_1}{b}\right) + \left(1 + \frac{a_2}{b}\right)\right]^2 = \frac{1}{4}\left(2 + \frac{a_1 + a_2}{b}\right)^2 = \frac{1}{4}\left(2 + \frac{A}{b}\right)^2。$$

因为这里的 $\dfrac{1}{4}\left(2 + \dfrac{A}{b}\right)^2$ 是定值，所以当且仅当 $1 + \dfrac{a_1}{b} = 1 + \dfrac{a_2}{b}$，即 $a_1 = a_2$

时，$\left(1 + \dfrac{a_1}{b}\right)\left(1 + \dfrac{a_2}{b}\right)$ 取得最大值。这说明，在只漂洗 2 次的情况下，当且仅当所用的清水量相等的时候漂洗效果最佳。在这里，学生对基本不等式的应用更加灵活化，又能体会到数学知识解决实际问题的乐趣。

通常，在漂洗次数和用水总量都相同的情况下，等量用水漂洗比不等量用水漂洗的最后残留污物量少。

六、思考交流

经验告诉我们，衣服漂洗得越多越干净，数学上能给出解释吗？为了简便易行，只比较平均漂洗 2 次水的效果和漂洗 1 次水的效果。

解决实际生活中遇到的问题，高中数学、应用数学、数学建模都是从实际生活中来的，如何将实际生活中遇到的问题转化为数学问题？这是我们首先要解决的问题，数学是一门博大精深的学问。在高中数学中，实际生活与应用题的联系永远是最紧密的。解答题是应用题的一个缩影，解答题主要体现在如何建立数学模型上。数学应用题教学中如果能很好地应用数学建模这座桥梁，既能提高解题速度，又能练习解题能力，还能培养学生的思维能力和创新能力。数学建模不是一朝一夕的事情，教师在教学中针对生活中的问题，都可以尝试引导学生用数学思维去观察、分析，再从具体的应用题中抽象出我们比较常见的数学模型，从而把问题解决。

用数学建模的思路解题，与平时上课的解题思路泾渭分明。用数学建模的思路去解决问题，这是数学建模的思路，而这个过程中少不了教师的指导。引

导学生树立模式化思维，转换思维角度，把数学知识灵活运用到解决实际问题上来。

在学习阶段，教师可分层次开展多种数学应用和高中数学建模指导教学，针对学生不同的发展水平进行教学。上面的漂洗衣物数学建模案例可以针对较强学习能力的学生，下面分享简单的数学建模案例，适用于中等层次的学生。

如在学习"均值不等式"这一小节内容时，可创设如下情境：某大型超市在中秋节当天，分两次举行全场商品降价活动，共设计了三种方案。第一种方案是：第一次打 a 折销售，第二次打 b 折销售；第二种方案是：第一次打 b 折销售，第二次打 a 折销售；第三种方案是：两次均打 $\dfrac{a+b}{2}$ 折销售，求哪种方案对顾客最优惠。学生通过激烈讨论之后，总结为从数学的角度解决问题就是比较 ab 与 $\dfrac{(a+b)^2}{4}$ 的大小，从而归结为基本不等式的应用，从数学的角度去解决问题。此题也较贴近生活实际，使学生在所学数学知识的基础上，体会到生活中的实际问题是可以解决的，使抽象的数学题更加生动形象。为此，在数学教学中，我们可以通过当前的热点问题和生活问题，让学生加深对数学知识的理解，并加以应用和掌握，这不仅能提高学生学习的积极性和兴趣，而且对提高学生的数学素养和创新能力也具有重要意义。

寻找生活原型，在课堂教学中培养学生的数学解题思路。知识来源于生活，数学自然不在话下。如果教师在讲授和训练数学知识的过程中加强联系，紧贴生活实际，就能逐步养成学生应用数学知识解决问题的习惯。例如，常见的有建立函数模型（指数函数、对数函数模型等），利用细胞分裂、购房贷款、投资货币等生活场景引导学生联系函数的知识。又如，构建等比数列和等差数列的模型，高尔顿版（二项分布模型），打地鼠概率问题（数列模型）。

总之，应用数学进行模式化的解题是新高考大潮下一种行之有效的教学手段。教师可根据教学内容和学生已有的知识结构，鼓励学生大胆尝试，勇于创新，通过有效创设的问题情境进行数学建模教学，以实现最好的教学效果。同时，培养学生有效地提高数学知识水平，培养他们建构数学模型的意识和能力，以及通过寻找生活原型提升他们的创新素养和解决问题的能力。

3.3 数学猜想与探索

在数学中，什么是重要的？很多国家的数学学者在六七十年代就探讨过这个问题。不少人的意见是：猜想问题与探索问题是数学的心脏。猜想是思考的开始，探索是深入思考的过程，"猜想"也是创造的开始。在 2021 新高考数学的学习中，学生们不仅要提高思考问题的能力，同时也要提升解决问题的能力，还应有永不止步的好奇心，大胆地发现问题、提出问题，大胆地进行数学的猜想，养成"探索意识"和交流的习惯，这对学习数学是非常重要的。

"没有大胆的猜想，就不可能有什么了不起的发明和发现……"在高中阶段，有以下几种常用的猜想方式。

（1）观察猜想

观察猜想是观察事物的重要方法之一，也是推动数学发展的重要基石，是对事物的感知，也是对世界的认识。"今天人们所了解的所有数学性质，几乎都是由观察首先发现的"，正如 18 世纪瑞士数学家欧拉所说。因此当学生审题的时候，教师应引导学生观察并分析题目的条件、结构、解题过程、结论等，从而猜想出解决问题的办法。例如，在讲解圆锥、圆柱、圆台的体积和侧面面积时，可以通过圆台的体积和侧面的面积推测出圆锥、圆柱的情况，最后利用公式验证自己的猜想，还可以通过圆锥、圆柱的情况猜想圆台的相关情况。正如南北朝时期著名的数学家祖暅提出了祖暅原理，也就是现在常说的等积原理，从而解决了球的体积问题。

（2）类比猜想

类比猜想是应用类比的方法，通过比较两个问题的已知条件或对象之间的属性、特征、关系等相同或相似的地方，通过举一反三的联想思维，推测出新的数学命题结论或新的解题方法和途径，从而验证新的数学命题结论或解题方法。例如，由二维向量坐标运算法则，我们可以用类比猜想得出三维向量坐标运算法则，甚至得出 n 维向量坐标运算法则。又如，我们可以由三角形内接圆半径求解的过程（等面积法），类比得到三棱锥内接球半径的计算方法（等体积法）。在日常的高中数学教学中，比如在讲解"幂次函数、指数函数、对数函数、三角函数"等知识时，可以将与其性质图像相关的"二次函数、一次函数、反比例函数"进行类比；在讲解"等比数列通项式与求和"时，可与"等差数列通项式与求和公式"的知识进行类比；在讲解"双曲线的定义与性质"时，可以将"椭圆的定义与性质"这一知识进行类比；在讲解"平面向量与平面直角坐标系"时，可以将"空间向量与空间直角坐标系"的知识进行类比。发展拓展性思维，通过对比、类比知识引导学生提出猜想，达到提高数学思维和迁移能力的目的，不仅可以提升数学的趣味性，而且可以增强学生的自信心。

（3）归纳猜想

人在认识外在世界的过程中，总会遇到一些难以解决而又抽象的问题，这时就需要回过头来寻找与本题类似的案例，然后通过观察，分析归纳出这类特殊问题的统一特点，最后根据归纳的结果对原标题的性质、规律进行猜想和探究。通过观察，分析归纳出这类特殊问题的共性的过程就是归纳猜想，例如我们常见的周期数列、周期函数等都可以先归纳部分得到猜想，再进行论证。

数列一章中有专门用数学归纳的方法来证明相关结论，数列中我们都会涉及这一点。数学归纳法通常是为了证明某些数学命题与正整数 n 有关的方法。其基本步骤如下：

① 证明：当 n 取第一个值 n_0（n_0 是一个确定的正整数，如 $n_0 = 1$ 或 2 等）时，命题成立；

② 假设当 $n = k$（$k \in \mathbf{N}_+$，$k \geq n_0$）时命题成立，证明当 $n = k + 1$ 时，命题也成立。

根据①②可以断定命题对一切从 n_0 开始的正整数 n 都成立。

举个例子，在高中数学教学中，教师讲解"复合函数求导法则""一元二次不等式解法""二项式定理""正余弦的定义与性质""等差与等比数列通项公式"等知识时，引导学生进行合理的猜想，逐步归纳梳理出完整的知识框架，使学生在学习中对教学内容全面掌握，对知识快速消化，既加快了教学进度，又提高了班级的学习效率，为数学学习创造了一个高效课堂。学习新知，实现再创造，探索是必须的，这一点大家都是清楚的。探求猜想是指对需要研究的对象，根据已有的经验和知识，应用试探法，做出接近结论的方向性猜想。

著名的蜂窝猜想是指蜜蜂所建造的截面呈正六边形的蜂巢，其所用蜜蜡最少。该猜想可以追溯到公元前 36 年古罗马学者和文学家瓦罗，总被认为是 4 世纪古希腊数学家帕普斯提出，帕普斯在他的著作《汇编》中描述了蜂房的结构，其中的描述非常精彩。"蜂房是由许许多多的正六棱柱组成，一根一根排列紧密，不留一点空隙……由于采用的原料同样多，且正六边形面积最大，所以能储存更多蜜糖，蜜蜂们凭着本能的智慧，选择了正六边形。"

蜂窝猜想是由美国数学家黑尔斯于 1999 年证明的，其论文《离散与计算几何》于 2001 年正式出版。数学家们经过近 2000 年的辛勤付出，终于证明蜜蜂绝对是全球最高效的施工人员。同时，蜜蜂建造蜂房的本领，更是让许多建筑师自叹不如。

（4）实验猜想

对某个问题可以通过多次实验，探索并发现规律，得出结论，然后再验证结论。例如，早期的概率问题（男女出生概率、投骰子概率等）都可以通过大量的实验得出结论，并加以论证。又如 18 世纪著名的布丰投针问题。1777 年，法国数学家布丰提出如下问题：将一根长度小于木纹间距的针随意丢在一块有平行、等距木纹的地板上，以求取针与其中一根木纹相交的概率，设木纹之间的距离都是 a，针的长度是 $l(l < a)$。布丰证明了这个概率 $p = \dfrac{2l}{\pi a}$（其中 π 为圆周率）。由于它与 π 有关，于是人们想到利用投针实验来估计圆周率的值。如果针的长度 $l = \dfrac{a}{2}$，那么这个概率为 $\dfrac{1}{\pi}$。抛的次数越多，p 的值就越精确，就能求出较为精确的 π 值。意大利数学家拉兹瑞尼在 1901 年做了 3408 次的抛掷实验，得出了圆周率值约为 3.1415929，精确到圆周率后 6 位。通过微积分、几何、概率等不同的视角都得到了圆周率，真是让人叹为观止！这又是数学界的一大发现，极大地推动了概率论发展。

除了上面所说的猜想方式，还有演绎推理（演绎推理的大致范本是三段论）的思路。

"学起于思，思源于疑。"在数学教学中培养学生的数学猜想能力，不仅能激发学生的学习热情，使学生对自己探索发现的知识理解更深、掌握更牢、应用更活，而且有利于学生观察力、注意力、概括力和想象力的发展。

一切数学源于猜想和探索，终于论证。

附：

世界数学十大猜想

NP 全题、庞加莱猜想、霍奇猜想、黎曼假设、纳维尔 – 斯托克斯方程、杨 – 米尔斯理论、BSD 猜想、四色问题、费尔马大定理、哥德巴赫猜想。近代世界性数学难题有三个：①哥德巴赫猜想；②费尔马大定理；③四色问题。数学十大猜想只证明了两个，庞加莱猜想和四色问题都已经得到解答。

3.4 数学与哲学的对话

数学与哲学密不可分，从古希腊时代的数学到近代数学的发展，哲学在其中发挥着不可或缺的作用。在古代的数学知识体系中，数学通常以哲学的面貌出现，如《自然哲学的数学原理》《自然辩证法》等都具有丰富的数学与哲学内涵。从数学发展的历史长河上看，哲学发挥着不可或缺的作用。没有数学，人类无法看透哲学的深度；没有哲学，人类无法看透数学的深度，而若没有这两者，人们就什么也看不透。为此，我们首先必须弄清楚这两个概念以及它们之间的区别与联系。

3.4.1 "数学"与"哲学"概念、区别与联系

《普通高中数学课程标准（2017年版）》中提出，"数学是研究空间形式和数量关系的科学，是刻画自然规律和社会规律的科学语言和有效工具。数学科学是自然科学、技术科学等科学的基础，并在经济科学、社会科学、人文科学的发展中发挥着越来越大的作用。数学的应用越来越广泛，正在不断地渗透到社会生活的方方面面，它与计算机技术的结合在许多方面直接为社会创造价值，推动着社会生产力的发展。数学在形成人类理性思维和促进个人智力发展的过程中发挥着独特的、不可替代的作用。数学是人类文化的重要组成部分，数学素质是公民所必须具备的一种基本素质。"哲学是人理解人、人认识人的理性活动；本质上对世界基本和普遍之问题研究的学科，是关于世界观的理论体系。哲学是建立在物质基础上的社会科学，是人类研究世界的基本学科和手段，哲学的根本问题是指思维和存在、意识和物质的关系问题。

数学在起源上与哲学有着密切的联系，数学与哲学的研究对象都是从现实

世界中抽象出来的，都不是像物理、化学等自然科学那样研究具体的形象的物质形态（如物理学家研究力、声、原子、光等），而是研究"假大空"的学问，几乎可以说都是"务虚"的学问，因为都是从现实生活中抽象出来的，抽象出来就脱离了具体的事物，而变成了一种精神或者说观念的东西。数学和哲学就是一种精神或一种观念，是一种非物质的东西，或者说是一种理论，这是二者的相同点。但是以物理学为代表的自然科学是研究客观世界具体的物质，有确定的研究对象。哲学是科学的科学，哲学是属于人文科学的。哲学在某种程度上与数学是雷同的，是对现实生活世界的概括与总结。形式主义的数学是首先建立一套公理与概念，在此基础上演绎出一套理论。它通常不管这些对象有没有什么实际意义，完全按照自身的规则进行。从这个意义上说，有人认为"形式主义的数学就是符号游戏"有一定的道理，如今的大多数纯数学都属于形式主义数学。

数学是在形式主义公理体系下的演绎推理过程，依赖于已有经验及知识，或者说从现实某些特殊现象中归纳出来。事实上，许多形式主义数学最终在自然科学中找到了它的重要应用。形式主义数学的一个重要特点是命题无所谓绝对真假，而是相对于某一个公理体系。例如，你可以承认两点确定一条直线，也可以不承认，只要你演绎的一套理论没有矛盾即可，是否有矛盾是形式主义数学中真与假的判断标准。然而哲学是对世界的总体把握，是研究物质运动全过程的学问，研究运动变化的总规律。往往是超越时代的，超越现实的表达或预测。由于高度的抽象性，往往只见森林不见树木，因此不能进行定量分析。哲学全部是高度抽象的预测，要使哲学理论与现实衔接，需要哲学与具体科学的融会贯通。

3.4.2 哲学的反思性、质疑性和批判精神有利于数学思维的培养

"哲学"这个词的英文是"Philosophy"，在古希腊语中是"爱智之学"。哲学是没有内容的，哲学家都是在批判前人观点的基础上建立自己的学说体系。哲学不是具体知识，它是一种方法，它是一种反思、质疑和批判的精神。数学的学习、教学与研究也是需要这种反思、质疑与批判的精神。数学是需要反思的，是需要质疑的，也是需要批判的，在数学上真正的是"我爱吾师，吾更爱

真理"，这点是毋庸置疑的。在哲学上讲思辨，在数学上也是需要讲思辨的，纯粹的数学就是形而上学。演绎证明，甚至即使是归纳证明本身就是一种思辨的过程，就是一种说理的过程，当然这个过程是抽象的，在这个过程中展示或培养了人的抽象思维。在人类数学史上，很多的数学家也具有反思、质疑与批判的精神。古希腊数学在"第一次数学危机"反思之后的结果就是摆脱了直观与经验的局限性，把数学的真理性诉诸理性的演绎证明基础上。微积分诞生之初，微积分的理论基础不太牢靠，经验主义哲学家贝克莱就发难于牛顿和莱布尼茨的微积分的理论基础，这就产生了数学史上的"第二次数学危机"，哲学家或数学家的反思、质疑、批判的精神促进了数学的发展，这种反思、质疑和批判的精神也有利于更好地提出问题和解决问题。古希腊第一次数学危机之后，反思、质疑和批判的结果是认为经验与直觉是不可靠的，唯有经过演绎证明得出的结论才是真正的知识或绝对的真理，这样古希腊数学在反思、质疑和批判之后，就走向了演绎证明和公理化体系之路。第二次数学危机是由于微积分的基础不牢靠引起的，为了给微积分奠定一个可靠的理论基础，很多的数学家开始反思、质疑和批判前人的数学工作，其中欧拉、达朗贝尔、拉格朗日、柯西等数学家都为此作出了杰出的贡献，最终被维尔斯特拉斯引入"$\varepsilon - \delta$"语言而彻底解决了两百年来由微积分的基础不牢靠给人类带来的难题。由此可见，西方数学的进步与哲学的反思、质疑和批判的精神是有着密切联系的。哲学在某种程度上就是反思的学问质疑的学问和批判的学问，从这点来说，中国古代数学家的这种精神也是哲学精神的重要体现。哲学的这种精神是学习数学和研究数学必不可少的优秀品质。

3.4.3 哲学思考在课堂教学中的渗透

数学教师的哲学思考应贯穿于课堂教学之中，数学教师应具有良好的思维方式，从而让学生有开阔的视野，培养良好的数学学习习惯。教师进行哲学思考，以思维作为哲学与数学的纽带，就显得意义深远。所谓思维，是指人脑对客观事物的本质及内在规律联系的概括和间接的反映；数学思维是人脑和数学对象交互作用并按照一般的思维规律认识数学本质和规律的理性活动；而哲学思维是指人们认识世界、改造世界所应用的具有哲学特征的思维方法。例如，在"指数函数的概念"这一知识的教学中，教师可以渗透以下哲学思考。

（1）对事物认识的基本规律

人们对生活中事物的认识总是从感性走向理性，生活中存在很多指数增长（衰减）模型，如"人口增长模型""元素的半衰期""股市的跌涨"等，这类事物的共同属性需要借助一种函数来刻画其规律。注意到这一点，其实就是哲学中有关认识论的基本内容，是隐藏在人类生活中的，可以说是朴素的哲学。

（2）对人的思维特征的基本认识

思维具有两个基本特征：概括性与间接性。数学思维具有高度的概括性与间接性，"指数函数概念"是从实际生活中抽象出来的数学模型，符合人类在不同情形下的需要。在教学中，引导学生认识到这一点，首先要重视学生的概括意识——这是人类成长过程中最重要的意识。哲学常被比喻为智慧的学科，哲学本身就有"爱智慧"的意思，只有具有强大的思维能力才足以撑起智慧的意识。

（3）培养学生认识世界和改造世界的意识和能力

哲学的基本观点是有什么样的世界观就有什么样的方法论，有什么样的方法论就有什么样的认识与改造世界的意识。数学是一门间接的学科，强调用简洁的数学语言描述复杂的生活世界，从数学的角度来看，指数函数就是一个解析式，用来刻画自然界增减的一个模型。从哲学的角度来看，培养的是学生用至简语言描述世界事物的意识与能力，这样的一个过程，本身就是认识世界的过程，在认识的过程中培养学生改造世界的能力。

3.4.4 哲学对高中数学教学的启示

随着数学学科课程改革的推进，数学学科核心素养是高中数学教学的重点内容。作为一线教师，如何理解数学学科核心素养，并在课堂教学中高效培养学生的素养水平？我认为应将核心素养与哲学相结合，从哲学的角度来思考。核心素养视角下的数学课堂教学必然与数学本质的揭示相关，而对数学本质的思考需要综合考虑其来源、发展与应用，这种思考问题的方式正是哲学思维方式。对上述的三个基本问题的思考，不仅可以促进学生对数学本质的理解，还能促进学生数学核心素养的发展。

数学与哲学的关系非常密切，两者之间存在着诸多重叠的地方。以数学学科核心素养中的逻辑推理来说，逻辑推理其实是由逻辑与推理两个关键词组成的，通俗点理解，逻辑推理就是基于一定的逻辑进行推理，而逻辑推理中的逻辑与推理这两个关键词，在哲学中就是两个基本概念。比如说，黑格尔哲学的核心就是逻辑学，三段论就是逻辑学中的一种最基本的推理形式，所以毫不夸张地讲，当教师与学生在数学课堂上一同进行逻辑推理时，学生也在呼吸着哲学的空气。当今天的高中数学教学致力于培育学生的数学学科核心素养时，哲学在背后也默默地发挥着作用。之所以进行这样的分析，就是想表明一个观点：哲学对于高中数学教学而言有着重要的意义。著名数学家莱布尼兹早已明确提出"数学真理就是逻辑真理"，这是一个重要的数学思想。对于当前高中数学教学的启发就是，无论是基于知识积累与知识体系建立的数学概念与规律的学习，还是基于数学学科核心素养培育的数学思想方法学习与数学思维提升，教师都应当引导学生适度进行哲学思考，当学生在数学学习的过程中具有一定的哲学意识时，他们所达到的高度，以及对数学课程的理解都会与日常的学习有所不同。而要达到这一点，教师首先必须具有一定的数学哲学意识，以及运用哲学观点解析数学知识的能力。这一认识是非常重要的，国内数学教育家郑毓信等人早就指出，高度的专业化也为数学哲学的未来发展埋下了隐患。如果数学哲学的研究与实际数学活动产生了越来越大的距离，从而事实上成为一个封闭的"小圈子"，那么，其最终就可能由于缺乏动力而表现为发展的停滞。

3.4.5 哲学与数学的融合

数学与哲学相结合，在高中数学教学研究中是有一定传统的。国内数学教育家（郑毓信等）长期致力于数学哲学的研究，对各个学段的数学教学提出了很多有价值的参考。比如说数学与哲学的关系，一方面可以理解为哲学催生了数学——古希腊的哲学家往往都是数学家，"万物皆数"是最古老的哲学判断之一，古代数学的发展很大程度上就得益于这些哲学判断。进入现代之后，数学成为当前学生所学自然科学知识的重要基础，但这并不意味着哲学退出了数学领域。相反，真正从哲学角度来认识数学教学，更有益于数学教学的深入，而且数学与哲学之间的影响是相互的，数学新领域的开拓和重大成果的发现，不仅能引起数学思想的革命，还可以带来哲学思想的革命。这种思想上的革命，往往可以使数学以及数学教学更加深入。譬如，今天所提倡的核心素养，其中的必备品格与关键能力，对于"必备"与"关键"的判断是非常重要的。实际上正是基于这些判断，数学学科核心素养的六个要素才应运而生，这也打开了数学教师思考的空间：为什么是这六个要素成为数学学科核心素养的要素？在这六个要素培育的过程中，学生是如何逐步达成这些核心素养的？核心素养要素的落地与知识教学的过程如何吻合？这些都与哲学思考相关。总之，高中数学教学需要渗透一定的哲学思想，数学教师需要拥有一定的哲学意识，如此方可拓宽核心素养培育的道路。

3.5 数学竞赛与数学文化

为了选拔一批具有学科特长、创新潜质并有志于服务国家重大战略需求的青少年，教育部于 2018 年出台了《关于实施基础学科拔尖学生培养计划 2.0 的意见》，接着又在 2020 年发布了《关于在部分高校开展基础学科招生改革试点工作的意见》（"强基计划"），并联合中国科协颁布了《2021 年"英才计划"工作实施方案》，这意味着中国已将拔尖人才的培养提升到了国家重大战略部署的高度。作为基础学科的数学，在科技发展和国家竞争中举足轻重。基于数学学科的特殊性和儿童心智发展的特点，培养数学英才应该抓住学生智力发展的关键期，中国在对数学英才的早期识别和培育上也做了较多工作。其中，开展数学竞赛活动可以在基础教育阶段选拔并培养早期的数学英才，它可以培养学生的兴趣、毅力、眼界和品味，并为高等学府选拔科学研究人才。同时，数学竞赛也是数学教育研究的一个重要领域。数学竞赛活动作为一种教育活动，不仅要选拔并培养数学英才，而且要促进学生人格的完善。《普通高中数学课程标准（2017 年版）》中指出数学教育的基本理念是："人人都能获得良好的数学教育，不同的人在数学上得到不同的发展。"为数学资优生提供更高水平的学习材料，是社会主义教育的应有之义。对数学资优生而言，数学试题除了承担思维训练的任务，还应具备人文素养的导向，注重数学的价值引领，体现数学的科学价值、应用价值、文化价值和审美价值。数学竞赛活动中有不少低年级学生参加，如何让超常学生在发展数学能力的同时保持对数学的兴趣，是开展数学竞赛活动应重点关注的。研究表明，数学文化可以提高学生的数学学习兴趣。因此，在数学竞赛试题中融入数学文化，既可以体现数学的人文价值，又可以培养资优生的数学学习兴趣，是值得关注的一种命题视角。在国内，无论是已有的数学竞赛试题和教材，还是有关数学竞赛的研究，对数学竞赛试题中的数学文化关注都较少，如何对资优生进行数学文化价值的引领，保持他们对数学学习的兴趣还值得进一步思考。在国际上，数学奥林匹克具有悠久的历史传统，它在发现和培养数学人才上发挥着重要作用。不难发现，其数学竞赛试题在人文导向上有着丰富的经验，对数学人才的培养极富人文精神。特别的，数学奥林匹克具有较高的人文情怀，其国家统一考试的数学试题也更注重与实际生活的联系，具有丰富的数学文化背景。

3.5.1 数学竞赛类型

（1）国际数学奥林匹克竞赛

国际数学奥林匹克竞赛（简称为 IMO）源于匈牙利数学界于 1894 年组织的数学竞赛。第一届国际奥林匹克数学竞赛是在数学家罗曼教授的倡议下于 1959 年 7 月在罗马尼亚举办，举办的目的是通过竞赛发现并选拔出世界上有数学天赋的青少年，同时也增强各国师生之间的数学交流。IMO 有着极为严格的参赛和命题制度。竞赛试题不由主办方提供，而是由各个参赛国家提供并由主办方国家主试委员会精选诞生。IMO 竞赛试题一共有六道，每道题 7 分，满分 42 分。竞赛试题在确定之后会被各国领队译成本国文字，给考生两天时间进行作答，每天连续解答 4.5 小时完成三道题目。

（2）全国高中数学联赛

全国高中数学联赛是中国最高等级的数学竞赛。该赛事分为一试和加试，其中一试题型为填空题和解答题两部分，内容不超过普通高中教学大纲的知识范围，但在解题方法上有更高的要求，总分值为 120 分；加试赛全部为解答题，考试范围主要是平面几何、初等数论、代数、组合数学等，总分值为 180 分。按区域划分的数学竞赛有三个：中国东南地区数学奥林匹克竞赛（简称 CS-MO）、中国西部数学奥林匹克竞赛（简称 CWMO）、中国北方数学奥林匹克邀请赛（NMO）。这三个数学竞赛按照不同地区，多个省份联合举办，考试时间都是两天，在两天内答完规定数量的题目。竞赛内容不超过高中数学教学大纲，但其难度与数学联赛接近，每年 CWMO 中的前两名进入次年 IMO 中国国家集训队，成绩优异者还有机会入选 IMO 国家队，代表国家参加国际 IMO。中国女子数学奥林匹克（简称 CGMO），是我国唯一专门为女学生举办的数学竞赛，旨在鼓励女学生参与数学竞赛，培养数学兴趣。比赛为两张试卷，也是分两天进行，总分值为 120 分。同样，获得金牌前两名的选手有机会参加中国 IMO 国家队的选拔。

（3）中国数学奥林匹克竞赛

中国数学奥林匹克竞赛（简称 CMO），即全国中学生数学冬令营。由中国数学会主办，是全国中学生最具影响力的数学竞赛。其目的是在全国选拔学生进入当年 IMO 的中国国家集训队。CMO 考试形式模拟 IMO 进行，每天三道题，每题 21 分，6 个题目满分为 126 分，限时四个半小时完成，题目难度与 IMO 接近。

数学课程标准中指出：数学文化是人类文化的重要组成部分。中学数学课堂有必要将数学的历史、文化和当前的应用潮流适当融入教学中，让学生逐步了解数学的发展史，如今的发展状况，未来的发展前景，使学生不只对所学数学知识，乃至整个数学科学在脑海中形成清晰的体系，帮助学生建立起正确的数学观念。

3.5.2 赏析数学文化——F 数列

Fibonacci 数列（以下简称 F 数列）是一个历史文化悠久，富有生命力的数列，也是很多教师用来向学生展示数学文化价值与魅力的素材。F 数列在 1202 年首次由意大利数学家莱昂纳多·斐波那契在研究兔子繁殖问题提出。F 数列的定义：设数列 $\{a_n\}$ 满足 $a_1 = 1$，$a_2 = 1$，当 $n \geq 2$ 时，有 $a_{n+1} = a_n + a_{n-1}$，则称数列 $\{a_n\}$ 为 F 数列。大自然中，树枝的成长规律、向日葵的管状小花的螺旋排列的条数等都与 F 数列有关。F 数列还与卢卡斯序列、杨辉三角、黄金分割比例等典型的数学模型有着密切的联系，其中蕴含着丰富的历史数学文化。了解一个概念、定理、数学模型和数学问题的历史背景，有利于学生更加深入和理解其发现和发展的过程，有助于他们更好地理解其深层次的含义。由于 F 数列具备丰富的历史背景、有趣的性质、广泛的应用和在自然界中的美妙存在等特点，因而具有较好的数学美育价值。黄红梅，欧惠谋提到数学文化可以改善认知，激活学习情感，激发数学学习兴趣，学习 F 数列相关的问题可以培养学生多方面的数学能力。许世雄，黄永明在《斐波那契数列的教育价值分析和教学反思》一文中指出，学生通过观察、证明一些 F 数列的简单性质可以达到提升学生数学思维能力、数学文化修养以及数学应用意识的作用。

F 数列在数学的长河中历史悠久，是整数数列中一颗灿烂的明星。几个世纪以来，它一直深深吸引着无数的业余爱好者、专业建筑师、艺术家、生物学家、音乐家、画家、摄影师和数学家。F 数列以它独特的美、丰富的应用和无处不在的身影继续闪耀着智慧的光芒。自从斐波那契于 1202 年提出"兔子问题"以后，人们逐渐对其有了广泛的关注。各国的科学家在兔子问题提出后的400 多年里相继发现了兔子数的惊人秘密，德国著名物理学家及天文学家开普勒（Johannes Kepler）发现了每个月的兔子总数构成了一个数列；1753 年，英国数学家希姆森（Simson Robert）发现了这个数列与连分数之间的关系；法国数学家比内（Binet）于 1843 年计算得出了 F 数列的通项公式。经过 800 多年的发展，F 数列的研究硕果累累。为了方便交流，在美国学者 B. A. Brousseau 的倡议下，热衷研究 F 数列的数学家们成立了斐波那契研究协会。他们又在得到美国数学学会的支持下，于 1963 年创办和发行了《斐波那契季刊》（The Fibonacci Quarterly），并且组织了每两年举行一届、由国际数学家参加的斐波那契数列及其应用国际会议（International Conference on Fibonacci Numbers and Their Applications）。F 数列是用递归方法定义的，但是我们可以从许多不同的角度考察 F 数列，给出 F 数列的多种表示。其中最重要的是 F 数列的通项公式的表示"比内（Binet）公式"，F 数列还可以用矩阵或者连分数来表示。作为数列，F 数列具有大量的代数性质，其中较为典型的是卡西尼（Cassini）恒等式和卡塔兰（Catalan）恒等式；F 数列与几何也有着密切的联系，F 数列与黄金数、"黄金螺旋"、"Fibonacci 三角形"、"Fibonacci 正方形"、"黄金矩形（列）"等均有关。数列是由数组成，那必然要讨论 F 数列的数论性质，如 F 数列与不定方程的联系、Fibonacci 数的倍数和整除性等。对于 F 数列的研究，大多是从代数、几何和数论三个方向去考虑。F 数列在数学的理论和应用中也十分重要，在趣味数学和数学游戏中也时有出现。在应用方面的典型是 F 数列与黄金数在优选法中的应用以及辗转相除法有效性的 Lame 定理的证明。F 数列在现实世界中存在诸多实际现象，如某些花的花瓣数、树枝的生长、蜜蜂的蜂房等。很多数学问题也与 F 数列相关，如上楼梯问题以及集合论、组合数学中的问题。F 数列与实际问题和数学问题联系密切，使得 F 数列充满活力。以 F 数列为背景的数学问题也频频出现，无论在高考题中，还是在各种数学竞赛中都有其身影。F 数列因其丰富的性质成为许多命题专家的"宠儿"，以 F 数列为背景的竞赛题新颖度高，某些问题利用 F 数列相关知识进行解答会更简洁。

3.5.3 赏析数学竞赛中的 F 数列

例1 （全苏中学生数学奥林匹克竞赛）在数列 $\{a_n\}$ ，$\{b_n\}$ 中，从第三项起每一项都等于其前面两项之和，并且 $a_1 = 1$ ，$a_2 = 2$ 以及 $b_1 = 2$ ，$b_2 = 1$ ，问有多少个数同时出现在这两个数列之中。

例2 （北京市中学生数学竞赛复赛）由 $a_0 = a_1 = 1$ ，$a_{n+2} = a_n + a_{n+1}$ ，（ $n = 0$ ，1，…）给出的数列是著名的斐波那契数列：1，2，3，5，8，13，21，34，55，89，…，其中的每一个数称为斐波那契数。证明：存在末尾是三个 0 的斐波那契数。

例3 （第 25 届莫斯科数学奥林匹克竞赛）设数列 $\{a_n\}$ 满足 $a_1 = 1$ ，$a_2 = 2$ ，$a_{n+2} = a_n + a_{n+1}$ ，（ $n = 1$ ，2，…），求证：对任何正整数 k ，a_{5k} 都可被 5 整除。

例4 （第 38 届 IMO 预选题）对每个整数 $n \geqslant 2$ ，试确定满足条件：a_1 ，a_2 ，…，a_n 是非负数，并且 $a_0 = 1$ ，$a_i \leqslant a_{i+1} + a_{i+2}$ ，$i = 0$ ，1，2，…，$n - 2$ 时，和 $a_0 + a_1 + a_2 + \cdots + a_n$ 的最小值。

数学竞赛是中学数学课外活动的一种形式，它有利于提高数学学习质量，开阔学生数学视野，提高学生对数学的学习兴趣，帮助学生打好扎实的数学基础。竞赛应与课内教学相互配合、相互促进，应与高考、学业水平考试相互衔接。F 数列在高中数学知识体系中属于数列知识，F 数列在诸多领域中有着广泛的应用，并且在实际生活和自然现象中也屡见不鲜。很多数学竞赛试题的命制以 F 数列为背景，与实际生活联系紧密。数学竞赛试题的命制扩充了 F 数列的应用范围，极大地丰富了试题命制的背景，使得试题的新颖性得以充分地体现。

数学文化历史悠久，而数学竞赛的历史相对短暂，但其中所蕴含的数学文化与数学精神却是一代代数学人在不断创新数学方面的具体体现。数学不仅是一门科学，还是一种文化，更是一种艺术。数学竞赛活动的发展最有意义的地方，并不是为了培养多少个数学大家，更重要的是在于宣传和推广数学文化。不可否认的是现行的中学数学教材中涉及的大部分都是有关古代的或者近代的数学方面的历史，而数学竞赛则能够更进一步，为学生提供当代前沿的数学发展和最新的数学成果。很多能够直观展现数学进步的数学问题及基于高数的部分知识通常均是利用数学竞赛的形式传播到中学生中的。当教师对这些知识进行了简单化、弱化、推广化处理而使学生们了解到时，学生应该感受到的不是数学的高深，而更应该在意的是吸收其中所蕴含的数学理念与数学思维，使其在他们的学习生涯中牢牢扎根。

数学除了具有普适意义的美学特点，其内在的内容、结构和方法本身就臻于大美。数学的审美价值不仅是用数学的眼光看世界，欣赏文学、美术、雕塑和音乐作品中的数学结构、数学原理之美，还应该让学生体会数学本身的美，一种纯粹的数学之美。而竞赛题，是传递这些数学之美的有效途径，正如法国著名数学家、天文学家昂利·庞加勒在《科学的价值》一书中所提到的："数学的美感、数和形的和谐感、几何学的雅致感，这是一切真正的数学家都知道的真实的审美感……正是这种特殊的审美感，起着我曾说过的微妙筛选作用。这充分说明，缺乏这种审美感的人永远不会成为真正的创作者。"一道好的数学竞赛题可以给学生展示出数学的优雅和美丽，会使他产生对数学的热情。在数学竞赛试题中，平面几何中几何图形的对称美、和谐美，代数不等式中的简洁美、奇异美，这些数学美都被设计者精心地编排在题目里，让学生在解题的过程中感受数学之美，增强他们的学习动力，提高他们数学学习兴趣，而这些在培优数学资优生时都是值得借鉴的。

参考文献

[1] 阎琨，吴菡．拔尖人才培养的国际趋势及其对我国的启示 [J]．教育研究，2020，41（6）：78 - 91.

[2] 王光明，宋金锦，佘文娟，等．建立中学数学英才教育的数学课程系统——2014 年中学英才教育数学课程研讨会议综述 [J]．课程·教材·教法，2014，34（5）：122 - 125.

［3］单墫，葛军．国际数学竞赛解题方法·数学竞赛史话［M］．上海：上海教育出版社，2019．

［4］朱华伟．从数学竞赛到竞赛数学［M］．北京：科学出版社，2009．

［5］中华人民共和国教育部．普通高中数学课程标准（2017年版）［M］．北京：人民教育出版社，2018．

［6］张奠宙，马文杰．简评"数学核心素养"［J］．教育科学研究，2018（9）：62－66，85．

［7］徐瑞哲，吴潇岚．资优生培养要用好数学开放题——奥数国家队领队：过早接触数学竞赛存弊端［N］．解放日报，2021－07－19（7）．

［8］裴昌根，宋乃庆．我国数学文化研究的文献计量分析［J］．全球教育展望，2017，46（2）：89－98．

［9］黄红梅，欧慧谋．数学文化的教育价值［J］．教学与管理，2018（3）：86－88．

［10］许世雄，黄永明．斐波那契数列的教育价值分析和教学反思［J］．数学教学研究，2018，37（1）：44－45．

第四章

数学之探：

新高考下的高中数学备考

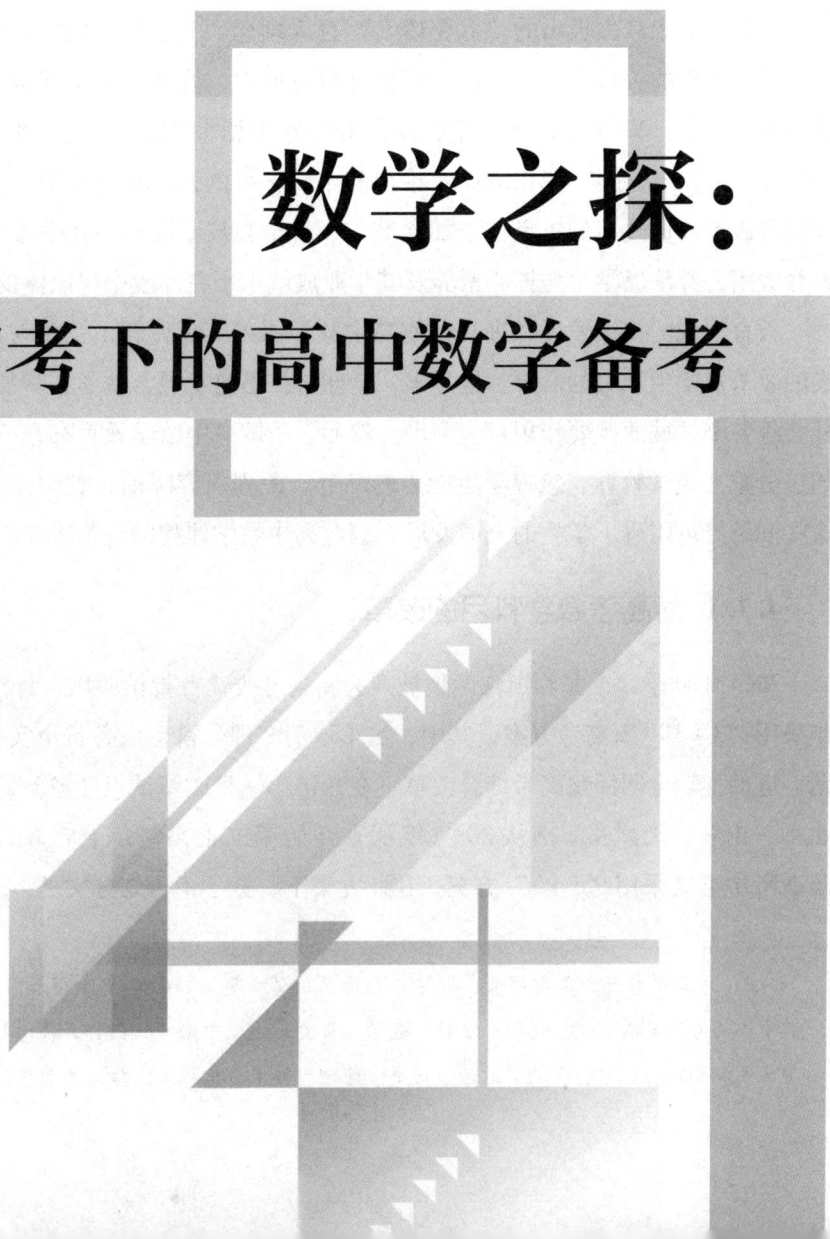

4.1 新高考数学科目的改革与变化

根据中共十八大提出的"立德树人"育人理念，为了更好地突出课程在培养人才中承担的关键角色，全面积极提升教育能力，确保学生得到全方位的发展和健康成长，2014 年，教育部发布了《全面深化课程改革实施立德树人任务的指导意见》，决定以修订 2003 年推出的不同学科的课程标准草案作为课程改革的突破点。该改革的焦点在于加强数学、科学和技术等学科在学生培养上的教育效用，并确保学生的核心素养及其学业成就水平在课改中得以体现。

教育领域的持续发展和进步促使高中数学课程不断更新，旨在满足社会发展的要求及学生学习的需要。近年来，全球科技迅速发展，数学在科技、经济、社会等各个领域的重要作用日益突出。然而，我国高中数学教育存在一些问题，如过分重视应试教育、忽视学生能力的培养、课程内容陈旧、教学方法单一等这些问题严重阻碍了学生的全面发展，因此高中数学课程的改革势在必行。

4.1.1 新高考数学科目的改革

2014 年秋季，上海和浙江两地被列为新高考改革首批试验区，计划于 2017 年采用"3 + 3"[①]新高考方案，其中，数学取消文理分科，由各省市实行自主命题，进而推动全国深化高考综合改革。在总结第一批改革试点区经验的基础上，北京、山东、天津和海南从 2017 年秋季开始第二批高考综合改革，在 2020 年高考中继续采用"3 + 3"方案。在此方案下，数学不再划分文理，北京和天

---

① "3 + 3"方案中第一个 3 指语文、数学、外语三门必考科目，第二个 3 指三门选考科目，其中上海考生是从物理、化学、生物、政治、历史、地理中选择三门作为高考科目，浙江考生是从物理、化学、生物、政治、历史、地理、技术中选择三门作为高考科目。

津分别自主命制新高考数学试题，山东和海南分别采用教育部命制的新高考数学Ⅰ卷和新高考数学Ⅱ卷。

2019 年 4 月 23 日，河北、辽宁、湖北、湖南、江苏、福建、重庆及广东八省宣布启动新一轮的高考改革，确定自 2018 年秋季开始，在前两批改革试点地区的"3＋3"方案基础上，优化调整为"3＋1＋2"①方案。2021 年，黑龙江、甘肃、江西、贵州、吉林、安徽、广西七省被列入第四批高考综合改革省份，并确定在 2024 年高考中实施"3＋1＋2"方案，以此进一步推动高考改革。在 2024 年高考中，安徽与江西的考生使用教育部命制的新高考数学Ⅰ卷，而黑龙江、甘肃、吉林、贵州、广西等五省的考生使用新高考数学Ⅱ卷。

2022 年，河南、山西、内蒙古、四川、云南、陕西、青海和宁夏八省陆续公布了新一轮的深化高考综合改革方案，确定采用"3＋1＋2"方案，数学高考试卷使用教育部命制的新高考数学试卷，预计在 2025 年全面落地实施。

4.1.2 新高考数学科目的变化

（1）课程标准的修订

为了使高考综合改革能够顺利贯彻落实，教育部于 2013 年启动普通高中课程修订工作，组建课程修订专家组对《课程标准（实验稿）》进行了认真细致的修订，并于 2018 年 1 月正式颁布《普通高中数学课程标准（2017 年版）》[以下简称《课标（2017 年版）》]。新修订的《课标（2017 年版）》内容更加完善，结构更加科学，对教材编写、教师教学和学生的学习评价都给出来了指导意见和参考范例。

《课标（2017 年版）》对高中数学教学内容进行了重新划分，将课程类别分为必修课程、选择性必修课程和选修课程，并且明确各类课程的功能和定位。必修类课程根据学生的全面发展需要而设置，所有高中学生都需要学习并且通过学业水平考试，选择性必修课程根据学生个人发展和升学考试需要设置（参加"高考"的学生必须学习选择性必修课程），选修课程由学校依据学情并结

---

① "3＋1＋2"方案中，3 是指语文、数学、外语三门必考科目，1 是指从物理和历史中必须选择 1 门科目参加高考，2 是指从化学、生物、政治、地理中必须选择 2 门科目参加高考。

合实际自主开设。

《课标（2017 年版）》首次提出了数学学科核心素养概念。数学学科核心素养是数学课程目标的集中体现，是具有数学基本特征的思维品质、关键能力以及情感、态度与价值观的综合体现，是在数学学习和应用的过程中逐步形成和发展的。数学学科核心素养主要包括数学抽象、逻辑推理、数学建模、直观想象、数学运算和数据分析。它们既相对独立，又相互交融，是一个不可分割的整体。

（2）新高考考查目标与要求

随着社会的不断发展与需要，数学学科在高考中的考查，从最初的"双基"[①]考查，强调对基础知识和基本技能的掌握，发展到对"四基"[②]的考查，在对知识与技能同等重视的情况下，持续拓展和加深其具体的含义及范畴。在实施高考综合改革，执行新的课程标准后，确立了新的高考数学考核目标。高考评价体系提出从核心价值、学科素养、关键能力、必备知识四个层面实现高考目标的考查，使新高考数学考查目标更丰富、更科学。其中，"核心价值"指明立德树人的根本任务，起到方向引领的作用，"学科素养"承接核心价值的方向引领，统摄关键能力与必备知识，"关键能力"是支撑和体现学科素养要求的能力表征，"必备知识"是培养能力、达成素养的基础。

高考评价体系对高考的核心功能概括为"立德树人、服务选才、引导教学"，数学学科在高考中具有举足轻重的地位。高考数学的核心价值并非指数学或数学试题的社会价值或应用价值，而是其所倡导的价值导向和基本理念，如数学学习和考试过程中应重视对思维方法、价值观念和行为习惯的培养。对高考数学核心价值的考查不能简单地与教学考试内容对应，应该体现在具体数学试题及试卷整体中。

学科素养是指即将进入高等学校的学习者在面对生活实践或学习探索问题情境时，能够在正确的思想价值观念指导下，合理运用科学思维方法，有效整合学科相关知识，充分发挥学科相关能力，高质量地认识问题、分析问题、解决问题。对数学学科课程标准中的数学核心素养进行抽象和概括，提出了高考

---

① "双基"一般指基础知识与基本技能。

② "四基"一般指基础知识、基本技能、基本思想、基本活动经验。

数学的学科素养目标，包括理性思维、数学应用、数学探究与数学文化。与课程标准中的核心素养相比，高考数学的学科素养更符合教育教学的规律，更具有高考的特点，更有利于实现高考的教育、评价和导向功能。

关键能力是指即将进入高等学校的学习者在面对与学科相关的生活实践或学习探索问题情境时，高质量地认识问题、分析问题、解决问题所必须具备的能力。高考数学学科要求的关键能力是指学生学习与应用数学知识解决问题所需要的能力，主要包括逻辑思维能力、运算求解能力、空间想象能力、数学建模能力和创新能力。

必备知识是指即将进入高等学校的学习者在面对与学科相关的生活实践或学习探索问题情境时，高质量地认识问题、分析问题、解决问题所必备的知识。高考数学学科要求学生掌握的必备知识是指数学学习过程中，学生知识储备中的基础性、通用性知识，包括数学概念、性质、法则、公式、公理、定理以及其内容反映的数学思想方法，也包括按照一定程序与步骤进行运算、处理数据、绘制图表等基本技能。新修订的《课标（2017 年版）》突出主干，在必修类课程中强调五大主题，分别是预备知识、函数、几何与代数、统计与概率、数学建模与数学探究活动，在选择性必修课程中继续强化函数、几何与代数、统计与概率、数学建模与数学探究活动。高考数学服务于人才选拔，以《课标（2017 年版）》为基础，课程内容的主干知识在高考中着重考查。

高考评价体系同时提出"四翼"考查要求，强调高考数学考查应注重基础性、综合性、应用性和创新性。"四翼"考查要求不仅体现高等院校在人才选拔中对学生素质进行评价的要求，还对普通高中学业质量达标水平、学生核心素养达成水平以及高中素质教育发展水平在高考评价中的要求作出了解读。所以，"四翼"是实现高考基本功能"服务选才"的有效抓手，同时也是落实高考"引导教学"要求的有效手段。

高考数学强调基础扎实，要求学生对基础部分内容的掌握必须扎实牢固，这是学生长远发展的基石。高考数学试卷中包含一定比例的基础性试题，引导学生打牢基础知识，同时引导教学要重视基本概念和公式法则的教授。高考数学同时强调融会贯通。在考查必备知识的同时，实现学科内容上的融合，凸显对复合能力考查的要求；在试题情境创设上形式多样，内容更加丰富，从而更好地实现对学生素质综合全面的考查。

高考评价体系指出"高考强调学以致用、强调创新意识和创新思维"。数学学科在高考中有着十分重要的地位，承担着选拔人才的重要作用。高考数学命题始终坚持理论联系实际的原则，使用贴近时代、贴近社会、贴近生活的情境，考查学生应用数学知识、能力和素养解决实际问题的能力，让学生充分感受到课堂所学数学知识所蕴含的实际应用价值。高考数学还注重与创新密切相关的能力和素养的考查，因此数学试题常设置新颖的试题呈现方式和设问方式，引导学生积极思考、主动探究。

4.1.3 高考数学试卷的变化

新高考改革以来，由教育部考试中心命制的新高考数学试卷有新高考数学Ⅰ卷和新高考数学Ⅱ卷两套，供不同省份地区结合本省实际情况使用。由于新高考改革是逐步推进、分批进行的，因此新高考Ⅰ卷和新高考Ⅱ卷与传统的新课标全国卷同时存在，具体情况如下。

在2020年高考中，教育部考试中心首次命制了新高考卷，共命制了8套试卷，分别是新课标全国Ⅰ卷（文理不同）、新课标全国Ⅱ卷（文理不同）、新课标全国Ⅲ卷（文理不同）、新高考Ⅰ卷和新高考Ⅱ卷。2021年至2023年高考中，教育部考试中心均命制了6套试卷，分别是新课标全国甲卷（文理不同）、新课标全国乙卷（文理不同）、新高考Ⅰ卷和新高考Ⅱ卷。2020年至2023年的新高考数学Ⅰ卷和新高考数学Ⅱ卷整体结构稳定，试卷包括8个单选题、4个多选题、4个填空题和6个解答题。与传统新课标全国卷相比，新高考试卷创新了题型，出现了多选题，删除了选做题。新高考试卷注重考查主干知识，6道解答题考查的知识点比较稳定，分别考查概率统计、数列、解三角形、立体几何、解析几何、函数与导数。

在2024年高考中，教育部考试中心命制了新高考Ⅰ卷和新高考Ⅱ卷及新课标全国甲卷（文理不同）共4套试卷，其中新高考数学Ⅰ卷和Ⅱ卷发生了较大的变化。一是试卷整体结构优化，题量减少。试题数量由原来的22道减少到19道，单选题依然是8道，多选题、填空题和解答题均减少1道，分别变成了3道多选题、3道填空题和5道解答题，给学生留有足够的时间进行思考。二是深化基础性知识考查，中低难度试题比重增加，同时增加试题区分度，在创新题上充分体现了对学生数学思维的考查。2024 年新高考数学卷充分凸显了高考数学学科在实现"服务人才选拔、引导教学"中的重要作用，堪称新高考数学"元年"。

纵观近年新高考数学试卷发现，新高考数学全国卷持续不断深化考试内容，考主干、考能力、考素养、重思维、重创新、重应用，突出考查思维过程、思维方法和创新能力。以 2024 年新高考数学试卷为例，不难发现，试卷给一线教学备考明确了方向。下面对 2024 年新高考数学卷简略评析。

依托高考评价体系，创新试卷结构设计。2024 年数学新高考卷减少了题量，同时增加了解答题的总分值，优化了多选题的赋分方式，强化了考查思维过程和思维能力的功能。打破以往的命题模式，灵活、科学地确定试题的内容和顺序。聚焦主干知识内容和重要原理、方法，着重考查数学学科核心素养，引导教学要遵循教育规律，突出数学教学本质，回归课标，重视教材，重视概念教学，夯实学生学习基础，给学生预留思考和深度学习的空间。避免超纲学、超量学，助力减轻学生学业负担。

突出思维能力的考查，助力拔尖创新人才选拔。2024 年高考数学重点考查学生逻辑推理、批判性思维、创新思维等关键能力，助力创新人才选拔，引导培育支撑学生终身发展和适应时代要求的能力。试卷贯彻改革要求，注重整体设计，较好地处理考试时间、试卷题量、试题难度之间的关系，统筹协调试题的思维量、计算量和阅读量。试题强化综合性考查，强调对原理、方法的深入理解和综合应用，考查知识之间的内在联系，引导学生重视对学科理论本质属性和相互关联的理解与掌握，引导教师通过深化基础知识、基本原理方法的教学，培养学生形成完整的知识体系和网络结构。

加强考教衔接，引导中学教学。2024 年新高考数学试卷立足课程标准，考查的内容依据学业质量标准和课程内容，注重考查学生对基础知识和基本技能的熟练掌握和灵活应用，强调知识的整体性和连贯性，引导教学以课程目标和核心素养为指引，避免超纲教学，注重内容的基础性和方法的普适性，避免盲目钻研套路和机械训练。高考数学通过创新试卷结构设计和试题风格，深化基础性考查，强调对学科基础知识和基本方法的理解，不考死记硬背，不出偏题怪题，引导教师把教学重点从总结解题技巧转向培养学生的学科核心素养。试卷整体增加了基础题比例，降低了初始题起点，增强了试题的灵活性和开放性。

参考文献

[1] 中华人民共和国教育部. 普通高中数学课程标准（2017年版）[M]. 北京：人民教育出版社，2018.

[2] 中华人民共和国教育部. 中国高考评价体系 [M]. 北京：人民教育出版社，2019.

[3] 于涵，任子朝，陈昂，等. 新高考数学考核目标与考查要求 [J]. 中小学教材教学，2018（6）：20-24.

4.2 高考数学题型分析与应对策略

4.2.1 研究背景

随着社会进步和高等教育领域的改革，高考数学作为选拔学生的重要课程，其题目种类和测试难度也在持续发生变化。依据《国务院关于深化考试招生制度改革的实施意见》"高考不分文理科"的要求和"增强基础性、综合性，着重考查学生独立思考和运用所学知识分析问题、解决问题的能力"的内容改革要求，数学学科构建了不分文理科的统一考试体系和考试目标，创建了面向全体学生的学科素养考查框架，包括理性思维、数学应用、数学文化和数学探究四部分；提炼总结了数学学科关键能力，包括逻辑思维能力、运算求解能力、空间想象能力、数学建模能力和创新能力五种能力。

随着我国高等教育水平的不断提升，高中数学教育的品质和标准也随之增长。依据教育部统计的数字资料，到 2020 年为止，我国高中生的入学比率已经突破了 90%。这种入学率的增长已经使学生在基础教育上不断得到提升，而且对于即将进入高考改革阶段的数学科目的要求也变得更为严苛。

在全球范围内，对数学的授课与学习方式的探讨日益深化，与此同时，数学教学方法的创新也受到了普遍的重视。比如，英国实施的数学能力考核及其后续的改革，美国推出的全国核心数学标准，都为我国高考数学教学方法的调整提供了有益的借鉴。这让我们对高考数学的期望进一步上升，期待高考数学改革能够更加有效地培育学生的数学思维能力和问题解决技巧。

4.2.2 2024 新高考数学全国 I 卷题型概述

（1）题型改革背景

2024 年，包括江西在内的 7 个省区第四批高考综合改革地区首考落地，启用新课标全国卷 I 卷，而《中国高考评价体系》与课程标准成为教学评价最权威的标准，对我们把握高考考试导向与备考方向显得尤其重要。年初适应性测试的九省联考卷，不仅让中学教师了解到高考要求和高考命题改革方向，更让命题人了解清楚了考生水平。2024 年 6 月的高考数学真题，沿用了九省联考卷的题量与分值，总的试卷特点是中档题为主，综合性加强，强调通性通法，弱化技巧性，计算能力要求较高。高考数学通过加强对理性思维、创新能力、批判性思维的考查，在落实立德树人根本任务、实现高考选拔功能、对中学教学的导向作用等方面发挥了积极功效，助力培养造就了一批具有创新潜力的青年人才。

高考数学题型改革是针对传统高考数学的出题模式和考查目标而实施的一系列改革措施。在教育改革开始之前，高考数学主要聚焦于数学计算、应用技巧以及解题能力的评估，并未充分考虑到数学思维和创新能力的培育。相关的数据揭示，以往高考数学试题中计算题所占的比重相当大，但在评估学生的综合数学修养和创造思维方面显得较为短缺。此种出题手法在某种程度上限制了学生数学思维的进一步发展以及创新能力的培育。鉴于当代社会对高水平人才的迫切需求，这种改革势在必行。改革的主旨在于培育学生们的数学思维，让他们能够应用数学理论灵活解决实际的问题。对于在学生提高个人综合素养以及适应未来职业生涯的发展方面，这次改革也起着至关重要的作用。因此，为了适应现代社会的要求，这次改革迫在眉睫，目标是培养出具有创新性思维和应用技能的高质量专业人才。

（2）2024 新高考数学全国 I 卷分析

高考数学试题充分发挥数学是自然科学基础的特点和优势，创设新颖的试题情境、题目条件和设问方式，突出素养和能力考查，展现思维过程、甄别思维品质，考查学生思维的灵活性与创造性。为了加强核心素养考查，数学学科开发组命制了多项选择题、结构不良试题、新定义试题等多种题型。多项选择题的正确选项多于一个，部分答对得部分分数，每题得分分为三个或四个层次，相对于单项选择题非对即错的单一设置，多项选择题对数学思维的考查更加深入，对考生的区分更加精细。

到 2024 年，新课标卷共涵盖了 80 种不同的题目类型，从单一、多主题，到填充型与解答题，共分成四大类。在这些题目中，单一题目占据了整体问题的 40%，而多主题题目占 30%，填充型问题占 20%，而解答题所占比例是10%。这样的题型设计是为了全方位评估学生的数学总体水平以及他们解决实际问题的技巧。为加强对学生思维能力和思维过程的考查，数学新高考卷对全卷题量进行了调整，试题总数由过去的 22 题减少到 19 题，同时增加了多项选择题的单题分值和解答题的总分值，解答题分为 13 分、15 分、17 分三个档，总分由 70 分增加到 77 分，强化了对学生思维过程和解答步骤的赋分。学生不必过多地关注解题的进度和速度，可以更专注、更深入地思考，更从容地试错，使思维能力强的学生能够展示素养、发挥潜力、脱颖而出，充分发挥高考的选拔功能，引导数学教学重视对学生核心素养的培养。

新高考卷中也重点加强了对学生的实际操作技巧的培养。考题设计中融合了多种实际情况，覆盖了经济学、生活技巧以及科技创新等多个方面。此设计的核心目标是为了培养学生的多维度综合素质和他们的数学实际应用技巧，并协助他们在实际的问题中灵活应用数学知识进行解答。

4.2.3 题型分析

2024 新高考数学全国 I 卷采取"文起理落"的难度结构布局，入手题难度以过去文科试卷的起始题为基准，压轴题则以过去理科试卷的末题为参照，制定了"低起点，多层次，高落差"的策略。所谓"低起点"，即各类题型中起始题降低难度要求，加宽入口，面向全体学生。"多层次"则是指中档题部分增加分值比例和难度设计的梯度，体现解题方法的多样性，给学生提供多种分析问题和解决问题的路径。"高落差"是在压轴题部分加强思维能力考查，强化对高水平学生的区分度。

单选题主要是评估学生对核心知识的熟练度和对知识点的解读与记忆技能。多选题的设计，更多地关注知识的全面整合和创新思路的培养。填空题要求学生在数学推导和运算上具备较高的能力，能够灵活地应用不同的数学策略和技能。解答题更为关注学生是否能为所设问题提供证明以及如何应对解题困境，这就要求他们灵活应用所掌握的数学知识与思维方式来分析并处理问题。

（1）单选题分析

2024 年新高考卷中，单选题题量减少至 8 个，深度剖析该题型可以有效揭示其独特性及考点的分布和答题的技巧。我们进行了题目考查考点的统计，基于考查的关键和困难程度，将其划分为三个层次：初级、中级和高级。据统计，试卷中的单选题所涉及的高难度考点约占 30%，而中等难度考点约占 50%，低难度考点大约占 20%。这表明，解决单选题不仅要求学生具有扎实的数学基础和良好的解题技能，也需要他们密切关注那些具有较高难度的重点内容。

在分析单选题时，我们观察到其命题特点：该卷的选题内容覆盖了数学的众多领域，如代数、几何学、概率学以及统计学等。就难度分布而言，题目的难度比较平均，并没有重点集中或是难度有较大波动的问题。命题风格倾向于应用性问题和综合性问题，强调学生对数学概念的理解和应用能力。

针对解决单一题目的策略，我们建议仔细解读答案，全面理解主题及其要求，并特别关注关键词与制约条件。这种方法有助于防止因未能准确把握题目而造成解答的失误。在解答时，应适当地融合已经获得的数学知识，并采用适当的推理技巧和方法以确保推理的完整性和计算的准确性。选择解题方法时，应根据题目的特点和复杂性来灵活调整。在完成问题的解答后，务必仔细核对回答是否与标题所规定的标准一致，以保证计算过程的准确性和逻辑结构的完备性。

（2）多选题分析

新高考卷中，3 个多选题作为新题型，这无疑带来了不小的挑战。通过深入研究发现，多选题通常会关联多个选项，以此来评估考生对于知识点的理解和应用的能力。在解答多选题时，我们建议从以下几个维度突破。

① 选项制定。在制定选项方面，命题者通常会选择与正确答案接近但可能错误的选项，目的是评估考生的分析技巧和辨识能力。除此之外，还加入了迷惑选项，旨在评估考生对于普遍认知错误和问题解答方面的思维能力。

② 涵盖知识点广泛。各选项经常需要综合考虑各知识点间的相互关系，这

就要求学生具备知识的综合应用技能。当学生对各选项进行深入分析时，有必要深入探究各知识点的难度、出现的频率以及它们之间的联系，并结合具体的数据进行确认和检验。

③ 解决方法。当学生尝试解答多选题时，仍然可以利用排除法、逻辑分析、综合考量等多种解题策略，以达到事半功倍的效果。

（3）填空题分析

填空题从原来的 4 个减少到 3 个，但考点一般与数学的核心理念及其原理有关。根据近年来高考真题的统计数据，填空题覆盖了多个数学领域，如代数、几何、概率计算和统计等。填空题的难度通常较为显著，考生必须熟悉相关知识概念，并能灵活地将其运用于具体场景与问题。

填空题既要求学生需要熟练掌握各种数学方法和技巧，同时还要注意审题，理清题意，找出关键信息，并选择合适的方法进行求解。学生要具备出色的阅读和理解技巧。填空题往往在题干中附有文字描述，考生有必要仔细研读并理解题目的意思及其要求，从而提取出关键点，并基于题目的实际需求进行推理与数学运算。因此，出色的阅读理解能力不但可以助力考生更准确地掌握题目的深意，还能让解题的整个过程变得流畅。

学生要做到有效地解答填空题，不仅需要投入时间去深度学习数学概念，熟练掌握相应的问题解决手段与技巧，还需要强化阅读理解和数学思考能力。

（4）解答题分析

2024 年新高考全国 I 卷减少了题量，却增加了解答题的总分值，强化了考查思维过程和思维能力的功能，并打破以往的命题模式，灵活、科学地确定试题的内容和顺序，如函数与导数作为 18 题考查。试题顺序调整有助于打破学生机械应试的套路，打破教学中僵化、刻板的训练模式，防止猜题押题，同时测试学生的应变能力和解决问题的能力，引导教学培养学生灵活地整合知识解决问题的能力。

解答题对学生的整体能力和解决问题的技巧都提出了更高的要求。解题过程的一个显著特点是学生不仅需要对知识点熟练掌握，还需要具有出色的分析与推理能力。在解题过程中，学生必须灵活应用所学到的数学知识来进行问题的深度分析和解决，他们应学会有条理地梳理思路，并清晰地阐述解题的各个环节和思维模式。这对学生的综合能力和解题技能提出了更高的要求。学生们需要通过深化答题的研究及练习，增强问题的分析技巧和解题的思维方式，并确保把所掌握的数学技巧应用到实际情境中。

4.2.4 应对策略

（1）制定备考策略

第一，对五年内高考真题进行详细复习。历年真题是备考阶段至关重要的资料，通过精细地研究和练习这些题目，学生可以熟悉试题设计特点、主要考点以及命题方向。针对真题中的高频考点进行有针对性的复习和实践，从而增强学生面对高考的自信。据统计，历年真题中有些题目的考查内容和解题逻辑都有其固有的规律，掌握这些规律能够帮助学生提高备考效果。

第二，对题意及其涉及的数学概念深入理解。在备考时，学生有必要深刻理解和掌握题目所包含的数学基础和概念，以及理解这些内容及其应用的实际场景。考生只需深入理解题目的意图，便能更精准地掌握解题的方法和思维路径，从而避免因为对题目的误解而造成不必要的失分。研究数据指出，对考题的深入理解与答题的准确度呈正相关，也就是说，对题目的理解越深入，解题的准确度也会随之提高。

第三，归纳积累各种解题方法和技巧。好记性不如烂笔头，做好学习笔记，对平时模拟考、复习中出现的错题和典型例题解析进行记录。在订正的同时，对每题的错因与解题技巧详细归纳，在归纳与积累中提炼解题方法与技巧，通过众多的实践与探讨来积累各种问题的解决技巧。比如，我们可以归纳各种常见的答题策略和问题类型，进一步梳理题目的解题方向和具体步骤，备考过程随时翻阅，从而提升解题速度和准确性。

第四，定期实施自我评价并深入反思。在复习阶段可以采用模拟考试、个人测试以及错题集等多种方法来评估自己的学习成果，找出潜在弱点，及时制定备考策略，并根据这些策略进行有针对性的培训和学习。研究资料表明，学生在定期进行自我评价和思考后，能够准确地认识到自己的短板和挑战，并据此主动作出改进，从而达到积极效果。

总之，为了提升备考的成效以取得优异的成绩，拟定有针对性的复习和备考策略具有极其关键和重要的意义。学生应重点回顾历年真题，深入领悟题意及数学概念，强调解题的方法与经验积累，并定期进行自我评估与反思。

（2）考试技巧分享

对于选择题，可以"不择手段"，通常排除法是应用较多的一种。通过认真地研读题目与选项，筛选出明显有误或不满足规定条件的答案，从而缩小解答的边界并提高选项的准确度，这一策略被认为是一种高效的答题方法。针对多选题，学生需要细致分析每个选项背后的意思，并确保每一个选项的准确性，以防止误解和误导。另外，在题目里关注逻辑关系并紧抓关键词，同时结合对各个选项的深入理解，有助于提高在多选题场景下的答题精确度。

对于填空题，学生可选用代入法或者逆向思考来给出答案。代入法实际上是将多个选项输入到试题中，通过比对选项和题目之间的相似程度来判定答案是否正确。调查资料表明，在高考数学填空题上，采用代入法的学生所展现出的正确率是相当高的。逆向思考的核心思想是从最后的解答逆向推导问题，然后逐层得到满足要求的答案，它能帮助学生更为深入地理解问题的核心，从而加快填空题的解题速度。

在做解答题时，需着重培育学生模型构建的能力与解题的思维方式。在处理复杂问题的过程中，学生可以努力去建构一个恰当的数学模型，并将这些难题转变为数学的表达形式来解答。通过对数据的深入分析，那些在建模方面有着出色能力的同学在考试中往往有更佳的表现。为了更迅速和更精确地答题，学生可以学习常用的技巧，比如通过分类探讨和采用对称性方法。

（3）得分是硬道理

谨记"查、研、提、考、调"五字诀，即"查漏补缺、研究真题、提炼总结、考试指导、调整状态"。查漏补缺是指回顾错题，回归课本，对基本知识方法进行梳理巩固；研究真题是指强化高频考点，变式训练，考点再覆盖；提炼总结是指核心题型提炼，热点聚焦、核心突出；考试指导是指规范答题，技巧点拨，学会取舍，合理安排答题时间；调整状态是指保持平常心，调整最佳考试状态，轻松上阵。

参考文献

[1] 任子朝. 新高考十年数学科考试内容改革：成就、挑战与转向 [J] 中国考试，2024（7）：11－18.

[2] 马庆明. 核心素养视角下黑龙江省五市区中考数学试卷分析 [D]. 牡丹江：牡丹江师范学院，2024.

[3] 余静. 新高考数学试卷逻辑推理素养的评价研究 [D]. 厦门：集美大学，2024.

[4] 郑峰峰. 新高考背景下导数试题分析与教学研究 [D]. 重庆：西南大学，2023.

[5] 胡崇嘉. 核心素养视角下高考数学"概率与统计"试题分析及教学策略研究 [D]. 银川：宁夏大学，2023.

[6] 顾婷婷. 新高考背景下高中物理教学策略研究 [D]. 哈尔滨：哈尔滨师范大学，2023.

[7] 赵明明. 高考数学文化试题分析及解题教学策略研究 [D]. 银川：宁夏大学，2023.

[8] 张楚. 高三数学复习课微专题教学实验研究 [D]. 昆明：云南师范大学，2023.

[9] 付颖梅. 近6年高考数学试题命题特点对教学的反拨作用研究 [D]. 南昌：南昌大学，2023.

[10] 余文奇. 高中数学情境试题的编制策略研究 [D]. 黄冈：黄冈师范学院，2023.

[11] 伍倩. 高考数学理科试题的比较研究 [D]. 银川：宁夏师范学院，2023.

[12] 王辉，孙海波，李晓勇，等. 考试招生制度改革这十年 [J]. 中国考试，2022（10）：1－12.

[13] 周序. "应试主义"的成因与高考改革的方向 [J]. 内蒙古社会科学（汉文版），2018，39（4）：159－166.

[14] 罗碧霞. 探究高考改革背景下如何培养学生地理核心素养 [J]. 教育现代化，2017，4（25）：18－19.

4.3 高考数学备考方法与技巧

4.3.1 背景概述

新高考的改革目标在于激发学生的创意思维与实践技巧，进而更好地推进素质教育向前进展。在高考制度革新的背景下，数学作为基础学科，对学生的高考分数和综合素质的评估扮演了重要角色。我们统计发现，高考数学平均成绩近年来呈现出上升趋势，然而高分学生的比重明显偏低。这说明了学生们在备考阶段仍然面临某些挑战，继续探讨与改进备考手段和方法显得尤为重要。新高考数学的考试范围是广泛的，不仅要求学生理解基本的概念，掌握基本的技巧，还要具备解决问题和实际应用的能力。因此，如何选择备考方法与技巧，目前成为热点话题。

切实提高学生高考成绩，关键点在于高效的备考手段和方法。但是，关于新高考数学的备考研究当前仍显得相对薄弱，大部分的研究局限于理论层面和考后总结，没有体现出深入系统性和科学准确性。根据学生考试给出的反馈，大约70%的学生在备考的过程里遇到了各种疑惑和挑战，这反映出学生在备考时需要更加全面、科学、系统化的引导。为了给学生提供科学且有效的备考建议与辅助，高考数学的备考方法与技巧显得至关重要。

下面主要从数学备考这一视角切入，结合以往的研究成果，并根据新高考数学的需求与特色，分析和探讨备考策略及方法的实用性和可实施性。通过对数学概念的理论解析以及实证检验，旨在给学生提供科学而高效的复习策略。

4.3.2 高考数学考试概况

（1）高考改革背景

近年来，在我国教育改革的积极推动下，新高考改革作为关键举措旨在推动高中教育多样化发展，并全面提升学生的综合能力。数学作为其中的关键科目，在这一进程中显得尤为重要，其改革也具有至关重要的意义。

新高考制度的改革主要集中在两个领域：一是社会对高中教育和高考选拔方式的改革要求；二是对国际上先进的教育观念和实践方式的学习参考。

社会对高中教育体系及高考选拔方式改革的需求，是新高考改革的原始驱动力。传统的高考体系依赖于一次性的统一考试分数来评估学生的技能和潜力，但这个制度在一定程度上过于依赖记忆力和考试表现，忽视了对学生全面素质教育的培养。伴随社会不断的进步与变革，对于人才的需求正逐渐从简单地关注知识和技能，转变为更加重视学生的创造力、实践技能、全面的素养和能力。这一转变旨在培养更能适应社会需求的高素质人才。

针对高考改革的背景，作为高中教育体系中的一个关键科目，数学在考试内容、评价准则以及备考方法上都面临着全新的挑战和改革。所以，对数学的备考策略与技巧的研究，对于增强数学学习的效果显得十分必要。只有深入了解和熟悉新高考改革的大背景，我们才能制定出与新高考需求相适应的备考手段，助力学生应对新高考数学考试所带来的挑战。

（2）新高考数学考试内容

高考数学试题涵盖了中学数学中绝大部分关键的知识点和解题技巧。根据教育部的相关规定，新高考数学试题包含两大主题模块：基本原理模块与扩展内容模块。在基础模块里，主要集中在全面评估学生在数学知识与技术方面的综合应用，以培育学生在数学思维与解决实际问题方面的综合能力。学生通过深入学习掌握相关的知识和技巧，从而更加有效地应对数学考试，并由此奠定坚实的数学基础，助力他们的学业与职业生涯。依照现有的数据统计，新高考数学平均难度为 0.7，而变异系数是 0.1。未来，为了适应现代社会的要求，高考数学试题会对其考查范围和难度系数进行相应调整。学生为了取得更为出色的考试成绩，需要不断地扩展和加深自己对数学的认知，学会巧妙地应用各种数学工具和技术来解决实际场景中的问题，并努力增强他们的数学思维的灵活性与创新性。

4.3.3 数学备考方法总论

（1）合理的备考策略

成功备考数学的关键在于选择一套合理有效的备考策略，它与学生的学习规划、时间管理和练习题目选择紧密相关。学习规划是按照考试标准和个人能力制定详尽的学习方案，科学分配学习时间，并根据具体需要安排知识点的学习。统计表明，备考时拥有一个明确的学习计划与方向可以大幅提升备考效率。比如在高三复习时，根据基础知识点、解题方法、拓展练习和高考真题进行分类训练，以确保备考高效、有序。

合理的时间管理也是必不可少的。备考阶段，学生应该有效利用碎片时间，尤其是课后和假期，把关键的学习突破放在思维更明确、更高效的时间，如早上和夜晚。研究数据显示，有效的管理时间是决定备考成功与否的一项至关重要的因素。

备考策略中非常关键的一个环节是备考题的选择。备考时，学生们应该有针对性地选择那些自己薄弱考点的题目。对于已掌握的考点，应偏向于融合训练、一题多解来进行强化和练习；对于知识体系中容易出错的部分，建议选择基础题目以持续深化理解。针对性地选用题目进行练习和强化训练，可以有效增强备考的有效性。在选择题目过程中，必须根据备考需求和历年真题考查情况，进行有针对性的练习和加强练习。

简而言之，备考策略在数学备考过程中显得十分重要。制订详尽的备考策略，合理地安排考前时间并精心挑选合适的题目，有助于提高学习效果、解题思维和应对考试的综合能力。

（2）有效的学习方法

在备考时，采取有效的学习方法可达到事半功倍的效果。比如，合理地安排学习时间，确保每一个知识点都能够有充足的学习时间。我们发现，相对于那些没有清晰备考计划的学生，合理地规划自己的学习时间表并始终坚持执行的学生表现得更为出色。以一次调查为例，大约70%的高分学生在备考阶段已经明确了自己的学习计划，而在低分学生中，只有30%明确地制定了自己的学习计划。这表明制定明确的学习计划对增加学习成效是至关重要的。

选取合适的备考资料也是有效的学习方法之一。高品质的教材和参考资料，既能保障学习的内容准确、全面，又涵盖大量的典型例题与练习题供学生进行训练。根据"新课程背景下高中教辅资料对学生学习的时效性研究"，挑选合适的教材和教辅资料，对学生的学习表现产生了巨大的影响。在这项研究活动中，测试者被安排使用不同品质的教材进行学习。研究结果表明，采用高质量教学材料的学生获得了相对优越的表现，与对照组学生相比效果更佳。还可尝试小组合作学习，当学生积极投身于学习小组与他人进行合作学习时，不仅加强了交流合作，还有助于刺激学生学习的激情。研究结果表明，协同学习有助于增进思维的交汇，进一步扩大学习的视角，并优化学习的表现，与单独学习的学生相比，选择合作学习的学生在解题能力和思维能力上更为突出。

（3）高考真题解析

对高考真题的解析是数学备考中最为关键的一环。在下一节里，我们将对高考历年的数学真题进行深入剖析，以助力考生能够深入地掌握和应用高效的备考策略。我们挑选了典型的数学试题，并通过深入探讨这些题目的种类、解决问题的途径和解决策略，归纳总结了众多备考方法和手段。

首先，探讨新高考试题中新增加的多选题。考生应该认真阅读题干和备选项，并提取出关键条件，掌握题目的要点，基于选项之间的逻辑性来完成解题。对于陷阱选项，需通过多角度的思考方式，用正难则反、逻辑分析等手段，逐一甄选判断选项的真假，选出正确选项。如2024年新高考数学全国Ⅰ卷第11题，按照解题思路，会直接去计算选项A" $a=-2$ "和选项B"点 $(2\sqrt{2},0)$ 在C上"，这两个选项是很容易计算得到。选项C、D相比较难，特别是选项C比较复杂，所以先处理选项D。对于选项D中的" $y_0 \le \frac{4}{x_0+2}$ "可直接两边平方得到 $y_0^2 \le \frac{16}{(x_0+2)^2}$ ，这个式子与前面计算得到的 $y^2 = \frac{16}{(x+2)^2}-(x-2)^2$ 有关，而 $\frac{16}{(x_0+2)^2} \ge \frac{16}{(x+2)^2}-(x-2)^2$ ，当 $x=2$ 时等号成立，所以选项D也是正确的，此时选项A、B、D都选出，所以我们根据命题规律分析，四个选项都选概率极低，选项 C 不可能正确，直接排除，这样就避免了难度大的计算且能拿满这 6 分。

其次，对于填空题。最常见的一种填空题类型是基于函数、方程和图像的考题，在解答此类题目时，需要对函数和方程的基础属性有深入了解，同时利用图像、数据等手段进行综合分析和推理，并能够灵活地应用一些解题策略，例如方程的求解方法和函数属性的深入分析。2023 年新高考数学全国Ⅱ卷第 15 题，2024 年新高考数学全国Ⅰ卷第 13 题，通过深度探索和了解数学的基本观念及其应用方法，考生才能精确地完成未知量的数值计算或数学表达，据此得到问题答案。

最后，解答题解题策略。以概率统计有关的题目为例，当考生面对此类题目时，必须重点挖掘问题的核心，构建合适的数学模型，应用概率和统计学原理进行逻辑推导和计算，并提供正确的答案和合理的解释。典型真题有 2023 年新高考数学全国Ⅱ卷第 19 题、2024 年新高考数学全国Ⅱ卷第 18 题、2024 年高考数学北京卷第 18 题等。

通过深入探讨，我们的目标是向考生展示更为详细和实际的考试备考策略与方法，助力他们在数学考试中获得出色的分数。进一步地，通过对这些典型考题的洞察和分析，考生能更深入地了解数学概念，强化数学思考和解题技能，从而更有效地面对高考数学的挑战。

4.3.4 有效备考技巧分享

（1）认清考试要求

我们了解到，高考改革是通过构建引导学生德智体美劳全面发展的考试内容体系，改变固化的试题形式，增强试题的开放性，引导减少死记硬背和"机械刷题"现象开展的。高考考查的要求是基础性、综合性、应用性、创新性，我们可通过以下几个途径进行探究：

① 研读《普通高中数学课程标准》，重视课本素材。课程标准是备考过程中必不可少的指导资料，细致研读课程标准，抓住课本素材，全面掌握考试中的各个关键知识点，并熟悉必备知识和难点信息，筛选出重点考点和核心知识，为备考制定计划与学习策略。如 2022 年新高考数学全国Ⅰ卷第 12 题，要求学

生在抽象函数的背景下，理解函数的奇偶性、对称性、导数等概念以及它们之间的联系，对数学抽象、直观想象、逻辑推理等核心素养都有较高的要求，这便是抓住课程标准、回归教材的体现。

② 对历年真题细致剖析。历年真题对于考前出题具有关键性的指导意义，通过深入解析近五年高考真题，可以全面洞察出命题的方式、难度的波动，整理出每一类题的主线，才能有针对性地为考试做好准备。从历年的真题中筛选出典型的题目类型和答案解析，学生熟悉并掌握其中的关键技巧和方法并能运用自如，在高考中才能"有的放矢，弹无虚发"。如较为稳定的三角恒等变换，这部分考查相对基础，强调二倍角、半角公式的记忆与熟练应用，在稳中求变的过程中，2023 年高考题也透露出了新的风向，加强了与其他内容的综合考查，典型题目有 2023 年新高考数学全国 I 卷第 8 题、2023 年新高考数学全国 II 卷第 3 题、2024 年新高考数学全国 I 卷第 4 题等。而波动较大的是数列综合应用，2022 年新高考数学全国 I 卷出现在第一个解答题 17 题，作为基础知识考查，比较简单；2023 年新高考数学全国 I 卷数列出现在 20 题，相对来说，还是中规中矩的考查；到了 2024 年新高考数学全国 I 卷，则是放在第 19 题压轴题考查，难度就显而易见了。

③ 深化基础，注重思维培养。除了回归课本和历年高考真题，高品质的模拟题训练也是准确把握考试方向的关键手段。教辅资料通常包含了翔实的示例、练习题目和解答策略，这对于进一步深化考试目标的理解和提高实际应用技能都具有极大的助益。

做到以上三点，学生能更有目的性地做好备考，并能在整个备考期内更深入地把握和了解考试需求，从而提升备考效果和考试技能。除此之外，学习过程中还应重视自身数学思维能力的培养，掌握并熟练应用数学理论与技巧来应对具体问题。

（2）提升解题效率的技巧

如何提高解题效率，一直以来都是困扰学生的症结所在。在以往学习过程中，一般是通过数学推导或逻辑推理来提高解题速度和准确度，结合题目需求和具体条件，并应用基本定理、公理及推论，结合逻辑推理手段，找到相应的解题策略和方法。通过综合归纳与推导，总结题目的内在规律与模式，帮助学生更迅速地理清题目，并做到准确推理与解答。

提升解题效率的另一个重要因素是不同类型试题答题时间的合理分配。依据题目的难易性来合理分配答题时间，避免在一个题目中花费大量时间从而对其他题目的解答产生不利影响。借助逻辑推断、工具应用、综合演绎等多种教学方法，并结合大量实践、多角度参考以及合理的时间安排，能有效提升数学解题流程的效能与准确性，从而为高考数学备考提供有效的支持和保障。

（3）避免常见备考误区

有了提升解题效率的技巧，防止常见的备考误区也是不可或缺的一环。

第一个误区就是机械刷题。大量学生经常陷入刷题的怪圈中，他们坚信，增加刷题时间可以帮助他们掌握更丰富的知识，并增强答题技巧。频繁的刷题其实会使人对知识点考查产生思维定式，从而忽视了对核心观点的深入了解与掌握。所以，在常规题型、常规考点的训练过程中，要穿插知识点间的深层次、交汇应用的训练。数据资料指出，那些频繁刷题的学生在数学考试中并未显现出明显优势。事实上，更注重深度理解与实际应用的学生往往能取得更优异的成绩。

误区之二是机械记忆。一些学生偏向于死记硬背公式、答题模板和二级结论，以不变应万变。而新高考更注重题目解决方案的灵活性以及全面能力的综合评估。因此，学生应当重视对数学思想和规则的理解，并培育出灵活应用所学知识解决问题的技巧。那些机械记忆的学生在数学考试中的分数往往偏低，而那些重视理解和实际应用的学生的表现却更为突出。所以，死背重记仅仅是备考的一种方式，并不是终极的目标。

误区之三是过分追求答题速度，舍弃了规范性与准确性。一些学生在120分钟时间内努力解答尽可能多的题目，却忽视了解题过程的规范性、逻辑合理性以及计算准确性。日常学习中，应当把答题规范、逻辑合理性及计算准确性作为常规训练内容。研究表明，为了追求速度而牺牲准确性的学生，往往在考试中取得的分数较低。因此，磨刀不误砍柴工，在速度和准确性之间要寻求到一个最佳平衡点，这也是考试取得优异成绩的关键所在。

一些受心理困扰陷入过度焦虑和巨大压力的不良观念的学生，在数学考试中不堪重负，导致在备考和能力发挥上受到了影响。适当的压力的确可以有效地激发学生的学习积极性，但过度焦虑可能会导致学习效果不佳。所以拥有良好的心态和情感调节技巧，也是学生在备考过程中需要具备的能力。

总的来说，为了有效进行备考并取得更出色的表现，掌握好的备考方法至关重要。

参考文献

［1］魏显峰，殷木森．高考数学能力考查的回顾与研究［J］．数学通报2022，61（5）：52－62.

［2］于浩，张文兰．基于高考评价体系的数学试题评析与启示［J］．数学通报，2023，62（5）：30－41.

［3］黄耿东，陈其端．新高考形势下美术艺考生综合素质培养探索［J］．教学与管理，2024（16）：67－71.

［4］黄文贵．新高考形势下备考策略的思考［J］．甘肃教育研究，2024（5）：26－28.

［5］张梅．新旧高考数学试题问题情境水平比较研究——以2023年高考数学全国卷为例［J］：辽宁师专学报（自然科学版），2024，26（1）：15－21.

［6］周赟．新高考背景下高考导数复习策略［J］．亚太教育，2023（15）：10－12.

［7］刘再平，刘祖希．新高考背景下高考数学研究述评与展望［J］．数学通报，2023，62（4）：1－9.

［8］周序，杨琦蕙，王玉梅．人才选拔的关键在于选拔理念与技术的统一——"强基计划"面临的技术困境及破解思路［J］．湖南师范大学教育科学学报，2020，19（6）：44－49.

4.4 高考数学真题解析与模拟训练

2024 年普通高等学校招生全国统一考试（新高考I卷）

数 学

本试卷共 19 小题，满分 150 分，考试时间 120 分钟。

选择题部分（共58分）

一、选择题：本题共 8 小题，每小题 5 分，共 40 分。在每小题给出的四个选项中，只有一个选项是正确的。

1. 已知集合 $A = \{x \mid -5 < x^3 < 5\}$，$B = \{-3, -1, 0, 2, 3\}$，则 $A \cap B = ($)

A. $\{-1, 0\}$　　　　　　　　B. $\{2, 3\}$

C. $\{-3, -1, 0\}$　　　　　　D. $\{-1, 0, 2\}$

【答案】A

【解析】因为不等式：$-5 < x^3 < 5 \Leftrightarrow -\sqrt[3]{5} < x < \sqrt[3]{5}$，又由于 $1 < \sqrt[3]{5} < 2$，所以 $A \cap B = \{-1, 0\}$。

2. 若 $\dfrac{z}{z-1} = 1 + i$，则 $z = ($)

A. $-1 - i$　　　　B. $-1 + i$　　　　C. $1 - i$　　　　D. $1 + i$

【答案】C

【解析】由于 $\dfrac{z}{z-1} = 1 + i \Leftrightarrow z = (z-1)(1+i) \Leftrightarrow z = z(1+i) - 1 - i \Leftrightarrow zi =$

$1 + i$，所以 $z = \dfrac{1 + i}{i} = 1 - i$。

3. 已知向量 $\boldsymbol{a} = (0, 1)$，$\boldsymbol{b} = (2, x)$，若 $\boldsymbol{b} \perp (\boldsymbol{b} - 4\boldsymbol{a})$，则 $x = ($　　$)$

A. -2　　　　B. -1　　　　C. 1　　　　D. 2

【答案】D

【解析】由于 $\boldsymbol{b} \perp (\boldsymbol{b} - 4\boldsymbol{a})$，所以 $\boldsymbol{b} \cdot (\boldsymbol{b} - 4\boldsymbol{a}) = 0$，即 $\boldsymbol{b}^2 - 4\boldsymbol{a} \cdot \boldsymbol{b} = 0$，代入向量坐标运算得，$4 + x^2 - 4x = 0$，解得 $x = 2$。

4. 已知 $\cos(\alpha + \beta) = m$，$\tan\alpha\tan\beta = 2$，则 $\cos(\alpha - \beta) = ($　　$)$

A. $-3m$　　　B. $-\dfrac{m}{3}$　　　C. $\dfrac{m}{3}$　　　D. $3m$

【答案】A

【解析】$\cos(\alpha + \beta) = m \Leftrightarrow \cos\alpha\cos\beta - \sin\alpha\sin\beta = m$，$\tan\alpha\tan\beta = 2 \Leftrightarrow$ $\dfrac{\sin\alpha\sin\beta}{\cos\alpha\cos\beta} = 2 \Leftrightarrow \sin\alpha\sin\beta = 2\cos\alpha\cos\beta$，代入上式得，$\cos\alpha\cos\beta - 2\cos\alpha\cos\beta = m$，解得，$\cos\alpha\cos\beta = -m$，所以 $\sin\alpha\sin\beta = -2m$，故 $\cos(\alpha - \beta) = \cos\alpha\cos\beta + \sin\alpha\sin\beta = -3m$。

5. 已知圆柱和圆锥的底面半径相等，侧面积相等，且它们的高均为 $\sqrt{3}$，则圆锥的体积为 $($　　$)$

A. $2\sqrt{3}\pi$　　　　B. $3\sqrt{3}\pi$　　　　C. $6\sqrt{3}\pi$　　　　D. $9\sqrt{3}\pi$

【答案】B

【解析】设圆柱和圆锥的底面半径为 r，则圆锥的母线长 $l = \sqrt{r^2 + 3}$，由于圆柱和圆锥的侧面积相等，即 $2\pi r \times \sqrt{3} = \pi r l \Leftrightarrow 2\pi r \cdot \sqrt{3} = \pi r \cdot \sqrt{3 + r^2} \Leftrightarrow$ $2\sqrt{3} = \sqrt{3 + r^2}$，解得 $r = 3$，故圆锥的体积为 $\dfrac{1}{3}\pi \times 9 \times \sqrt{3} = 3\sqrt{3}\pi$。

6. 已知函数 $f(x) = \begin{cases} -x^2 - 2ax - a, & x < 0 \\ e^x + \ln(x + 1), & x \geqslant 0 \end{cases}$ 在 $\mathbf{R}$ 上单调递增，则 a 的取值范围是 $($　　$)$

A. $(-\infty, 0]$　　B. $[-1, 0]$　　C. $[-1, 1]$　　D. $[0, +\infty)$

【答案】B

【解析】由于 $f(x)$ 在 $\mathbf{R}$ 上单调递增，故函数 $g(x) = -x^2 - 2ax - a(x < 0)$

和函数 $h(x) = e^x + \ln(x+1)(x \geqslant 0)$ 均为其定义域上的增函数，考虑到函数 $h(x) = e^x + \ln(x+1)(x \geqslant 0)$ 显然为其定义域上的增函数，故函数 $f(x)$ 在 **R** 上单调递增 $\Leftrightarrow$ 函数 $g(x)$ 在 $(-\infty, 0)$ 上单调递增，且满足 $g(0) \leqslant h(0) \Leftrightarrow$

$$\begin{cases} -\dfrac{-2a}{2 \times (-1)} \geqslant 0 \\ -a \leqslant e^0 + \ln 1 \end{cases}, \text{ 解得 } -1 \leqslant a \leqslant 0, \text{ 即 } a \text{ 的范围是 } [-1, 0]。$$

7. 当 $x \in [0, 2\pi]$ 时，曲线 $y = \sin x$ 与 $y = 2\sin\left(3x - \dfrac{\pi}{6}\right)$ 的交点个数为（　　）

A. 3　　　　　　B. 4　　　　　　C. 6　　　　　　D. 8

【答案】C

【解析】在同一个坐标系内，画出函数 $y = \sin x$ 和 $y = 2\sin\left(3x - \dfrac{\pi}{6}\right)$ 在区间 $[0, 2\pi]$ 上的图像，如图 4 - 4 - 1 所示。

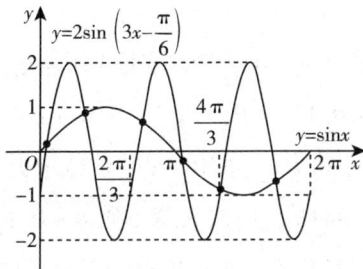

图 4 - 4 - 1

由图像可知，函数 $y = \sin x$ 和 $y = 2\sin\left(3x - \dfrac{\pi}{6}\right)$ 有 6 个交点。

8. 已知函数 $f(x)$ 的定义域为 **R**，$f(x) > f(x-1) + f(x-2)$，且当 $x < 3$ 时，$f(x) = x$，则下列结论中一定正确的是（　　）

A. $f(10) > 100$　　　　　　　　B. $f(20) > 1000$

C. $f(10) < 1000$　　　　　　　　D. $f(20) < 10000$

【答案】B

【解析】因为当 $x < 3$ 时，$f(x) = x$，所以 $f(1) = 1$，$f(2) = 2$。又因为 $f(x) > f(x-1) + f(x-2)$，取 $x = 3$，得 $f(3) > f(2) + f(1) = 3$；取 $x = 4$，得

$f(4) > f(3) + f(2) > 5$；取 $x = 5$，得 $f(5) > f(4) + f(3) > 8$。以此类推，可得 $f(10) > f(9) + f(8) > 89$，…，$f(20) > 1000$，则 B 正确。

二、多项选择题：本题共 3 小题，每小题 6 分，共 18 分。在每小题给出的选项中，有多项符合题目要求。全部选对得 6 分，部分选对得部分分，有选错得 0 分。

9. 随着"一带一路"国际合作的深入，某茶叶种植区多措并举推动茶叶出口。为了解推动出口后的亩收入（单位：万元）情况，从该种植区抽取样本，得到推动出口后亩收入的样本均值 $\bar{x} = 2.1$，样本方差 $s^2 = 0.01$，已知该种植区以往的亩收入 X 服从正态分布 $N(1.8，0.1^2)$，假设推动出口后的亩收入 Y 服从正态分布 $N(\bar{x}，s^2)$，则（　　）[若随机变量 Z 服从正态分布 $N(\mu，\sigma^2)$，$P(Z < \mu + \sigma) \approx 0.8413$]

A. $P(X > 2) > 0.2$　　　　　　B. $P(X > 2) < 0.5$

C. $P(Y > 2) > 0.5$　　　　　　D. $P(Y > 2) < 0.8$

【答案】BC

【解析】由于 $\bar{x} = 2.1$，$s^2 = 0.01$，所以变量 Y 服从正态分布 $N(2.1，0.01)$，故 $P(Y > 2) = P(Y > 2.1 - 0.1) = P(Y < 2.1 + 0.1) \approx 0.8413 > 0.5$，C 正确，D 错误；因为 $X \sim N(1.8，0.1^2)$，所以 $P(X > 2) = P(X > 1.8 + 2 \times 0.1)$。因为 $P(X < 1.8 + 0.1) \approx 0.8413$，所以 $P(X > 1.8 + 0.1) \approx 1 - 0.8413 = 0.1587 < 0.2$，而 $P(X > 2) = P(X > 1.8 + 2 \times 0.1) < P(X > 1.8 + 0.1) < 0.2$，B 正确，A 错误。

10. 设函数 $f(x) = (x - 1)^2(x - 4)$，则（　　）

A. $x = 3$ 是 $f(x)$ 的极小值点

B. 当 $0 < x < 1$ 时，$f(x) < f(x^2)$

C. 当 $1 < x < 2$ 时，$-4 < f(2x - 1) < 0$

D. 当 $-1 < x < 0$ 时，$f(2 - x) > f(x)$

【答案】ACD

【解析】对于选项 A：因为函数 $f(x)$ 的定义域为 **R**，而 $f'(x) = 2(x - 1)(x - 4) + (x - 1)^2 = 3(x - 1)(x - 3)$，故当 $x \in (1，3)$ 时，$f'(x) < 0$，当 $x \in (-\infty，1)$ 或 $x \in (3，+\infty)$ 时，$f'(x) > 0$，即函数 $f(x)$ 在 $(-\infty，1)$ 和 $(3，$

+ ∞) 上单调递增，在（1，3）上单调递减，所以 $x = 3$ 是函数 $f(x)$ 的极小值点，故选项 A 正确；

对于选项 B：当 $0 < x < 1$ 时，$x - x^2 = x(1 - x) > 0$，所以 $1 > x > x^2 > 0$。而由上可知，函数 $f(x)$ 在（0，1）上单调递增，所以 $f(x) > f(x^2)$，故选项 B 错误；

对于选项 C：当 $1 < x < 2$ 时，$1 < 2x - 1 < 3$，而由上可知，函数 $f(x)$ 在（1，3）上单调递减，所以 $f(1) > f(2x - 1) > f(3)$，即 $-4 < f(2x - 1) < 0$，故选项 C 正确；

对于选项 D：当 $-1 < x < 0$ 时，$f(2 - x) - f(x) = (1 - x)^2(-2 - x) - (x - 1)^2(x - 4) = (x - 1)^2(2 - 2x) > 0$，所以 $f(2 - x) > f(x)$，故选项 D 正确。

11. 设计一条美丽的丝带，其造型 ⊁ 可以看作图 4 - 4 - 2 中的曲线 C 的一部分。已知 C 过坐标原点 O，且 C 上的点满足：横坐标大于 -2，到点 $F(2，0)$ 的距离与到定直线 $x = a(a < 0)$ 的距离之积为 4，则（　　）

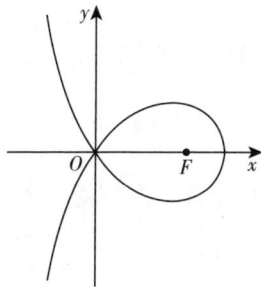

图 4 - 4 - 2

A. $a = -2$

B. 点 $(2\sqrt{2}，0)$ 在 C 上

C. C 在第一象限的点的纵坐标的最大值为 1

D. 当点 $(x_0，y_0)$ 在 C 上时，$y_0 \leqslant \dfrac{4}{x_0 + 2}$

【答案】ABD

【解析】对于选项 A：设曲线上的动点 $P(x，y)$，则 $x > -2$，且 $\sqrt{(x - 2)^2 + y^2} \times |x - a| = 4$。因为曲线过坐标原点，故 $\sqrt{(0 - 2)^2 + 0^2} \times$

$|0 - a| = 4$，解得 $a = -2$，故选项 A 正确。

对于选项 B：又曲线方程为 $\sqrt{(x-2)^2 + y^2} \times |x+2| = 4$，而 $x > -2$，故 $\sqrt{(x-2)^2 + y^2} \times (x+2) = 4$。当 $x = 2\sqrt{2}$，$y = 0$ 时，$\sqrt{(2\sqrt{2}-2)^2} \times (2\sqrt{2}+2) = 8 - 4 = 4$，故 $(2\sqrt{2}, 0)$ 在曲线上，故选项 B 正确。

对于选项 C：由曲线的方程可得 $y^2 = \dfrac{16}{(x+2)^2} - (x-2)^2$，取 $x = \dfrac{3}{2}$，则 $y^2 = \dfrac{64}{49} - \dfrac{1}{4}$，而 $\dfrac{64}{49} - \dfrac{1}{4} - 1 = \dfrac{64}{49} - \dfrac{5}{4} = \dfrac{256 - 245}{49 \times 4} > 0$，故此时 $y^2 > 1$，故 C 在第一象限内点的纵坐标的最大值大于 1，故选项 C 错误。

对于选项 D：当点 (x_0, y_0) 在曲线上时，由 C 的分析可得，$y_0^2 = \dfrac{16}{(x_0+2)^2} - (x_0-2)^2 \leqslant \dfrac{16}{(x_0+2)^2}$，故 $-\dfrac{4}{x_0+2} \leqslant y_0 \leqslant \dfrac{4}{x_0+2}$，故选项 D 正确。

非选择题部分（共92分）

三、填空题：本题共 3 小题，每小题 5 分，共 15 分。

12. 设双曲线 $C: \dfrac{x^2}{a^2} - \dfrac{y^2}{b^2} = 1(a > 0, b > 0)$ 的左、右焦点分别为 F_1，F_2，过 F_2 作平行于 y 轴的直线交 C 于 A，B 两点，若 $|F_1A| = 13$，$|AB| = 10$，则 C 的离心率为_____。

【答案】$\dfrac{3}{2}$

【解析】由题可知 A，B，F_2 三点横坐标相等，设 A 在第一象限（如图 4-4-3 所示），将 $x = c$ 代入 $\dfrac{x^2}{a^2} - \dfrac{y^2}{b^2} = 1$，得 $y = \pm\dfrac{b^2}{a}$，即 $A\left(c, \dfrac{b^2}{a}\right)$，$B\left(c, -\dfrac{b^2}{a}\right)$，故 $|AB| = \dfrac{2b^2}{a} = 10$，$|AF_2| = \dfrac{b^2}{a} = 5$。又 $|AF_1| - |AF_2| = 2a$，得 $|AF_1| = |AF_2| + 2a = 2a + 5 = 13$，解得 $a = 4$，代入 $\dfrac{b^2}{a} = 5$，得 $b^2 = 20$，故 $c^2 = a^2 + b^2 = 36$，即 $c = 6$，所以 $e = \dfrac{c}{a} = \dfrac{6}{4} = \dfrac{3}{2}$。

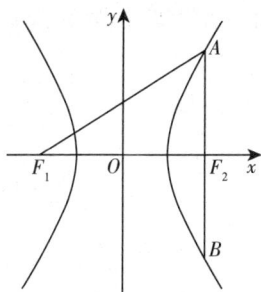

图 4 - 4 - 3

13. 若曲线 $y = e^x + x$ 在点（0，1）处的切线也是曲线 $y = \ln(x + 1) + a$ 的切线，则 $a = $ _____。

【答案】 $\ln 2$

【解析】 由 $y = e^x + x$ ，得 $y' = e^x + 1$ ， $y'|_{x=0} = e^0 + 1 = 2$ ，故曲线 $y = e^x + x$ 在（0，1）处的切线方程为 $y = 2x + 1$ 。由 $y = \ln(x + 1) + a$ ，得 $y' = \dfrac{1}{x + 1}$ ，设该切线与曲线 $y = \ln(x + 1) + a$ 相切的切点为 $(x_0，\ln(x_0 + 1) + a)$ ，由两曲线有公切线得 $y' = \dfrac{1}{x_0 + 1} = 2$ ，解得 $x_0 = -\dfrac{1}{2}$ ，则切点为 $\left(-\dfrac{1}{2}，a + \ln \dfrac{1}{2} \right)$ ，切线方程为 $y = 2\left(x + \dfrac{1}{2} \right) + a + \ln \dfrac{1}{2} = 2x + 1 + a - \ln 2$ ，根据两切线重合，所以 $a - \ln 2 = 0$ ，解得 $a = \ln 2$ 。

14. 甲、乙两人各有四张卡片，每张卡片上标有一个数字，甲的卡片上分别标有数字 1，3，5，7，乙的卡片上分别标有数字 2，4，6，8，两人进行四轮比赛，在每轮比赛中，两人各自从自己持有的卡片中随机选一张，并比较所选卡片上数字的大小，数字大的人得 1 分，数字小的人得 0 分，然后各自弃置此轮所选的卡片（弃置的卡片在此后的轮次中不能使用）。四轮比赛后，甲的总得分不小于 2 的概率为_____。

【答案】 $\dfrac{1}{2}$

【解析】 设甲在四轮游戏中的得分分别为 X_1 ， X_2 ， X_3 ， X_4 ，四轮的总得分为 X 。

对于任意一轮，甲、乙两人在该轮出示每张牌的概率都相等，其中使得甲

149

获胜的出牌组合有六种，从而甲在该轮获胜的概率 $P(X_k = 1) = \dfrac{6}{4 \times 4} = \dfrac{3}{8}$，

所以 $E(X_k) = \dfrac{3}{8}(k = 1, 2, 3, 4)$。

从而 $E(X) = E(X_1 + X_2 + X_3 + X_4) = \sum\limits_{k=1}^{4} E(X_k) = \sum\limits_{k=1}^{4} \dfrac{3}{8} = \dfrac{3}{2}$。

记 $p_k = P(X = k)(k = 0, 1, 2, 3)$。

如果甲得 0 分，则组合方式是唯一的：必定是甲出 1，3，5，7 分别对应乙出 2，4，6，8，所以 $p_0 = \dfrac{1}{A_4^4} = \dfrac{1}{24}$；如果甲得 3 分，则组合方式也是唯一的：

必定是甲出 1，3，5，7 分别对应乙出 8，2，4，6，所以 $p_3 = \dfrac{1}{A_4^4} = \dfrac{1}{24}$。

而 X 的所有可能取值是 0，1，2，3，

故 $p_0 + p_1 + p_2 + p_3 = 1$，$p_1 + 2p_2 + 3p_3 = E(X) = \dfrac{3}{2}$，

所以 $p_1 + p_2 + \dfrac{1}{12} = 1$，$p_1 + 2p_2 + \dfrac{1}{8} = \dfrac{3}{2}$，两式相减即得 $p_2 + \dfrac{1}{24} = \dfrac{1}{2}$，

故 $p_2 + p_3 = \dfrac{1}{2}$。

所以甲的总得分不小于 2 的概率为 $p_2 + p_3 = \dfrac{1}{2}$。

四、解答题：本题共 5 小题，共 77 分。解答应写出文字说明、证明过程或演算步骤。

15.（13 分）记 $\triangle ABC$ 的内角 A，B，C 的对边分别为 a，b，c，已知 $\sin C = \sqrt{2} \cos B$，$a^2 + b^2 - c^2 = \sqrt{2}ab$。

（1）求 B；

（2）若 $\triangle ABC$ 的面积为 $3 + \sqrt{3}$，求 c。

【答案】（1）$B = \dfrac{\pi}{3}$；（2）$2\sqrt{2}$。

【解析】

（1）由余弦定理有 $a^2 + b^2 - c^2 = 2ab\cos C$，又因为 $a^2 + b^2 - c^2 = \sqrt{2}ab$，所以 $\cos C = \dfrac{a^2 + b^2 - c^2}{2ab} = \dfrac{\sqrt{2}ab}{2ab} = \dfrac{\sqrt{2}}{2}$。由于 $C \in (0, \pi)$，所以 $\sin C > 0$，从而

$\sin C = \sqrt{1 - \cos^2 C} = \sqrt{1 - \left(\dfrac{\sqrt{2}}{2}\right)^2} = \dfrac{\sqrt{2}}{2}$。又因为 $\sin C = \sqrt{2}\cos B$，即 $\cos B = \dfrac{1}{2}$，

注意到 $B \in (0, \pi)$，所以 $B = \dfrac{\pi}{3}$。

（2）由（1）可得 $B = \dfrac{\pi}{3}$，$\cos C = \dfrac{\sqrt{2}}{2}$，$C \in (0, \pi)$，从而 $C = \dfrac{\pi}{4}$，$A = \pi$

$-\dfrac{\pi}{3} - \dfrac{\pi}{4} = \dfrac{5\pi}{12}$，而 $\sin A = \sin\left(\dfrac{5\pi}{12}\right) = \sin\left(\dfrac{\pi}{4} + \dfrac{\pi}{6}\right) = \dfrac{\sqrt{2}}{2} \times \dfrac{\sqrt{3}}{2} + \dfrac{\sqrt{2}}{2} \times \dfrac{1}{2} = \dfrac{\sqrt{6} + \sqrt{2}}{4}$。

由正弦定理有 $\dfrac{a}{\sin\dfrac{5\pi}{12}} = \dfrac{b}{\sin\dfrac{\pi}{3}} = \dfrac{c}{\sin\dfrac{\pi}{4}}$，从而 $a = \dfrac{\sqrt{6} + \sqrt{2}}{4} \cdot \sqrt{2}c = \dfrac{\sqrt{3} + 1}{2}c$，$b =$

$\dfrac{\sqrt{3}}{2} \cdot \sqrt{2}c = \dfrac{\sqrt{6}}{2}c$，由三角形面积公式可知，$\triangle ABC$ 的面积可表示为 $S_{\triangle ABC} =$

$\dfrac{1}{2}ab\sin C = \dfrac{1}{2} \cdot \dfrac{\sqrt{3} + 1}{2}c \cdot \dfrac{\sqrt{6}}{2}c \cdot \dfrac{\sqrt{2}}{2} = \dfrac{3 + \sqrt{3}}{8}c^2$，由已知 $\triangle ABC$ 的面积为 $3 + \sqrt{3}$，

可得 $\dfrac{3 + \sqrt{3}}{8}c^2 = 3 + \sqrt{3}$，所以 $c = 2\sqrt{2}$。

16.（15 分）已知 $A(0, 3)$ 和 $P\left(3, \dfrac{3}{2}\right)$ 为椭圆 $C: \dfrac{x^2}{a^2} + \dfrac{y^2}{b^2} = 1(a > b >$

$0)$ 上两点。

（1）求 C 的离心率；

（2）若过 P 的直线 l 交 C 于另一点 B，且 $\triangle ABP$ 的面积为 9，求 l 的方程。

【答案】（1）$\dfrac{1}{2}$；（2）直线 l 的方程为 $3x - 2y - 6 = 0$ 或 $x - 2y = 0$。

【解析】

（1）将 $A(0, 3)$ 和 $P\left(3, \dfrac{3}{2}\right)$ 两点代入椭圆方程，得 $\begin{cases} b = 3, \\ \dfrac{9}{a^2} + \dfrac{\dfrac{9}{4}}{b^2} = 1, \end{cases}$

解得，$b = 3$，$a = 2\sqrt{3}$，故 $c = \sqrt{a^2 - b^2} = \sqrt{3}$。

所以椭圆离心率 $e = \dfrac{c}{a} = \dfrac{1}{2}$。

（2）$k_{AP} = \dfrac{3 - \dfrac{3}{2}}{0 - 3} = -\dfrac{1}{2}$，则直线 AP 的方程为 $y = -\dfrac{1}{2}x + 3$，即 $x + 2y -$

$6 = 0$，$|AP| = \sqrt{(0 - 3)^2 + \left(3 - \dfrac{3}{2}\right)^2} = \dfrac{3\sqrt{5}}{2}$。由（1）知 $C : \dfrac{x^2}{12} + \dfrac{y^2}{9} = 1$，设

点 B 到直线 AP 的距离为 d，则 $d = \dfrac{2 \times 9}{\dfrac{3\sqrt{5}}{2}} = \dfrac{12\sqrt{5}}{5}$，则将直线 AP 沿着与 AP 垂

直的方向平移 $\dfrac{12\sqrt{5}}{5}$ 个单位即可，此时该平行线与椭圆的交点即为点 B。设该平

行线的方程为：$x + 2y + C = 0$，则 $\dfrac{|C + 6|}{\sqrt{5}} = \dfrac{12\sqrt{5}}{5}$，解得，$C = 6$ 或 $C = -18$，当

$C = 6$ 时，联立 $\begin{cases} \dfrac{x^2}{12} + \dfrac{y^2}{9} = 1, \\ x + 2y + 6 = 0, \end{cases}$ 解得 $\begin{cases} x = 0, \\ y = -3, \end{cases}$ 或 $\begin{cases} x = -3, \\ y = -\dfrac{3}{2}, \end{cases}$ 即 $B(0，-3)$

或 $B\left(-3，-\dfrac{3}{2}\right)$。当 $B(0，-3)$ 时，此时 $k_l = \dfrac{3}{2}$，直线 l 的方程为

$y = \dfrac{3}{2}x - 3$，即 $3x - 2y - 6 = 0$；当 $B\left(-3，-\dfrac{3}{2}\right)$ 时，此时 $k_l = \dfrac{1}{2}$，直线 l 的

方程为 $y = \dfrac{1}{2}x$，即 $x - 2y = 0$。当 $C = -18$ 时，联立 $\begin{cases} \dfrac{x^2}{12} + \dfrac{y^2}{9} = 1, \\ x + 2y - 18 = 0, \end{cases}$ 解得，

$2y^2 - 27y + 117 = 0$，$\Delta = 27^2 - 4 \times 2 \times 117 = -207 < 0$，此时该直线与椭圆
无交点。

综上，直线 l 的方程为 $3x - 2y - 6 = 0$ 或 $x - 2y = 0$。

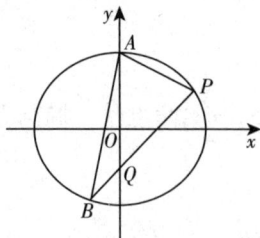

图 4 - 4 - 4

17. （15分）如图 4 – 4 – 5，四棱锥 P – $ABCD$ 中，$PA \perp$ 底面 $ABCD$，$PA = AC = 2$，$BC = 1$，$AB = \sqrt{3}$。

（1）若 $AD \perp PB$，证明：AD // 平面 PBC；

（2）若 $AD \perp DC$，且二面角 A – CP – D 的正弦值为 $\frac{\sqrt{42}}{7}$，求 AD。

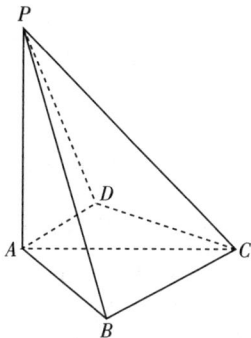

图 4 – 4 – 5

【答案】（1）证明见解析；（2）$\sqrt{3}$。

【解析】

（1）因为 $PA \perp$ 平面 $ABCD$，而 $AD \subset$ 平面 $ABCD$，所以 $PA \perp AD$。又 $AD \perp PB$，$PB \cap PA = P$，且 PB，$PA \subset$ 平面 PAB，所以 $AD \perp$ 平面 PAB，所以 $AD \perp AB$。

又因为 $AC = 2$，$BC = 1$，$AB = \sqrt{3}$，所以 $BC^2 + AB^2 = AC^2$，所以 $BC \perp AB$。由于 AB，AD，BC 在同一平面内，所以 AD // BC。又 $AD \not\subset$ 平面 PBC，$BC \subset$ 平面 PBC，所以 AD // 平面 PBC。

（2）如图 4 – 4 – 6 所示，取 AC 中点 O，在平面 $ABCD$ 内过点 O 作 AC 的垂线，交 AB 于点 E，过点 O 作 PA 的平行线，交 PC 于点 F。以点 O 为坐标原点，分别以 OA，OE，OF 为 x，y，z 轴，建立空间直角坐标系，由于 $AD \perp DC$，且 $AC = 2$，所以点 D 为单位圆上一动点（不与 A，C 重合）。

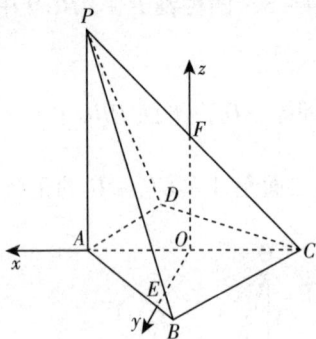

图 4 - 4 - 6

则有 $A(1, 0, 0)$, $C(-1, 0, 0)$, $P(1, 0, 2)$, 设 $D(\cos\theta, \sin\theta, 0)$。

由于平面 APC 即为 xOz 面, 故其法向量 $\boldsymbol{n}_1$ 可取为 $\boldsymbol{n}_1 = (0, 1, 0)$。

向量 $\overrightarrow{CP} = (2, 0, 2)$, $\overrightarrow{CD} = (\cos\theta + 1, \sin\theta, 0)$,

设平面 CDP 的法向量为 $\boldsymbol{n}_2 = (x, y, z)$,

则有 $\begin{cases} 2x + 2z = 0, \\ x(\cos\theta + 1) + y\sin\theta = 0, \end{cases}$ 可取 $\boldsymbol{n}_2 = \left(1, -\dfrac{\cos\theta + 1}{\sin\theta}, -1\right)$。

由于二面角 $A - CP - D$ 的正弦值为 $\dfrac{\sqrt{42}}{7}$, 所以其余弦值为 $\dfrac{\sqrt{7}}{7}$。

即 $|\cos\langle \boldsymbol{n}_1, \boldsymbol{n}_2 \rangle| = \dfrac{\sqrt{7}}{7} \Leftrightarrow \dfrac{|\boldsymbol{n}_1 \cdot \boldsymbol{n}_2|}{|\boldsymbol{n}_1| \cdot |\boldsymbol{n}_2|} = \dfrac{\sqrt{7}}{7} \Leftrightarrow \dfrac{\left|\dfrac{\cos\theta + 1}{\sin\theta}\right|}{1 \times \sqrt{2 + \left(\dfrac{\cos\theta + 1}{\sin\theta}\right)^2}} = \dfrac{\sqrt{7}}{7}$。

解得, $\cos\theta = -1$ (舍) 或 $\cos\theta = -\dfrac{1}{2}$,

则 $AD = \sqrt{(\cos\theta - 1)^2 + \sin^2\theta} = \sqrt{3}$。

18. (17 分) 已知函数 $f(x) = \ln\dfrac{x}{2 - x} + ax + b(x - 1)^3$。

(1) 若 $b = 0$, 且 $f'(x) \geq 0$, 求 a 的最小值;

(2) 证明: 曲线 $y = f(x)$ 是中心对称图形;

(3) 若 $f(x) > -2$, 当且仅当 $1 < x < 2$, 求 b 的取值范围。

【答案】(1) -2; (2) 证明见解析; (3) $b \geq -\dfrac{2}{3}$。

【解析】

（1）$b=0$ 时，$f(x)=\ln\dfrac{x}{2-x}+ax$，其中 $x\in(0,2)$，其导函数 $f'(x)=$

$\dfrac{1}{x}+\dfrac{1}{2-x}+a=\dfrac{2}{x(2-x)}+a$，$x\in(0,2)$，所以 $f'(x)\geqslant0$ 在 $x\in(0,2)$ 上

恒成立 $\Leftrightarrow a\geqslant-\dfrac{2}{x(2-x)}$ 在 $x\in(0,2)$ 上恒成立。

令 $g(x)=-\dfrac{2}{x(2-x)}(0<x<2)$，则 $a\geqslant-\dfrac{2}{x(2-x)}$ 在 $x\in(0,2)$ 上

恒成立 $\Leftrightarrow a\geqslant g(x)_{\max}$ 在 $x\in(0,2)$ 上恒成立。

又因为 $g'(x)=\dfrac{-4(x-1)}{(x^2-2x)^2}$，所以 $g(x)$ 在 $(0,1)$ 单调递增，在 $(1,2)$

单调递减，故 $g(x)_{\max}=g(1)=-2$，所以 $a\geqslant-2$。

（2）$f(x)=\ln\dfrac{x}{2-x}+ax+b(x-1)^3$ 的定义域为 $(0,2)$，根据对称性，若

函数 $f(x)$ 有对称中心，则对称中心的横坐标一定为 $\dfrac{0+2}{2}=1$，下面计算 $f(1+x)$

$+f(1-x)$ 的值。

由于 $f(1+x)+f(1-x)=\ln\dfrac{1+x}{2-(1+x)}+a(1+x)+b(1+x-1)^3+$

$\ln\dfrac{1-x}{2-(1-x)}+a(1-x)+b(1-x-1)^3=\ln\dfrac{1+x}{1-x}+a+ax+bx^3+\ln\dfrac{1-x}{1+x}+$

$a-ax+b(-x)^3=2a$。

即函数 $f(x)$ 满足对任意的 $x\in(0,2)$，都有 $f(1+x)+f(1-x)=2a$。故

函数 $f(x)$ 图像关于点 $(1,a)$ 成中心对称，证毕。

（3）由于函数 $f(x)$ 定义域为 $(0,2)$，所以 $f(x)>-2$ 当且仅当 $1<x<$

$2\Leftrightarrow f(x)<-2$，当且仅当 $0<x<1$，故 $f(1)=-2$，即 $a=-2$。

考虑到 $f(1)=-2$，且 $f(x)>-2$，当且仅当 $1<x<2$，所以函数 $f(x)$ 在

$x=1$ 的任何一个右邻域 $(1,\lambda)$ 上必须单调递增，其中 λ 为 $(1,2)$ 上任意

一个数。

由于 $f'(x)=\dfrac{1}{x}+\dfrac{1}{2-x}-2+3b(x-1)^2=\dfrac{2(x-1)^2}{x(2-x)}+3b(x-1)^2=(x-$

$$1)^2\left(\frac{2}{x(2-x)}+3b\right)=\frac{(x-1)^2}{x(2-x)}(-3bx^2+6bx+2)。$$

由于 $x\in(1,2)$，故式子 $\dfrac{(x-1)^2}{x(2-x)}>0$ 恒成立。

令函数 $h(x)=-3bx^2+6bx+2$。

① 当 $b=0$ 时，$h(x)=-3bx^2+6bx+2=2>0$，此时 $f'(x)>0$ 在 $x\in$ $(1,2)$ 上恒成立，故有 $f(x)>f(1)=-2$ 恒成立，结论成立；

② 当 $b>0$ 时，二次函数 $h(x)=-3bx^2+6bx+2$ 开口向下且对称轴为 $x=1$，故函数 $h(x)$ 在 $(1,2)$ 单调递减，其值域为 $(2,3b+2)$，显然 $f'(x)>0$ 在 $x\in(1,2)$ 上恒成立，故有 $f(x)>f(1)=-2$ 恒成立，结论成立；

③ 当 $b<0$ 时，二次函数 $h(x)=-3bx^2+6bx+2$ 开口向上且对称轴为 $x=1$，故函数 $h(x)$ 在 $(1,2)$ 单调递增，其值域为 $(3b+2,2)$，由于函数 $f(x)$ 在 $x=1$ 的任何一个右邻域 $(1,\lambda)$ 上必须单调递增，即 $f'(x)\geqslant 0$ 在 $x=1$ 的任何一个右邻域 $(1,\lambda)$ 上必须恒成立，故只需 $3b+2\geqslant 0$ 即可，所以 $b\geqslant-\dfrac{2}{3}$。

19. （17分）设 m 为正整数，数列 $a_1,a_2,\cdots,a_{4m+2}$ 是公差不为 0 的等差数列，若从中删去两项 a_i 和 $a_j(i<j)$ 后剩余的 $4m$ 项可被平均分为 m 组，且每组的 4 个数都能构成等差数列，则称数列 $a_1,a_2,\cdots,a_{4m+2}$ 是 (i,j) – 可分数列。

（1）写出所有的 (i,j)，$1\leqslant i<j\leqslant 6$，使数列 $a_1,a_2,\cdots,a_6$ 是 (i,j) – 可分数列；

（2）当 $m\geqslant 3$ 时，证明：数列 $a_1,a_2,\cdots,a_{4m+2}$ 是 $(2,13)$ – 可分数列；

（3）从 $1,2,\cdots,4m+2$ 中一次任取两个数 i 和 $j(i<j)$，记数列 $a_1,a_2,\cdots,a_{4m+2}$ 是 (i,j) – 可分数列的概率为 P_m，证明：$P_m>\dfrac{1}{8}$。

【答案】（1）$(1,2),(1,6),(5,6)$；（2）证明过程见解析；（3）证明过程见解析。

【解析】

由于 $\{a_n\}$ 为等差数列，所以数列 $a_1,a_2,\cdots,a_{4m+2}$ 是 (i,j) – 可分数列 $\Leftrightarrow$ 数列 $1,2,\cdots,4m+2$ 是 (i,j) – 可分数列。

（1）由题意可得，从 1，2，3，4，5，6 六个数字中删去两个数字 (i, j) 后依然能构成等差数列的数字有：3，4，5，6；2，3，4，5；1，2，3，4。故 (i, j) 的所有可能取值为 $(1, 2)$，$(1, 6)$，$(5, 6)$。

（2）① 当 $m = 3$ 时。

即为从 1，2，3，4，5，6，7，8，9，10，11，12，13，14 这 14 个数字中删去 2 和 13 两个数字后剩余的 12 个数字为：1，3，4，5，6，7，8，9，10，11，12，14。

这 12 个数字可被平均分为 3 组：1，4，7，10；3，6，9，12；5，8，11，14，且每组的 4 个数都能构成公差为 3 的等差数列，此时结论成立。

② 当 $m \geqslant 4 (m \in \mathbf{N}_+)$。

从 1，2，3，$\cdots$，$4m + 1$，$4m + 2$ 这 $4m + 2$ 个数字中删去 2 和 13 两个数字后剩余的 $4m$ 个数字为 1，3，4，5，6，7，8，9，10，11，12，14，$\cdots$，$4m + 1$，$4m + 2$，前 12 个数字可被平均分为 3 组：1，4，7，10；3，6，9，12；5，8，11，14，且每组的 4 个数都能构成公差为 3 的等差数列。

后面 $4m - 12$ 个数字则按照之前的顺序排列，平均分成 $m - 3$ 组，且每组的 4 个数都能构成公差为 1 的等差数列，故当 $m \geqslant 4$ 时，结论亦成立。

所以当 $m \geqslant 3$ 时，数列 a_1，a_2，$\cdots$，a_{4m+2} 是 $(2, 13)$ – 可分数列。

（3）从 1，2，$\cdots$，$4m + 2$ 中一次任取两个数 i 和 $j (i < j)$，当数列 a_1，a_2，$\cdots$，a_{4m+2} 是 (i, j) – 可分数列时，计 (i, j) 的组数为数列 $\{b_m\}$。

① 当 $m = 1$ 时，由（1）可得，(i, j) 可取 $(1, 2)$，$(1, 6)$，$(5, 6)$，即 $b_1 = 3$；

② 当 $m = 2$ 时，从 1，2，3，4，5，6，7，8，9，10 这 10 个数字中删去两个数字后剩余的 8 个数字平均分成 2 组，每组从小到大排列后仍然为等差数列，则 (i, j) 可取 $(1, 2)$，$(1, 6)$，$(5, 6)$，$(1, 10)$，$(5, 10)$，$(9, 10)$，$(2, 9)$，即 $b_2 = 7$；

③ 当 $m = 3$ 时，从 1，2，3，4，5，6，7，8，9，10，11，12，13，14 这 14 个数字中删去两个数字后剩余的 12 个数字平均分成 3 组，每组从小到大排列后仍然为等差数列，则 (i, j) 可取 $(1, 2)$，$(1, 6)$，$(5, 6)$，$(1, 10)$，$(5, 10)$，$(9, 10)$，$(2, 9)$，$(1, 14)$，$(5, 14)$，$(9, 14)$，$(13, 14)$，$(2,$

13)，（6，13），即 $b_3 = 13$ ；

于是猜想：$b_{m+1} - b_m = 2m + 2$ ，下面证明该结论的正确性。

当 m 的值增加 1 变成 $m + 1$ 时，数列：1，2，$\cdots$，$4m + 2$ 变为 1，2，$\cdots$，$4m + 2$，$4m + 3$，$4m + 4$，$4m + 5$，$4m + 6$，增加了 4 项，则 $b_{m+1} - b_m$ 即为从 1，2，$\cdots$，$4m + 2$ 中删去 1 个数字和从 $4m + 3$，$4m + 4$，$4m + 5$，$4m + 6$ 中删去 1 个数字，或从 $4m + 3$，$4m + 4$，$4m + 5$，$4m + 6$ 中删去 2 个数字后，剩余的 $4m + 4$ 项可被平均分为 $m + 1$ 组，且每组的 4 个数都能构成等差数列的 (i, j) 组数。

显然，不能去掉 $4m + 3$，$4m + 4$ 这两个数字中的任何一个，所以只能是以下两种情形：

a. 从 1，5，9，$\cdots$，$4m + 5$ 这 $m + 2$ 个数字中任选一个和 $4m + 6$ 一同删去，这样可使剩余的 $4m + 4$ 项被平均分为 $m + 1$ 组，且每组的 4 个数都能构成等差数列，此时共有 $m + 2$ 种选法；

b. 2，6，10，$\cdots$，$4m - 2$ 这 m 个数字中任选一个和 $4m + 5$ 一同删去，这样可使剩余的 $4m + 4$ 项被平均分为 $m + 1$ 组，且每组的 4 个数都能构成等差数列，此时共有 m 种选法。

而 $m + 2 + m = 2m + 2$ ，即 $b_{m+1} - b_m = 2m + 2$ 成立。由于 $b_1 = 3$ ，可由累加法求得 $b_m = m^2 + m + 1$ 。

而从 1，2，$\cdots$，$4m + 2$ 中一次任取两个数 i 和 $j (i < j)$ 时，总的选取方式的个数为 $C_{4m+2}^2 = \dfrac{(4m + 2)(4m + 1)}{2} = (2m + 1)(4m + 1)$ 。

所以数列 a_1，a_2，$\cdots$，a_{4m+2} 是 (i, j) -可分数列的概率 P_m 满足：

$$P_m = \frac{m^2 + m + 1}{(2m + 1)(4m + 1)} = \frac{m^2 + m + 1}{8m^2 + 6m + 1} = \frac{1}{8} \cdot \frac{8m^2 + 8m + 8}{8m^2 + 6m + 1} = \frac{1}{8} \cdot$$

$$\frac{8m^2 + 6m + 1 + 2m + 7}{8m^2 + 6m + 1} = \frac{1}{8} \left(1 + \frac{2m + 7}{8m^2 + 6m + 1} \right) > \frac{1}{8},$$

故结论正确，证毕。

2024 年普通高等学校招生全国统一考试（新高考Ⅱ卷）

数 学

本试卷共 19 小题，满分 150 分，考试时间 120 分钟。

选择题部分（共58分）

一、选择题：本题共 8 小题，每小题 5 分，共 40 分。在每小题给出的四个选项中，只有一个选项是正确的。

1. 已知 $z = -1 - i$，则 $|z| = $（　　）

A. 0　　　　　B. 1　　　　　C. $\sqrt{2}$　　　　　D. 2

【答案】C

【解析】由于 $z = -1 - i$，故 $|z| = \sqrt{(-1)^2 + (-1)^2} = \sqrt{2}$。

2. 已知命题 $p : \forall x \in \mathbf{R}$，$|x + 1| > 1$；命题 $q : \exists x > 0$，$x^3 = x$，则（　　）

A. p 和 q 都是真命题　　　　　B. $\neg p$ 和 q 都是真命题

C. p 和 $\neg q$ 都是真命题　　　　　D. $\neg p$ 和 $\neg q$ 都是真命题

【答案】B

【解析】当 $x = -1$ 时，不等式 $|x + 1| > 1$ 显然不成立，故命题 p 为假命题，即 $\neg p$ 为真命题；当 $x = 1$ 时，等式 $x^3 = x$ 成立，故命题 q 为真命题，即 $\neg q$ 是假命题。由于 $\neg p$ 和 q 都是真命题，故答案为 B。

3. 已知向量 $\boldsymbol{a}$，$\boldsymbol{b}$ 满足 $|\boldsymbol{a}| = 1$，$|\boldsymbol{a} + 2\boldsymbol{b}| = 2$，且 $(\boldsymbol{b} - 2\boldsymbol{a}) \perp \boldsymbol{b}$，则 $|\boldsymbol{b}| = $（　　）

A. $\dfrac{1}{2}$　　　　　B. $\dfrac{\sqrt{2}}{2}$　　　　　C. $\dfrac{\sqrt{3}}{2}$　　　　　D. 1

【答案】B

【解析】因为 $(b - 2a) \perp b$，所以 $(b - 2a) \cdot b = 0$，即 $b^2 = 2ab$。又因为 $|a| = 1$，$|a + 2b| = 2$，所以 $1 + 4ab + 4b^2 = 1 + 6b^2 = 4$，解得 $|b| = \dfrac{\sqrt{2}}{2}$。

4. 某农业研究部门在面积相等的 100 块稻田上种植一种新型水稻，得到各块稻田的亩产量（单位：kg）并整理如表 4 - 4 - 1：

表 4 - 4 - 1

亩产量	[900, 950)	[950, 1000)	[1000, 1050)	[1050, 1100)	[1100, 1150)	[1150, 1200)
频数	6	12	18	30	24	10

根据表中数据，下列结论中正确的是（　　　）

A. 100 块稻田亩产量的中位数小于 1050kg

B. 100 块稻田中亩产量低于 1100kg 的稻田所占比例超过 80%

C. 100 块稻田亩产量的极差介于 200kg 至 300kg 之间

D. 100 块稻田亩产量的平均值介于 900kg 至 1000kg 之间

【答案】C

【解析】由上表数据可知，每组的频率分别为：0.06，0.12，0.18，0.30，0.24，0.1，

选项 A：根据频率可知 $0.06 + 0.12 + 0.18 = 0.36 < 0.5$，$0.06 + 0.12 + 0.18 + 0.30 = 0.66 > 0.5$，所以亩产量的中位数应该在区间 $[1050, 1100)$，即中位数大于 1050kg，故 A 错误；

选项 B：由表可知 100 块稻田中亩产量不低于 1100kg 的频数为 $24 + 10 = 34$，则低于 1100kg 的稻田占比为 $\dfrac{100 - 34}{100} = 66\%$，故 B 错误；

选项 C：100 块稻田亩产量的极差最大为 $1200 - 900 = 300$，最小为 $1150 - 950 = 200$，故 C 正确；

选项 D：由频数分布表可得，100 块稻田亩产量的平均值为 $\dfrac{1}{100} \times (6 \times 925 + 12 \times 975 + 18 \times 1025 + 30 \times 1075 + 24 \times 1125 + 10 \times 1175) = 1067$，故 D 错误。

5. 已知曲线 $C: x^2 + y^2 = 16(y > 0)$，从 C 上任意一点 P 向 x 轴作垂线段 PP'，P' 为垂足，则线段 PP' 的中点 M 的轨迹方程为（　　　）

A. $\dfrac{x^2}{16} + \dfrac{y^2}{4} = 1(y > 0)$ 　　　　B. $\dfrac{x^2}{16} + \dfrac{y^2}{8} = 1(y > 0)$

C. $\dfrac{y^2}{16} + \dfrac{x^2}{4} = 1(y > 0)$ 　　　　D. $\dfrac{y^2}{16} + \dfrac{x^2}{8} = 1(y > 0)$

【答案】A

【解析】设点 $M(x, y)$，则 $P(x, y_0)$，$P'(x, 0)$。因为 M 为 PP' 的中点，所以 $y_0 = 2y$，即 $P(x, 2y)$。又 P 在圆 $x^2 + y^2 = 16(y > 0)$ 上，所以 $x^2 + 4y^2 = 16(y > 0)$，即 $\dfrac{x^2}{16} + \dfrac{y^2}{4} = 1(y > 0)$，即点 M 的轨迹方程为 $\dfrac{x^2}{16} + \dfrac{y^2}{4} = 1(y > 0)$。

6. 设函数 $f(x) = a(x + 1)^2 - 1$，$g(x) = \cos x + 2ax$，当 $x \in (-1, 1)$ 时，曲线 $y = f(x)$ 与 $y = g(x)$ 恰有一个交点，则 $a = ($ 　　$)$

A. -1 　　　　B. $\dfrac{1}{2}$ 　　　　C. 1 　　　　D. 2

【答案】D

【解析】令 $h(x) = f(x) - g(x) = ax^2 + a - 1 - \cos x$，$x \in (-1, 1)$。因为当 $x \in (-1, 1)$ 时，曲线 $y = f(x)$ 与 $y = g(x)$ 恰有一个交点，所以 $h(x)$ 在 $(-1, 1)$ 内有且仅有一个零点，因为 $h(-x) = a(-x)^2 + a - 1 - \cos(-x) = ax^2 + a - 1 - \cos x = h(x)$，所以函数 $h(x)$ 为偶函数，由偶函数的对称性可知 $h(x)$ 的零点只能为 0，即 $h(0) = a - 2 = 0$，解得 $a = 2$。下面验证：

若 $a = 2$，则 $h(x) = 2x^2 + 1 - \cos x$，$x \in (-1, 1)$，因为 $2x^2 \geq 0$，$1 - \cos x \geq 0$，所以 $h(x) \geq 0$，当且仅当 $x = 0$ 时等号成立，即 $h(x)$ 有且仅有一个零点 0，所以 $a = 2$ 符合题意。

7. 已知正三棱台 $ABC - A_1B_1C_1$ 的体积为 $\dfrac{52}{3}$，$AB = 6$，$A_1B_1 = 2$，则 A_1A 与平面 ABC 所成角的正切值为（　　）

A. $\dfrac{1}{2}$ 　　　　B. 1 　　　　C. 2 　　　　D. 3

【答案】B

【解析】分别取 BC，B_1C_1 的中点 D，D_1，则 $AD = 3\sqrt{3}$，$A_1D_1 = \sqrt{3}$，可知 $S_{\triangle ABC} = \dfrac{1}{2} \times 6 \times 6 \times \dfrac{\sqrt{3}}{2} = 9\sqrt{3}$，$S_{\triangle A_1B_1C_1} = \dfrac{1}{2} \times 2 \times \sqrt{3} = \sqrt{3}$。设正三棱台 ABC

$-A_1B_1C_1$ 的高为 h ，则 $V_{ABC-A_1B_1C_1} = \dfrac{1}{3}\left(9\sqrt{3} + \sqrt{3} + \sqrt{9\sqrt{3} \times \sqrt{3}}\right)h = \dfrac{52}{3}$ ，解得 h

$= \dfrac{4\sqrt{3}}{3}$ 。如图 $4-4-7$ ，分别过 A_1 ，D_1 作底面垂线，垂足为 M ，N 。设 $AM =$

x ，则 $AA_1 = \sqrt{AM^2 + A_1M^2} = \sqrt{x^2 + \dfrac{16}{3}}$ ，$DN = AD - AM - MN = 2\sqrt{3} - x$ ，可

得 $DD_1 = \sqrt{DN^2 + D_1N^2} = \sqrt{\left(2\sqrt{3} - x\right)^2 + \dfrac{16}{3}}$ ，结合等腰梯形 BCC_1B_1 可得 BB_1^2

$= \left(\dfrac{6-2}{2}\right)^2 + DD_1^2$ ，即 $x^2 + \dfrac{16}{3} = \left(2\sqrt{3} - x\right)^2 + \dfrac{16}{3} + 4$ ，解得 $x = \dfrac{4\sqrt{3}}{3}$ ，所以 A_1A 与

平面 ABC 所成角的正切值为 $\tan\angle A_1AD = \dfrac{A_1M}{AM} = 1$ 。故答案为 B。

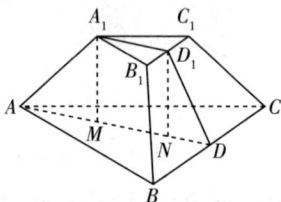

图 $4-4-7$

8. 设函数 $f(x) = (x + a)\ln(x + b)$ ，若 $f(x) \geqslant 0$ ，则 $a^2 + b^2$ 的最小值为

（ ）

A. $\dfrac{1}{8}$ B. $\dfrac{1}{4}$ C. $\dfrac{1}{2}$ D. 1

【答案】C

【解析】函数 $f(x) = (x + a)\ln(x + b)$ 的定义域为 $(-b, +\infty)$ 。令 $x + a =$

0 ，解得 $x = -a$ ；令 $\ln(x + b) = 0$ ，解得 $x = 1 - b$ ；当 $x \in (-b, 1 - b)$ 时，

$\ln(x + b) < 0$ ，要使 $f(x) \geqslant 0$ 成立，则 $x + a \leqslant 0$ ，故 $1 - b + a \leqslant 0$ ；当 $x \in (1$

$- b, +\infty)$ 时，$\ln(x + b) > 0$ ，要使 $f(x) \geqslant 0$ 成立，则 $x + a \geqslant 0$ ，故 $1 - b$

$+ a \geqslant 0$ ；故 $1 - b + a = 0$ ，则 $a^2 + b^2 = a^2 + (a + 1)^2 = 2\left(a + \dfrac{1}{2}\right)^2 + \dfrac{1}{2} \geqslant \dfrac{1}{2}$ ，当

且仅当 $a = -\dfrac{1}{2}$ 时等号成立，则 $a^2 + b^2$ 的最小值为 $\dfrac{1}{2}$ 。

二、多项选择题：本题共 3 小题，每小题 6 分，共 18 分。在每小题给出的选项中，有多项符合题目要求。全部选对得 6 分，选对但不全得部分分，有选错得 0 分。

9. 对于函数 $f(x) = \sin 2x$ 和 $g(x) = \sin\left(2x - \dfrac{\pi}{4}\right)$，下列说法中正确的有（   ）

A. $f(x)$ 与 $g(x)$ 有相同的零点

B. $f(x)$ 与 $g(x)$ 有相同的最大值

C. $f(x)$ 与 $g(x)$ 有相同的最小正周期

D. $f(x)$ 与 $g(x)$ 的图像有相同的对称轴

【答案】BC

【解析】选项 A：令 $f(x) = \sin 2x = 0$，解得 $x = \dfrac{k\pi}{2}$，$k \in \mathbf{Z}$，即为 $f(x)$ 零点。令 $g(x) = \sin\left(2x - \dfrac{\pi}{4}\right) = 0$，解得 $x = \dfrac{k\pi}{2} + \dfrac{\pi}{8}$，$k \in \mathbf{Z}$，即为 $g(x)$ 零点。显然 $f(x)$，$g(x)$ 零点不同，A 选项错误；

选项 B：显然 $f(x)_{\max} = g(x)_{\max} = 1$，B 选项正确；

选项 C：$f(x)$，$g(x)$ 的最小正周期均为 $\dfrac{2\pi}{2} = \pi$，C 选项正确；

选项 D：根据正弦函数的性质，$f(x)$ 的对称轴满足 $2x = k\pi + \dfrac{\pi}{2} \Leftrightarrow x = \dfrac{k\pi}{2} + \dfrac{\pi}{4}$，$k \in \mathbf{Z}$。$g(x)$ 的对称轴满足 $2x - \dfrac{\pi}{4} = k\pi + \dfrac{\pi}{2} \Leftrightarrow x = \dfrac{k\pi}{2} + \dfrac{3\pi}{8}$，$k \in \mathbf{Z}$，显然 $f(x)$，$g(x)$ 图像的对称轴不同，D 选项错误。

10. 抛物线 $C : y^2 = 4x$ 的准线为 l，P 为 C 上的动点，过 P 作 $\odot A : x^2 + (y-4)^2 = 1$ 的一条切线，Q 为切点，过 P 作 l 的垂线，垂足为 B，则（   ）

A. l 与 $\odot A$ 相切

B. 当 P，A，B 三点共线时，$|PQ| = \sqrt{15}$

C. 当 $|PB| = 2$ 时，$PA \perp AB$

D. 满足 $|PA| = |PB|$ 的点 P 有且仅有 2 个

【答案】ABD

【解析】选项 A：易知抛物线 $y^2 = 4x$ 的准线为 $x = -1$，而 $\odot A$ 的圆心为 $(0, 4)$，半径为 1，圆心 $(0, 4)$ 到直线 $x = -1$ 的距离是 1，故准线 l 和 $\odot A$ 相切，故 A 正确；

选项 B：当 P，A，B 三点共线时，即 $PA \perp l$，则 P 的纵坐标 $y_P = 4$。由 $y_P^2 = 4x_P$，得 $x_P = 4$，故 $P(4, 4)$，则切线长 $|PQ| = \sqrt{|PA|^2 - r^2} = \sqrt{4^2 - 1^2} = \sqrt{15}$，故 B 正确；

选项 C：当 $|PB| = 2$ 时，$x_P = 1$，$y_P^2 = 4x_P = 4$，故 $P(1, 2)$ 或 $P(1, -2)$。当 $P(1, 2)$ 时，$A(0, 4)$，$B(-1, 2)$，$k_{PA} = \dfrac{4-2}{0-1} = -2$，$k_{AB} = \dfrac{4-2}{0-(-1)} = 2$，不满足 $k_{PA}k_{AB} = -1$；当 $P(1, -2)$ 时，$A(0, 4)$，$B(-1, -2)$，$k_{PA} = \dfrac{4-(-2)}{0-1} = -6$，$k_{AB} = \dfrac{4-(-2)}{0-(-1)} = 6$，不满足 $k_{PA}k_{AB} = -1$。故 $PA \perp AB$ 不成立，故 C 错误；

选项 D：设 $P\left(\dfrac{t^2}{4}, t\right)$，因为 $PB \perp l$，所以 $B(-1, t)$。又因为 $A(0, 4)$，$|PA| = |PB|$，所以 $\sqrt{\dfrac{t^4}{16} + (t-4)^2} = \dfrac{t^2}{4} + 1$，整理得 $t^2 - 16t + 30 = 0$，$\Delta = 16^2 - 4 \times 30 = 136 > 0$，则关于 t 的方程有两个解，即存在两个这样的 P 点，满足 $|PA| = |PB|$，故 D 正确。

11. 设函数 $f(x) = 2x^3 - 3ax^2 + 1$，则（   ）

A. 当 $a > 1$ 时，$f(x)$ 有三个零点

B. 当 $a < 0$ 时，$x = 0$ 是 $f(x)$ 的极大值点

C. 存在 a，b，使得 $x = b$ 为曲线 $y = f(x)$ 的对称轴

D. 存在 a，使得点 $(1, f(1))$ 为曲线 $y = f(x)$ 的对称中心

【答案】AD

【解析】选项 A：$f'(x) = 6x^2 - 6ax = 6x(x - a)$。由于 $a > 1$，故 $x \in (-\infty, 0) \cup (a, +\infty)$ 时 $f'(x) > 0$，故 $f(x)$ 在 $(-\infty, 0)$，$(a, +\infty)$ 上单调递增，当 $x \in (0, a)$ 时，$f'(x) < 0$，$f(x)$ 单调递减，则 $f(x)$ 在 $x = 0$ 处取到极大值，在 $x = a$ 处取到极小值，由 $f(0) = 1 > 0$，$f(a) = 1 - a^3 < 0$，则 $f(0)f(a) < 0$，根据零点存在定理知 $f(x)$ 在 $(0, a)$ 上有一个零点。又

$f(-1) = -1-3a < 0$，$f(2a) = 4a^3 + 1 > 0$，则 $f(-1)f(0) < 0$，$f(a)f(2a)$ < 0，则 $f(x)$ 在 $(-1, 0)$，$(a, 2a)$ 上各有一个零点，于是 $a > 1$ 时，$f(x)$ 有三个零点，A 选项正确；

选项 B：$f'(x) = 6x(x-a)$，$a < 0$，当 $x \in (a, 0)$ 时，$f'(x) < 0$，$f(x)$ 单调递减。当 $x \in (0, +\infty)$ 时，$f'(x) > 0$，$f(x)$ 单调递增，此时 $f(x)$ 在 $x = 0$ 处取到极小值，B 选项错误；

选项 C：假设存在这样的 a，b，使得 $x = b$ 为 $f(x)$ 的对称轴，即存在这样的 a，b 使得 $f(x) = f(2b-x)$，即 $2x^3 - 3ax^2 + 1 = 2(2b-x)^3 - 3a(2b-x)^2 + 1$，根据二项式定理，等式右边 $(2b-x)^3$ 展开式含有 x^3 的项为 $2C_3^3(2b)^0$ $(-x)^3 = -2x^3$，等式左右两边 x^3 的系数都不相等，原等式不可能恒成立，于是不存在这样的 a，b，使得 $x = b$ 为 $f(x)$ 的对称轴，C 选项错误；

选项 D：$f(1) = 3-3a$，若存在这样的 a，使得 $(1, 3-3a)$ 为 $f(x)$ 的对称中心，则 $f(x) + f(2-x) = 6-6a$。事实上，$f(x) + f(2-x) = 2x^3 - 3ax^2 + 1 + 2(2-x)^3 - 3a(2-x)^2 + 1 = (12-6a)x^2 + (12a-24)x + 18-12a$，于是 $6-6a = (12-6a)x^2 + (12a-24)x + 18-12a$，即 $\begin{cases} 12-6a = 0, \\ 12a-24 = 0, \\ 18-12a = 6-6a, \end{cases}$ 解得 $a = 2$，即存在 $a = 2$，使得 $(1, f(1))$ 是 $f(x)$ 的对称中心，D 选项正确。

非选择题部分（共92分）

三、填空题：本题共 3 小题，每小题 5 分，共 15 分。

12. 记 S_n 为等差数列 $\{a_n\}$ 的前 n 项和，若 $a_3 + a_4 = 7$，$3a_2 + a_5 = 5$，则 $S_{10} = $ _____。

【答案】95

【解析】设等差数列 $\{a_n\}$ 的公差为 d，因为等差数列 $\{a_n\}$ 满足 $a_3 + a_4 = 7$，$3a_2 + a_5 = 5$，所以 $\begin{cases} a_1 + 2d + a_1 + 3d = 7, \\ 3(a_1 + d) + a_1 + 4d = 5, \end{cases}$ 解得 $\begin{cases} a_1 = -4, \\ d = 3, \end{cases}$ 则 $S_{10} = 10a_1 + \dfrac{10 \times 9}{2}d = 10 \times (-4) + 45 \times 3 = 95$。

13. 已知 α 为第一象限角，β 为第三象限角，$\tan\alpha + \tan\beta = 4$，$\tan\alpha\tan\beta =$

$\sqrt{2}+1$，则 $\sin(\alpha+\beta)=$ _____。

【答案】 $-\dfrac{2\sqrt{2}}{3}$

【解析】由题意得，$\tan(\alpha+\beta)=\dfrac{\tan\alpha+\tan\beta}{1-\tan\alpha\tan\beta}=\dfrac{4}{1-(\sqrt{2}+1)}=-2\sqrt{2}$。

因为 $\alpha\in\left(2k\pi,\ 2k\pi+\dfrac{\pi}{2}\right)$，$\beta\in\left(2m\pi+\pi,\ 2m\pi+\dfrac{3\pi}{2}\right)$，$k$，$m\in\mathbf{Z}$，则 $\alpha+\beta\in$

$(\ (2m+2k)\ \pi+\pi,\ (2m+2k)\ \pi+2\pi)$，$k$，$m\in\mathbf{Z}$。又因为 $\tan(\alpha+\beta)=$

$-2\sqrt{2}<0$，则 $\alpha+\beta\in\left((2m+2k)\pi+\dfrac{3\pi}{2},\ (2m+2k)\pi+2\pi\right)$，$k$，$m\in\mathbf{Z}$，则

$\sin(\alpha+\beta)<0$，则 $\dfrac{\sin(\alpha+\beta)}{\cos(\alpha+\beta)}=-2\sqrt{2}$，联立 $\sin^2(\alpha+\beta)+\cos^2(\alpha+\beta)=1$，解

得 $\sin(\alpha+\beta)=-\dfrac{2\sqrt{2}}{3}$。

14. 在如图 $4-4-8$ 的 4×4 的方格表中选 4 个方格，要求每行和每列均恰
有一个方格被选中，则共有 _____ 种选法，在所有符合上述要求的选法中，
选中方格中的 4 个数之和的最大值是 _____。

11	21	31	40
12	22	33	42
13	22	33	43
15	24	34	44

图 $4-4-8$

【答案】24；112

【解析】由题意知，从 4×4 的方格表选 4 个方格，每行和每列均恰有一个
方格被选中，则第一行有 4 种选法，第二行有 3 种选法，第三行有 2 种选法，
第四行有 1 种选法，共有 $4\times3\times2\times1=24$ 种不同的选法；

所有的可能选法结果为：（15，21，33，43），（15，21，33，42），（15，
22，31，43），（15，22，33，40），（15，22，31，42），（15，22，33，40），
（11，22，33，44），（11，22，34，43），（11，22，33，44），（11，22，34，

42），（11，24，33，43），（11，24，33，42），（13，21，33，44），（13，21，

34，42），（13，22，31，44），（13，22，34，40），（13，24，31，42），（13，

24，33，40），（12，21，33，44），（12，21，34，43），（12，22，31，44），

（12，22，34，40），（12，24，31，43），（12，24，33，40），其中（15，21，

33，43）选法的 4 个数之和最大，最大值为 $15+21+33+43=112$。

四、解答题：本题共 5 小题，共 77 分。解答应写出文字说明、证明过程或

演算步骤。

15．（13 分）记 $\triangle ABC$ 的内角 A，B，C 的对边分别为 a，b，c，已知

$\sin A+\sqrt{3}\cos A=2$。

（1）求 A；

（2）若 $a=2$，$\sqrt{2}\,b\sin C=c\sin 2B$，求 $\triangle ABC$ 的周长。

【答案】（1）$A=\dfrac{\pi}{6}$；（2）$2+\sqrt{6}+3\sqrt{2}$

【解析】 （1）由 $\sin A+\sqrt{3}\cos A=2$ 可得，$\dfrac{1}{2}\sin A+\dfrac{\sqrt{3}}{2}\cos A=1$，即

$\sin\left(A+\dfrac{\pi}{3}\right)=1$，由于 $A\in(0，\pi)\Rightarrow A+\dfrac{\pi}{3}\in\left(\dfrac{\pi}{3}，\dfrac{4\pi}{3}\right)$，故 $A+\dfrac{\pi}{3}=\dfrac{\pi}{2}$，解

得 $A=\dfrac{\pi}{6}$。

（2）由题设条件和正弦定理

$\sqrt{2}\,b\sin C=c\sin 2B\Leftrightarrow\sqrt{2}\sin B\sin C=2\sin C\sin B\cos B$，又 B，$C\in(0，\pi)$，则

$\sin B\sin C\neq 0$，进而 $\cos B=\dfrac{\sqrt{2}}{2}$，得到 $B=\dfrac{\pi}{4}$，于是 $C=\pi-A-B=\dfrac{7\pi}{12}$，$\sin C=$

$\sin(\pi-A-B)=\sin(A+B)=\sin A\cos B+\sin B\cos A=\dfrac{\sqrt{2}+\sqrt{6}}{4}$。由正弦定理

可得，$\dfrac{a}{\sin A}=\dfrac{b}{\sin B}=\dfrac{c}{\sin C}$，即 $\dfrac{2}{\sin\dfrac{\pi}{6}}=\dfrac{b}{\sin\dfrac{\pi}{4}}=\dfrac{c}{\sin\dfrac{7\pi}{12}}$，解得 $b=2\sqrt{2}$，$c=\sqrt{6}$

$+\sqrt{2}$，故 $\triangle ABC$ 的周长为 $2+\sqrt{6}+3\sqrt{2}$。

16. （15分）已知函数 $f(x) = e^x - ax - a^3$。

（1）当 $a = 1$ 时，求曲线 $y = f(x)$ 在点 $(1, f(1))$ 处的切线方程；

（2）若 $f(x)$ 有极小值，且极小值小于 0，求 a 的取值范围。

【答案】（1）$(e-1)x - y - 1 = 0$；（2）$(1, +\infty)$

【解析】（1）当 $a = 1$ 时，函数 $f(x) = e^x - x - 1$，$f'(x) = e^x - 1$，则 $f(1) = e - 2$，$f'(1) = e - 1$，故切点坐标为 $(1, e-2)$，所以切线方程为 $y - (e-2) = (e-1)(x-1)$，即 $(e-1)x - y - 1 = 0$。

（2）函数 $f(x) = e^x - ax - a^3$ 的定义域为 $\mathbf{R}$，$f'(x) = e^x - a$。当 $a \leqslant 0$ 时，$f'(x) \geqslant 0$ 对任意 $x \in \mathbf{R}$ 恒成立，则 $f(x)$ 在 $\mathbf{R}$ 上单调递增，无极值，不合题意；当 $a > 0$ 时，令 $f'(x) > 0$，解得 $x > \ln a$；令 $f'(x) < 0$，解得 $x < \ln a$；则函数 $f(x)$ 在 $(-\infty, \ln a)$ 上单调递减，在 $(\ln a, +\infty)$ 上单调递增，则 $f(x)$ 的极小值为 $f(\ln a) = a - a\ln a - a^3$，无极大值。由题意可得，$f(\ln a) = a - a\ln a - a^3 < 0$，即 $a^2 + \ln a - 1 > 0$。令 $g(a) = a^2 + \ln a - 1$，$a > 0$，$g'(a) = 2a + \dfrac{1}{a} > 0$，则 $g(a)$ 在 $(0, +\infty)$ 上单调递增，且 $g(1) = 0$，不等式 $a^2 + \ln a - 1 > 0$ 等价于 $g(a) > g(1)$，解得 $a > 1$，所以 a 的取值范围为 $(1, +\infty)$。

17. （15分）如图 4-4-9，平面四边形 $ABCD$ 中，$AB = 8$，$CD = 3$，$AD = 5\sqrt{3}$，$\angle ADC = 90°$，$\angle BAD = 30°$，点 E，F 满足 $\overrightarrow{AE} = \dfrac{2}{5}\overrightarrow{AD}$，$\overrightarrow{AF} = \dfrac{1}{2}\overrightarrow{AB}$，将 $\triangle AEF$ 沿 EF 翻折至 $\triangle PEF$，使得 $PC = 4\sqrt{3}$。

（1）证明：$EF \perp PD$；

（2）求平面 PCD 与平面 PBF 所成的二面角的正弦值。

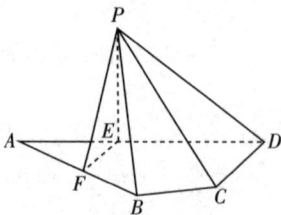

图 4-4-9

【答案】（1）证明见解析；（2）$\dfrac{8\sqrt{65}}{65}$

【解析】

（1）由 $AB=8$，$AD=5\sqrt{3}$，$\overrightarrow{AE}=\dfrac{2}{5}\overrightarrow{AD}$，$\overrightarrow{AF}=\dfrac{1}{2}\overrightarrow{AB}$，得 $AE=2\sqrt{3}$，AF

$=4$。又 $\angle BAD=30°$，在 $\triangle AEF$ 中，由余弦定理得 $EF=$

$\sqrt{AE^2+AF^2-2AE\cdot AF\cos\angle BAD}=\sqrt{16+12-2\cdot4\cdot2\sqrt{3}\cdot\dfrac{\sqrt{3}}{2}}=2$，所以 AE^2

$+EF^2=AF^2$，则 $AE\perp EF$，即 $EF\perp AD$，所以 $EF\perp PE$，$EF\perp DE$。又 PE

$\cap DE=E$，PE，$DE\subset$ 平面 PDE，所以 $EF\perp$ 平面 PDE。又 $PD\subset$ 平面 PDE，

故 $EF\perp PD$；

（2）如图 $4-4-10$，连接 CE，由 $\angle ADC=90°$，$ED=3\sqrt{3}$，$CD=3$，则

$CE^2=ED^2+CD^2=36$。在 $\triangle PEC$ 中，$PC=4\sqrt{3}$，$PE=2\sqrt{3}$，$EC=6$，得 EC^2

$+PE^2=PC^2$，所以 $PE\perp EC$。由（1）知 $PE\perp EF$，又 $EC\cap EF=E$，EC，

$EF\subset$ 平面 $ABCD$，所以 $PE\perp$ 平面 $ABCD$。又 $ED\subset$ 平面 $ABCD$，所以 $PE\perp$

ED，则 PE，EF，ED 两两垂直，建立空间直角坐标系 $E-xyz$，则 E（0，0，

0），P（0，0，$2\sqrt{3}$），D（0，$3\sqrt{3}$，0），C（3，$3\sqrt{3}$，0），F（2，0，0），A（0，

$-2\sqrt{3}$，0）。由 F 是 AB 的中点，得 B（4，$2\sqrt{3}$，0），所以 $\overrightarrow{PC}=$（3，$3\sqrt{3}$，

$-2\sqrt{3}$），$\overrightarrow{PD}=$（0，$3\sqrt{3}$，$-2\sqrt{3}$），$\overrightarrow{PB}=$（4，$2\sqrt{3}$，$-2\sqrt{3}$），$\overrightarrow{PF}=$（2，

0，$-2\sqrt{3}$）。

设平面 PCD 和平面 PBF 的一个法向量分别为 $\vec{n}=$（x_1，y_1，z_1），$\vec{m}=$（x_2，y_2，

z_2），则 $\begin{cases}\vec{n}\cdot\overrightarrow{PC}=3x_1+3\sqrt{3}y_1-2\sqrt{3}z_1=0, \\ \vec{n}\cdot\overrightarrow{PD}=3\sqrt{3}y_1-2\sqrt{3}z_1=0,\end{cases}$ $\begin{cases}\vec{m}\cdot\overrightarrow{PB}=4x_2+2\sqrt{3}y_2-2\sqrt{3}z_2=0, \\ \vec{m}\cdot\overrightarrow{PF}=2x_2-2\sqrt{3}z_2=0,\end{cases}$ 令 y_1

$=2$，$x_2=\sqrt{3}$，得 $x_1=0$，$z_1=3$，$y_2=-1$，$z_2=1$，所以 $\vec{n}=$（0，2，3），$\vec{m}=$

（$\sqrt{3}$，-1，1），所以 $|\cos\langle\vec{m},\vec{n}\rangle|=\dfrac{|\vec{m}\cdot\vec{n}|}{|\vec{m}||\vec{n}|}=\dfrac{1}{\sqrt{5}\cdot\sqrt{13}}=\dfrac{\sqrt{65}}{65}$。

设平面 PCD 和平面 PBF 所成角为 θ，则 $\sin\theta=\sqrt{1-\cos^2\theta}=\dfrac{8\sqrt{65}}{65}$，即平

面 PCD 和平面 PBF 所成角的正弦值为 $\dfrac{8\sqrt{65}}{65}$。

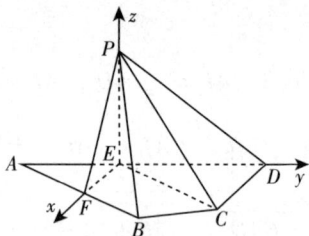

图 4 – 4 – 10

18. （17 分）某投篮比赛分为两个阶段，每个参赛队由两名队员组成，比赛具体规则如下：第一阶段由参赛队中一名队员投篮 3 次，若 3 次都未投中，则该队被淘汰，比赛成绩为 0 分；若至少投中一次，则该队进入第二阶段。第二阶段由该队的另一名队员投篮 3 次，每次投篮投中得 5 分，未投中得 0 分。该队的比赛成绩为第二阶段的得分总和。某参赛队由甲、乙两名队员组成，设甲每次投中的概率为 p ，乙每次投中的概率为 q ，各次投中与否相互独立。

（1）若 $p = 0.4$ ，$q = 0.5$ ，甲参加第一阶段比赛，求甲、乙所在队的比赛成绩不少于 5 分的概率。

（2）假设 $0 < p < q$ 。

（i）为使得甲、乙所在队的比赛成绩为 15 分的概率最大，应该由谁参加第一阶段比赛？

（ii）为使得甲、乙所在队的比赛成绩的数学期望最大，应该由谁参加第一阶段比赛？

【答案】（1）0.686；（2）（i）由甲参加第一阶段比赛；（ii）由甲参加第一阶段比赛

【解析】（1）甲、乙所在队的比赛成绩不少于 5 分，则甲在第一阶段至少投中 1 次，乙在第二阶段也至少投中 1 次，记甲在第一阶段至少投中 1 次的事件为 A ，乙在第二阶段也至少投中 1 次的事件为 B ，则 $P(\overline{A}) = 0.6^3$ ，$P(\overline{B}) = 0.5^3$ ，故比赛成绩不少于 5 分的概率 $P = (1 - P(\overline{A}))(1 - P(\overline{B})) = (1 - 0.6^3)(1 - 0.5^3) = 0.686$ 。

（2）解：（i）若乙先参加第一阶段比赛，则甲、乙所在队的比赛成绩为 15 分的概率为 $P_乙 = \left[1 - (1 - q)^3 \right] \cdot p^3$ ，若甲先参加第一阶段比赛，则甲、乙所在队的比赛成绩为 15 分的概率为 $P_甲 = \left[1 - (1 - p)^3 \right] q^3$ ，因为 $0 < p < q$ ，所

以 $P_{甲} - P_{乙} = q^3 - (q - pq)^3 - p^3 + (p - pq)^3 = (q - p)(q^2 + pq + p^2) + (p - q) \cdot [(p - pq)^2 + (q - pq)^2 + (p - pq)(q - pq)] = (p - q)(3p^2q^2 - 3p^2q - 3pq^2) = 3pq(p - q)(pq - p - q) = 3pq(p - q)[(1 - p)(1 - q) - 1] > 0$，所以 $P_{甲} > P_{乙}$，故甲参加第一阶段比赛。

（ii）若甲先参加第一阶段比赛，比赛成绩 X 的所有可能取值为 0，5，10，15，$P(X = 0) = (1 - p)^3 + [1 - (1 - p)^3] \cdot (1 - q)^3$，$P(X = 5) = [1 - (1 - p)^3]C_3^1 q \cdot (1 - q)^2$，$P(X = 10) = [1 - (1 - p)^3] \cdot C_3^2 q^2 (1 - q)$，$P(X = 15) = [1 - (1 - p)^3] \cdot q^3$，则 $E(X) = 15[1 - (1 - p)^3]q = 15(p^3 - 3p^2 + 3p) \cdot q$。若乙先参加第一阶段比赛，比赛成绩 Y 的所有可能取值为 0，5，10，15，同理 $E(Y) = 15(q^3 - 3q^2 + 3q) \cdot p, E(X) - E(Y) = 15[pq(p + q)(p - q) - 3pq(p - q)] = 15(p - q)pq(p + q - 3)$。因为 $0 < p < q$，则 $p - q < 0$，$p + q - 3 < 1 + 1 - 3 < 0$，则 $(p - q)pq(p + q - 3) > 0$，故应该由甲参加第一阶段比赛。

19.（17 分）已知双曲线 $C：x^2 - y^2 = m(m > 0)$，点 $P_1(5, 4)$ 在 C 上，k 为常数，$0 < k < 1$。按照如下方式依次构造点 $P_n(n = 2, 3, \cdots)$：过 P_{n-1} 作斜率为 k 的直线与 C 的左支交于点 Q_{n-1}，令 P_n 为 Q_{n-1} 关于 y 轴的对称点，记 P_n 的坐标为 (x_n, y_n)。

（1）若 $k = \dfrac{1}{2}$，求 x_2，y_2；

（2）证明：数列 $\{x_n - y_n\}$ 是公比为 $\dfrac{1 + k}{1 - k}$ 的等比数列；

（3）设 S_n 为 $\triangle P_n P_{n+1} P_{n+2}$ 的面积，证明：对任意正整数 n，$S_n = S_{n+1}$。

【答案】（1）$x_2 = 3$，$y_2 = 0$；（2）过程见解析；（3）过程见解析

【解析】

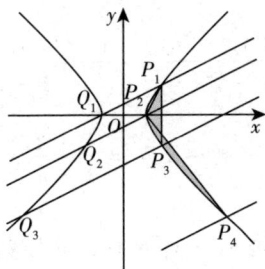

图 4－4－11

（1）由已知有 $m = 5^2 - 4^2 = 9$，故 C 的方程为 $x^2 - y^2 = 9$。

当 $k = \dfrac{1}{2}$ 时，过 $P_1(5, 4)$ 且斜率为 $\dfrac{1}{2}$ 的直线为 $y = \dfrac{x + 3}{2}$，与 $x^2 - y^2 = 9$

联立得到 $x^2 - \left(\dfrac{x + 3}{2}\right)^2 = 9$，解得 $x = -3$ 或 $x = 5$，所以该直线与 C 的不同于 P_1

的交点为 $Q_1(-3, 0)$，该点显然在 C 的左支上。

故 $P_2(3, 0)$，从而 $x_2 = 3$，$y_2 = 0$。

（2）由于过 $P_n(x_n, y_n)$ 且斜率为 k 的直线为 $y = k(x - x_n) + y_n$，与 $x^2 - y^2 = 9$ 联立，得到方程 $x^2 - (k(x - x_n) + y_n)^2 = 9$。

展开即得 $(1 - k^2)x^2 - 2k(y_n - kx_n)x - (y_n - kx_n)^2 - 9 = 0$，由于 $P_n(x_n, y_n)$ 是直线 $y = k(x - x_n) + y_n$ 和 $x^2 - y^2 = 9$ 的公共点，故方程必有一根 $x = x_n$。

从而根据韦达定理，另一根 $x = \dfrac{2k(y_n - kx_n)}{1 - k^2} - x_n = \dfrac{2ky_n - x_n - k^2 x_n}{1 - k^2}$，相

应的 $y = k(x - x_n) + y_n = \dfrac{y_n + k^2 y_n - 2kx_n}{1 - k^2}$。

所以该直线与 C 的不同于 P_n 的交点为 $Q_n\left(\dfrac{2ky_n - x_n - k^2 x_n}{1 - k^2}, \dfrac{y_n + k^2 y_n - 2kx_n}{1 - k^2}\right)$，

而注意到 Q_n 的横坐标亦可通过韦达定理表示为 $\dfrac{-(y_n - kx_n)^2 - 9}{(1 - k^2)\,x_n}$，故 Q_n 一定在

C 的左支上。

所以 $P_{n+1}\left(\dfrac{x_n + k^2 x_n - 2ky_n}{1 - k^2}, \dfrac{y_n + k^2 y_n - 2kx_n}{1 - k^2}\right)$。

这就得到 $x_{n+1} = \dfrac{x_n + k^2 x_n - 2ky_n}{1 - k^2}$，$y_{n+1} = \dfrac{y_n + k^2 y_n - 2kx_n}{1 - k^2}$。

所以 $x_{n+1} - y_{n+1} = \dfrac{x_n + k^2 x_n - 2ky_n}{1 - k^2} - \dfrac{y_n + k^2 y_n - 2kx_n}{1 - k^2} = \dfrac{x_n + k^2 x_n + 2kx_n}{1 - k^2} - $

$\dfrac{y_n + k^2 y_n + 2ky_n}{1 - k^2} = \dfrac{1 + k^2 + 2k}{1 - k^2}(x_n - y_n) = \dfrac{1 + k}{1 - k}(x_n - y_n)$。

再由 $x_1^2 - y_1^2 = 9$，就知道 $x_1 - y_1 \neq 0$，所以数列 $\{x_n - y_n\}$ 是公比为 $\dfrac{1 + k}{1 - k}$

的等比数列。

（3）由（2）可知，$x_{n+1} = \dfrac{x_n + k^2 x_n - 2ky_n}{1 - k^2}$，$y_{n+1} = \dfrac{y_n + k^2 y_n - 2kx_n}{1 - k^2}$，故

$$x_{n+1} + y_{n+1} = \frac{x_n + k^2 x_n - 2ky_n}{1 - k^2} + \frac{y_n + k^2 y_n - 2kx_n}{1 - k^2} = \frac{1 + k^2 - 2k}{1 - k^2}(x_n + y_n) =$$

$\dfrac{1 - k}{1 + k}(x_n + y_n)$。

再由 $x_1^2 - y_1^2 = 9$，就知道 $x_1 + y_1 \neq 0$，所以数列 $\{x_n + y_n\}$ 是公比为 $\dfrac{1 - k}{1 + k}$

的等比数列。

所以对任意的正整数 m，都有

$$x_n y_{n+m} - y_n x_{n+m}$$

$$= \frac{1}{2}\big((x_n x_{n+m} - y_n y_{n+m}) + (x_n y_{n+m} - y_n x_{n+m})\big) - \frac{1}{2}\big((x_n x_{n+m} - y_n y_{n+m}) -$$

$$(x_n y_{n+m} - y_n x_{n+m})\big)$$

$$= \frac{1}{2}(x_n - y_n)(x_{n+m} + y_{n+m}) - \frac{1}{2}(x_n + y_n)(x_{n+m} - y_{n+m})$$

$$= \frac{1}{2}\left(\frac{1 - k}{1 + k}\right)^m (x_n - y_n)(x_n + y_n) - \frac{1}{2}\left(\frac{1 + k}{1 - k}\right)^m (x_n + y_n)(x_n - y_n)$$

$$= \frac{1}{2}\left(\left(\frac{1 - k}{1 + k}\right)^m - \left(\frac{1 + k}{1 - k}\right)^m\right)(x_n^2 - y_n^2)$$

$$= \frac{9}{2}\left(\left(\frac{1 - k}{1 + k}\right)^m - \left(\frac{1 + k}{1 - k}\right)^m\right)。$$

这就得到 $x_{n+2}y_{n+3} - y_{n+2}x_{n+3} = \dfrac{9}{2}\left(\dfrac{1 - k}{1 + k} - \dfrac{1 + k}{1 - k}\right) = x_n y_{n+1} - y_n x_{n+1}$，以及 $x_{n+1}y_{n+3}$

$-y_{n+1}x_{n+3} = \dfrac{9}{2}\left(\left(\dfrac{1 - k}{1 + k}\right)^2 - \left(\dfrac{1 + k}{1 - k}\right)^2\right) = x_n y_{n+2} - y_n x_{n+2}$。

两式相减，即得 $(x_{n+2}y_{n+3} - y_{n+2}x_{n+3}) - (x_{n+1}y_{n+3} - y_{n+1}x_{n+3}) = (x_n y_{n+1} -$

$y_n x_{n+1}) - (x_n y_{n+2} - y_n x_{n+2})$，

移项得到 $x_{n+2}y_{n+3} - y_{n+2}x_{n+2} - x_{n+1}y_{n+3} + y_n x_{n+1} = y_{n+2}x_{n+3} - x_n y_{n+2} - y_{n+1}x_{n+3} + x_n y_{n+1}$，

故 $(y_{n+3} - y_n)(x_{n+2} - x_{n+1}) = (y_{n+2} - y_{n+1})(x_{n+3} - x_n)$。

而 $\overrightarrow{P_n P_{n+3}} = (x_{n+3} - x_n, y_{n+3} - y_n)$，$\overrightarrow{P_{n+1} P_{n+2}} = (x_{n+2} - x_{n+1}, y_{n+2} - y_{n+1})$，

所以 $\overrightarrow{P_n P_{n+3}}$ 和 $\overrightarrow{P_{n+1} P_{n+2}}$ 平行，这就得到 $S_{\triangle P_n P_{n+1} P_{n+2}} = S_{\triangle P_{n+1} P_{n+2} P_{n+3}}$，即 $S_n = S_{n+1}$。

新高考模拟卷

数 学

本试卷共 19 小题，满分 150 分，考试时间 120 分钟。

选择题部分（共 58 分）

一、选择题：本题共 8 小题，每小题 5 分，共 40 分。在每小题给出的四个选项中，只有一个选项是正确的。

1. 已知集合 $A = \{0, 1, 2, 3\}$，$B = \{x \mid x^2 - 2x < 0\}$，则 $A \cap B =$（ ）

A. $\{0\}$ B. $\{1\}$ C. $\{1, 2\}$ D. $\{1, 2, 3\}$

【答案】B

【解析】由不等式 $x^2 - 2x < 0$，解得 $0 < x < 2$，则集合 $B = \{x \mid x^2 - 2x < 0\} = \{x \mid 0 < x < 2\}$，因为集合 $A = \{0, 1, 2, 3\}$，所以 $A \cap B = \{1\}$。

2. 已知 z 满足 $2\bar{z} + \dfrac{4}{1+i} = z + i$，则 $z =$（ ）

A. $-2 - i$ B. $2 - i$ C. $-2 + i$ D. $2 + i$

【答案】A

【解析】由题意可得：$2\bar{z} - z = i - \dfrac{4}{1+i} = i - \dfrac{4(1-i)}{(1+i)(1-i)} = i - 2(1-i) = -2 + 3i$。设 $z = a + bi(a, b \in \mathbf{R})$，则 $\bar{z} = a - bi$，可得 $2\bar{z} - z = 2(a - bi) - (a + bi) = a - 3bi = -2 + 3i$，可知 $a = -2$，$b = -1$，所以 $z = -2 - i$。

3. 已知向量 $\boldsymbol{a} = (-2, m)$，$\boldsymbol{b} = (1, 1 + m)$，则"$\boldsymbol{a} \perp \boldsymbol{b}$"是"$m = 1$"的（ ）

A. 充分不必要条件   B. 必要不充分条件

C. 充要条件   D. 既不充分也不必要条件

【答案】B

【解析】因为向量 $\boldsymbol{a} = (-2, m)$，$\boldsymbol{b} = (1, 1+m)$，若 $\boldsymbol{a} \perp \boldsymbol{b}$，则 $-2 + m(1+m) = 0$，解得 $m = 1$ 或 $m = -2$，且 $\{1\}$ 是 $\{-2, 1\}$ 的真子集，所以 "$\boldsymbol{a} \perp \boldsymbol{b}$" 是 "$m = 1$" 的必要不充分条件。

4. 若 $\alpha \in \left(\dfrac{\pi}{4}, \dfrac{3\pi}{4}\right)$，$6\tan\left(\dfrac{\pi}{4} + \alpha\right) + 4\cos\left(\dfrac{\pi}{4} - \alpha\right) = 5\cos 2\alpha$，则 $\sin 2\alpha =$（　　）

A. $\dfrac{24}{25}$　　　　　　B. $\dfrac{12}{25}$　　　　　　C. $\dfrac{7}{25}$　　　　　　D. $\dfrac{1}{5}$

【答案】C

【解析】令 $\beta = \dfrac{\pi}{4} + \alpha$，则 $\beta \in \left(\dfrac{\pi}{2}, \pi\right)$，$\alpha = \beta - \dfrac{\pi}{4}$，则 $6\tan\beta + 4\cos\left(\dfrac{\pi}{2} - \beta\right) = 5\cos\left(2\beta - \dfrac{\pi}{2}\right)$，即 $6\tan\beta + 4\sin\beta = 5\sin 2\beta = 10\sin\beta\cos\beta$，即 $(5\cos\beta + 3)(\cos\beta - 1) = 0$，且 $\cos\beta < 0$，那么 $\cos\beta = -\dfrac{3}{5}$，则 $\sin 2\alpha = \sin\left(2\beta - \dfrac{\pi}{2}\right) = -\cos 2\beta = 1 - 2\cos^2\beta = \dfrac{7}{25}$。

5. 一个圆台的上、下底面的半径分别为 2 和 3，高为 $\sqrt{3}$，则它的表面积为（　　）

A. 23π　　　　　　　　　　　　B. $(13 + 5\sqrt{3})\pi$

C. $\dfrac{19\sqrt{3}}{3}\pi$　　　　　　　　　　　D. 25π

【答案】A

【解析】因为一个圆台的上、下底面的半径分别为 2 和 3，高为 $\sqrt{3}$，所以圆台的母线上为 $\sqrt{(\sqrt{3})^2 + 1} = 2$，圆台的上底面面积为 $S_{上} = 4\pi$，圆台的下底面面积为 $S_{下} = 9\pi$，圆台的侧面积为 $S_{侧} = \dfrac{1}{2} \times 2 \times (4\pi + 6\pi) = 10\pi$，则表面积为 $S = S_{上} + S_{下} + S_{侧} = 4\pi + 9\pi + 10\pi = 23\pi$。

6. 已知函数 $f(x) = \begin{cases} \log_a x + 1, & x \geq 1 \\ (4-a)x, & x < 1 \end{cases}$ 是 **R** 上的单调递增函数，则 a 的取

值范围是 (　　)

A. $[2, 4)$　　　　B. $[3, 4)$　　　　C. $(1, 2)$　　　　D. $(1, 3]$

【答案】B

【解析】因为函数 $f(x) = \begin{cases} \log_a x + 1, & x \geq 1, \\ (4 - a)x, & x < 1, \end{cases}$ 在 **R** 上单调递增，所以在

$x \geq 1$，$x < 1$ 上分别递增，所以 $\begin{cases} 4 - a > 0, \\ a > 1, \\ 4 - a \leq 1, \end{cases}$ 解得，$3 \leq a < 4$。

7. 已知 $\omega > 0$，函数 $f(x) = \sin\left(\omega x - \dfrac{\pi}{4}\right)$ 在区间 $\left(\dfrac{\pi}{2}, \pi\right)$ 上单调递减，则实数 ω 的取值范围是 (　　)

A. $\left[\dfrac{1}{2}, \dfrac{5}{4}\right]$　　　B. $\left[\dfrac{3}{2}, \dfrac{7}{4}\right]$　　　C. $\left(0, \dfrac{3}{4}\right]$　　　D. $(0, 2]$

【答案】B

【解析】因为函数 $f(x) = \sin\left(\omega x - \dfrac{\pi}{4}\right)$ 在区间 $\left(\dfrac{\pi}{2}, \pi\right)$ 上单调递减，所以

$\dfrac{1}{2}T \geq \pi - \dfrac{\pi}{2}$，即 $\dfrac{\pi}{\omega} \geq \pi - \dfrac{\pi}{2} = \dfrac{\pi}{2}$。又因为 $\omega > 0$，所以 $0 < \omega \leq 2$。令 $\dfrac{\pi}{2} + 2k\pi$

$< \omega x - \dfrac{\pi}{4} < \dfrac{3\pi}{2} + 2k\pi, k \in \mathbf{Z}$，则 $\dfrac{3\pi}{4\omega} + \dfrac{2k\pi}{\omega} < x < \dfrac{7\pi}{4\omega} + \dfrac{2k\pi}{\omega}$，$k \in \mathbf{Z}$。当 $k = 0$ 时，

一个单调递减区间为 $\left(\dfrac{3\pi}{4\omega}, \dfrac{7\pi}{4\omega}\right)$，则 $\begin{cases} \dfrac{3\pi}{4\omega} \geq \dfrac{\pi}{2}, \\ \dfrac{7\pi}{4\omega} \leq \pi, \\ 0 < \omega \leq 2, \end{cases}$ 解得 $\dfrac{3}{2} \leq \omega \leq \dfrac{7}{4}$。当 $k = 1$ 时，一

个单调递减区间为 $\left(\dfrac{11\pi}{4\omega}, \dfrac{15\pi}{4\omega}\right)$，则 $\begin{cases} \dfrac{11\pi}{4\omega} \geq \dfrac{\pi}{2}, \\ \dfrac{15\pi}{4\omega} \leq \pi, \\ 0 < \omega \leq 2, \end{cases}$ ω 不存在。当 $k \geq 2$ 或 $k < 0$ 时，

ω 也不存在。

8. 已知函数 $f(x)$ 是定义在 **R** 上的偶函数，且满足 $f(x + 1) + f(3 - x) = 0$，

176

当 $x \in [0, 2]$ 时，$f(x) = \dfrac{a^x + 1}{2^x} - 4 - \dfrac{1}{a}\,(a > 0, a \neq 1)$，则 $f(0) + f(1) +$

$f(2) + \cdots + f(2023) + f(2024) = ($ 　　 $)$

A. 0 　　　　　　B. 5 　　　　　　C. $-\dfrac{5}{4}$ 　　　　　　D. $-\dfrac{9}{4}$

【答案】D

【解析】由于函数 $f(x)$ 满足 $f(x+1) + f(3-x) = 0$，则函数关于点（2,

0）中心对称。又函数定义域为 **R**，令 $x = 1$，所以 $f(2) = 0$，即 $f(2) = \dfrac{a^2 + 1}{4}$

$-4 + \dfrac{1}{a} = 0 \Leftrightarrow a^3 - 15a - 4 = 0 \Leftrightarrow a^3 - 64 - 15a + 60 = 0 \Leftrightarrow (a-4)(a^2 + 4a + 16)$

$-15(a-4) = 0 \Leftrightarrow (a-4)(a^2 + 4a + 1) = 0$，由于 $a > 0$，所以解得 $a = 4$，

所以当 $x \in [0, 2]$ 时，$f(x) = \dfrac{4^x + 1}{2^x} - \dfrac{17}{4}$。

又由于函数 $f(x)$ 为 **R** 上的偶函数，且满足 $f(x+1) + f(3-x) = 0$，所以

$f(x+1) = -f(3-x) = -f(x-3)$，用 $x+3$ 代换 x 得 $f(x+4) = -f(x)$，再

用 $x+4$ 代换 x 得 $f(x+8) = f(x)$，所以函数 $f(x)$ 为周期 $T = 8$ 的周期函数。

根据函数性质有 $f(0) + f(1) + \cdots + f(7) = 0$，所以 $f(0) + f(1) + f(2) +$

$\cdots + f(2023) + f(2024) = -\dfrac{9}{4}$。

二、多项选择题：本题共 3 小题，每小题 6 分，共 18 分。在每小题给出的

选项中，有多项符合题目要求。全部选对得 6 分，选对但不全的得部分分，有

选错的得 0 分。

9. 对于事件 A 与事件 B，若 $A \cup B$ 发生的概率是 0.72，事件 B 发生的概率

是事件 A 发生的概率的 2 倍，下列说法正确的是（　　）

A. 若事件 A 与事件 B 互斥，则事件 A 发生的概率为 0.36

B. $P(B \mid A) = 2P(A \mid B)$

C. 事件 A 发生的概率的范围为 $[0.24, 0.36]$

D. 若事件 A 发生的概率是 0.3，则事件 A 与事件 B 相互独立

【答案】BCD

【解析】选项 A：若事件 A 与事件 B 互斥，则 $P(A \cup B) = P(A) + P(B) =$

$3P(A) = 0.72$，所以 $P(A) = 0.24$，故 A 错误。

选项 B：$P(B \mid A) = \dfrac{P(AB)}{P(A)}$，$P(A \mid B) = \dfrac{P(AB)}{P(B)} = \dfrac{P(AB)}{2P(A)} = \dfrac{1}{2}P(B \mid A)$，故 B 正确。

选项 C：$P(A \cup B) = P(A) + P(B) - P(AB) = 3P(A) - P(AB) = 0.72$，$P(A) = 0.24 + \dfrac{P(AB)}{3}$。若事件 A 与事件 B 互斥，则 $P(AB) = 0$，$P(A)$ 取最小值，最小值为 0.24；若 $A \subseteq B$，$P(AB) = P(A)$，$P(A)$ 取最大值，最大值为 0.36，故 C 正确。

选项 D：$P(A) = 0.3$，则 $P(B) = 0.6$，由 $P(A \cup B) = P(A) + P(B) - P(AB)$，得 $P(AB) = 0.3 + 0.6 - 0.72 = 0.18 = P(A) \cdot P(B)$，则事件 A 与事件 B 相互独立，故 D 正确。

10. 平面内到两定点距离之积为常数的点的轨迹称为卡西尼卵形线，它是 1675 年卡西尼在研究土星及其卫星的运行规律时发现的，已知在平面直角坐标系 xOy 中，$M(-2, 0)$，$N(2, 0)$，动点 P 满足 $|PM| \cdot |PN| = 5$，则下列结论正确的是（　　　）

A. 点 P 的横坐标的取值范围是 $[-\sqrt{5}, \sqrt{5}]$

B. $|OP|$ 的取值范围是 $[1, 3]$

C. $\triangle PMN$ 面积的最大值为 $\dfrac{5}{2}$

D. $|PM| + |PN|$ 的取值范围是 $[2\sqrt{5}, 5]$

【答案】BC

【解析】设点 $P(x, y)$，依题意，$[(x+2)^2 + y^2][(x-2)^2 + y^2] = 25$。

选项 A：$25 = [(x+2)^2 + y^2][(x-2)^2 + y^2] \geqslant (x+2)^2(x-2)^2 = (x^2 - 4)^2$，当且仅当 $y = 0$ 时取等号，解不等式 $(x^2 - 4)^2 \leqslant 25$ 得，$-3 \leqslant x \leqslant 3$，即点 P 的横坐标的取值范围是 $[-3, 3]$，A 不符合题意；

选项 B：$[(x^2 + y^2 + 4) + 4x][(x^2 + y^2 + 4) - 4x] = 25$，则 $x^2 + y^2 + 4 = \sqrt{25 + 16x^2}$，显然 $0 \leqslant x^2 \leqslant 9$，因此 $|OP| = \sqrt{x^2 + y^2} = \sqrt{\sqrt{25 + 16x^2} - 4} \in [1, 3]$，B 符合题意；

选项 C：$\triangle PMN$ 的面积 $S = \dfrac{1}{2}|PM| \, |PN| \sin \angle MPN \leqslant \dfrac{1}{2}|PM| \, |PN| =$

$\dfrac{5}{2}$，当且仅当 $\angle MPN = 90°$ 时取等号。当 $\angle MPN = 90°$ 时，点 P 在以线段 MN

为直径的圆 $x^2 + y^2 = 4$ 上，由 $\begin{cases} x^2 + y^2 = 4, \\ x^2 + y^2 + 4 = \sqrt{25 + 16x^2}, \end{cases}$ 解得 $\begin{cases} x = \pm \dfrac{\sqrt{39}}{4}, \\ y = \pm \dfrac{5}{4}, \end{cases}$ 所

以 $\angle PMN$ 面积的最大值为 $\dfrac{5}{2}$，C 符合题意；

选项 D：因为点（3，0）在动点 P 的轨迹上，当点 P 为此点时，$|PM| + |PN| = 5 + 1 = 6$，D 不符合题意。

11. 设函数 $f(x) = x^3 - ax + 1 (a \in \mathbf{R})$，则（　　）

A. 当 $a = 0$ 时，直线 $y = 1$ 不是曲线 $y = f(x)$ 的切线

B. 当 $a = 3$ 时，函数 $y = f(x)$ 有三个零点

C. 若 $f(x)$ 有三个不同的零点 x_1，x_2，x_3，则 $x_1 + x_2 + x_3 = 0$

D. 若曲线 $y = f(x)$ 上有且仅有四点能构成一个正方形，则 $a = 2\sqrt{2}$

【答案】BCD

【解析】选项 A：当 $a = 0$ 时，$f(x) = x^3 + 1$，则 $f'(x) = 3x^2$，则 $f'(0) = 0$，则曲线 $y = f(x)$ 在点（0，1）处的切线方程为 $y = 1$，故选项 A 错误。

选项 B：当 $a = 3$ 时，$f(x) = x^3 - 3x + 1$，则 $f'(x) = 3x^2 - 3$，当 $x \in (-\infty, -1)$ 和 $(1, +\infty)$ 时，$f'(x) > 0$，$f(x)$ 单调递增；当 $x \in (-1, 1)$ 时，$f'(x) < 0$，$f(x)$ 单调递减。又因为 $f(-1) = 3$，$f(1) = -1$，结合三次函数的图像特征，此时，$f(x)$ 有三个零点，故选项 B 正确。

选项 C：设 $f(x) = x^3 - ax + 1$ 的三个零点分别为 x_1，x_2，x_3，则有 $x^3 - ax + 1 = (x - x_1)(x - x_2)(x - x_3)$，展开后比对含 x^2 项的系数，得 $x_1 + x_2 + x_3 = 0$，故选项 C 正确。

选项 D：当 $a \leqslant 0$ 时，易知 $f(x)$ 在 $\mathbf{R}$ 上单调递增，结合图像知不符合题意，故 $a > 0$。因为 $f(x) + f(-x) = 2$，因此函数 $f(x) = x^3 - ax + 1$ 的图像关于点（0，1）成中心对称图形，则此正方形必以（0，1）为中心，不妨设正方形的四个顶点分别为 A，B，C，D，其中一条对角线 AC 的方程为 $y = kx + 1 (k > 0)$，则 $x^3 - ax + 1 = kx + 1$，即 $x^3 - (a + k)x = 0$，解得 $x = \pm \sqrt{a + k}$，则

$|AC| = 2\sqrt{1+k^2}\sqrt{a+k}$，同理可得 $|BD| = 2\sqrt{1+\dfrac{1}{k^2}}\sqrt{a-\dfrac{1}{k}}$。由

$|AC|^2 = |BD|^2$，得 $(k^2-1)a + k^3 + \dfrac{1}{k} = 0$。根据题意，方程 $(k^2-1)a +$

$k^3 + \dfrac{1}{k} = 0$ 只有一个正解，当 $k = 1$ 时，显然不成立。故 $k \neq 1$，则 $-a =$

$\dfrac{k^3 + \dfrac{1}{k}}{k^2 - 1} = \dfrac{k^2 + \dfrac{1}{k^2}}{k - \dfrac{1}{k}} = k - \dfrac{1}{k} + \dfrac{2}{k - \dfrac{1}{k}}$。因为 $a > 0$，则 $k \in (0, 1)$，设 $t = k -$

$\dfrac{1}{k}$，则 $t \in (-\infty, 0)$。设 $g(t) = t + \dfrac{2}{t}$，根据题意，只需要直线 $y = -a$ 与函

数 $g(t) = t + \dfrac{2}{t}$ 的图像只有唯一的公共点即可。结合双勾函数的图像可得 $-a$

$= -2\sqrt{2}$，解得 $a = 2\sqrt{2}$。所以选项 D 正确。

非选择题部分（共92分）

三、填空题：本题共 3 小题，每小题 5 分，共 15 分。

12. 设椭圆 $C_1 : \dfrac{x^2}{a_1^2} + \dfrac{y^2}{b_1^2} = 1 (a_1 > b_1 > 0)$ 与双曲线 $C_2 : \dfrac{y^2}{a_2^2} - \dfrac{x^2}{b_2^2} = 1 (a_2 >$

$0, b_2 > 0)$ 有相同的焦距，它们的离心率分别为 e_1，e_2，椭圆 C_1 的焦点为 F_1，

F_2，C_1，C_2 在第一象限的交点为 P，若点 P 在直线 $y = x$ 上，且 $\angle F_1PF_2 =$

$90°$，则 $\dfrac{1}{e_1^2} + \dfrac{1}{e_2^2}$ 的值为_____。

【答案】2

【解析】由题意可得，$a_1^2 + b_1^2 = c^2, a_2^2 - b_2^2 = c^2$。因为 $\angle F_1PF_2 = 90°$，所

以 $|OP| = \dfrac{1}{2}|F_1F_2| = c$。又因为点 P 在第一象限，且在直线 $y = x$ 上，所以

$P\left(\dfrac{\sqrt{2}}{2}c, \dfrac{\sqrt{2}}{2}c\right)$。点 P 在椭圆上，所以 $\dfrac{\left(\dfrac{\sqrt{2}}{2}c\right)^2}{a_1^2} + \dfrac{\left(\dfrac{\sqrt{2}}{2}c\right)^2}{b_1^2} = 1$，即 $\dfrac{c^2}{a_1^2} + \dfrac{c^2}{a_1^2 - c^2} = 2$，

整理得 $2a_1^4 - 4a_1^2c^2 + c^4 = 0$，即 $2 \cdot \left(\dfrac{1}{e_1^2}\right)^2 - 4 \cdot \dfrac{1}{e_1^2} + 1 = 0$，解得 $\dfrac{1}{e_1^2} =$

$\dfrac{4 \pm \sqrt{16 - 4 \times 2}}{4} = \dfrac{2 \pm \sqrt{2}}{2}$。因为 $0 < e_1 < 1$，所以 $\dfrac{1}{e_1^2} = \dfrac{2 + \sqrt{2}}{2}$。同理可得点

P 在双曲线上，所以 $\dfrac{\left(\frac{\sqrt{2}}{2}c \right)^2}{a_2^2} - \dfrac{\left(\frac{\sqrt{2}}{2}c \right)^2}{b_2^2} = 1$，即 $\dfrac{c^2}{a_2^2} - \dfrac{c^2}{c^2 - a_2^2} = 2$，解得 $\dfrac{1}{e_2} =$

$\dfrac{2 - \sqrt{2}}{2}$，所以 $\dfrac{1}{e_1^2} + \dfrac{1}{e_2^2} = \dfrac{2 + \sqrt{2}}{2} + \dfrac{2 - \sqrt{2}}{2} = 2$。

13. 甲、乙两人下围棋，若甲执黑子先下，则甲胜的概率为 $\dfrac{2}{3}$；若乙执黑

子先下，则乙胜的概率为 $\dfrac{1}{2}$。假定每局之间相互独立且无平局，第二局由上一

局负者先下，若甲、乙比赛两局，第一局甲、乙执黑子先下是等可能的，则甲、

乙各胜一局的概率为_____。

【答案】$\dfrac{41}{72}$

【解析】分两种情况讨论：

（1）第一局甲胜，第二局乙胜：若第一局甲执黑子先下，则甲胜第一局的

概率为 $\dfrac{2}{3}$，第二局乙执黑子先下，则乙胜的概率为 $\dfrac{1}{2}$；若第一局乙执黑子先下，

则甲胜第一局的概率为 $\dfrac{1}{2}$，第二局乙执黑子先下，则乙胜的概率为 $\dfrac{1}{2}$。所以，

第一局甲胜，第二局乙胜的概率为 $P_1 = \dfrac{1}{2} \times \dfrac{2}{3} \times \dfrac{1}{2} + \dfrac{1}{2} \times \dfrac{1}{2} \times \dfrac{1}{2} = \dfrac{7}{24}$；

（2）第一局乙胜，第二局甲胜：若第一局甲执黑子先下，则乙胜第一局的

概率为 $\dfrac{1}{3}$，第二局甲执黑子先下，则甲胜的概率为 $\dfrac{2}{3}$；若第一局乙执黑子先下，

则乙胜第一局的概率为 $\dfrac{1}{2}$，第二局甲执黑子先下，则甲胜的概率为 $\dfrac{2}{3}$。所以，

第一局乙胜，第二局甲胜的概率为 $P_2 = \dfrac{1}{2} \times \dfrac{1}{3} \times \dfrac{2}{3} + \dfrac{1}{2} \times \dfrac{1}{2} \times \dfrac{2}{3} = \dfrac{5}{18}$。

综上所述，甲、乙各胜一局的概率为 $\dfrac{7}{24} + \dfrac{5}{18} = \dfrac{41}{72}$。

14. 已知函数 $f(x) = ax^2 - 2x + \ln x \, (a > 0)$ 有两个极值点 x_1，$x_2 \, (x_1 > x_2 >$

$0)$，则：①实数 a 的范围是_____；②$f(x_1) + f(x_2)$ 的范围是_____。

【答案】$0 < a < \dfrac{1}{2}$；$(-\infty, -3)$

【解析】函数 $f(x) = ax^2 - 2x + \ln x\,(a > 0)$ 的定义域为 $(0, +\infty)$，$f'(x) =$

$2ax - 2 + \dfrac{1}{x} = \dfrac{2ax^2 - 2x + 1}{x}$。因为函数 $f(x)$ 有两个极值点，所以方程 $2ax^2 -$

$2x + 1 = 0$ 在区间 $(0, +\infty)$ 上有两个不相等的实根，所以 $\begin{cases} \Delta = 4 - 8a > 0, \\[2mm] x_1 + x_2 = \dfrac{1}{a} > 0, \\[2mm] x_1 x_2 = \dfrac{1}{2a} > 0, \end{cases}$

解得 $0 < a < \dfrac{1}{2}$；又因为 $f(x_1) + f(x_2) = a(x_1^2 + x_2^2) - 2(x_1 + x_2) + \ln(x_1 x_2) =$

$a(x_1 + x_2)^2 - 2ax_1x_2 - 2(x_1 + x_2) + \ln(x_1x_2) = -\dfrac{1}{a} - \ln(2a) - 1$。令 $g(a) =$

$-\dfrac{1}{a} - \ln(2a) - 1$，因为 $g'(a) = \dfrac{1}{a^2} - \dfrac{1}{a} = \dfrac{1 - a}{a^2} > 0$，所以 $g(a)$ 在 $\left(0, \dfrac{1}{2}\right)$ 上

单调递增，所以 $g(a) \in (-\infty, -3)$。

四、解答题：本题共 5 小题，共 77 分。解答应写出文字说明、证明过程或演算步骤。

15. （13 分）记 $\triangle ABC$ 的内角 A，B，C 的对边分别为 a，b，c，已知 $\sin A + \sqrt{3}\cos A = 2$。

（1）求 A。

（2）若 $a = 2$，$\sqrt{2}\,b\sin C = c\sin 2B$，求 $\triangle ABC$ 的周长。

【答案】（1）解：因为 $\sin A + \sqrt{3}\cos A = 2$，所以 $2\left(\dfrac{1}{2}\sin A + \dfrac{\sqrt{3}}{2}\cos A\right) = 2$，即

$\dfrac{1}{2}\sin A + \dfrac{\sqrt{3}}{2}\cos A = 1$，即 $\sin\left(A + \dfrac{\pi}{3}\right) = 1$。又因为 $A \in (0, \pi)$，所以 $A + \dfrac{\pi}{3} \in$

$\left(\dfrac{\pi}{3}, \dfrac{4\pi}{3}\right)$，故 $A + \dfrac{\pi}{3} = \dfrac{\pi}{2}$，解得 $A = \dfrac{\pi}{6}$。

（2）解：因为 $\sqrt{2}\,b\sin C = c\sin 2B$，所以由正弦定理可得，$\sqrt{2}\sin B\sin C =$

$2\sin C\sin B\cos B$。又因为 B，$C \in (0, \pi)$，所以 $\sin B\sin C \neq 0$，所以 $\cos B = \dfrac{\sqrt{2}}{2}$，

解得 $B = \dfrac{\pi}{4}$。由（1）可得，$C = \pi - A - B = \dfrac{7\pi}{12}$，则 $\sin C = \sin(\pi - A - B)$

$= \sin(A + B) = \sin A \cos B + \sin B \cos A = \dfrac{\sqrt{2} + \sqrt{6}}{4}$。由正弦定理 $\dfrac{a}{\sin A} = \dfrac{b}{\sin B} =$

$\dfrac{c}{\sin C}$，可得 $\dfrac{2}{\sin \dfrac{\pi}{6}} = \dfrac{b}{\sin \dfrac{\pi}{4}} = \dfrac{c}{\sin \dfrac{7\pi}{12}}$，解得 $b = 2\sqrt{2}$，$c = \sqrt{6} + \sqrt{2}$，故 $\triangle ABC$ 的周

长为 $2 + \sqrt{6} + 3\sqrt{2}$。

【解析】

略。

16.（15 分）《九章算术》中，将底面为长方形且有一条侧棱与底面垂直的四棱锥称之为阳马，将四个面都为直角三角形的四面体称之为鳖臑。如图 4 - 4 - 12 所示的阳马 $P - ABCD$ 中，侧棱 $PD \perp$ 底面 $ABCD$，且 $PD = CD = 2$，点 E 是 PC 的中点，连接 DE，BD，BE。

（1）证明：$DE \perp$ 平面 PBC。试判断四面体 $EBCD$ 是否为鳖臑。若是，写出其每个面的直角（只需写出结论）；若不是，请说明理由；

（2）设 H 点是 AD 的中点，若面 EDB 与面 $ABCD$ 所成二面角的大小为 $\dfrac{\pi}{3}$，求四棱锥 $E - HBD$ 的外接球的表面积。

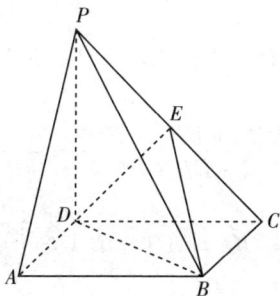

图 4 - 4 - 12

【答案】（1）证明：因为 $PD \perp$ 底面 $ABCD$，所以 $PD \perp BC$。因为 $ABCD$ 为长方形，所以 $BC \perp CD$。因为 $PD \cap CD = D$，所以 $BC \perp$ 平面 PCD。因为 $DE \subset$ 平面 PCD，所以 $BC \perp DE$。因为 $PD = CD$，点 E 是 PC 的中点，所以 $DE \perp PC$。因为 $PC \cap BC = C$，所以 $DE \perp$ 平面 PBC。由 $BC \perp$ 平面 PCD，

$DE \perp$ 平面 PBC，可知四面体 $EBCD$ 的四个面都是直角三角形，即四面体 $EBCD$ 是一个鳖臑，其四个面的直角分别是 $\angle BCD$，$\angle BCE$，$\angle DEC$，$\angle DEB$。

（2）解：记 DC 中点 F，连接 EF，过 F 做 $FG \perp BD$，连接 EG，如图 4－4－13 所示。

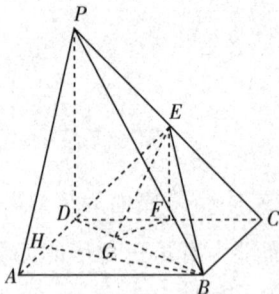

图 4－4－13

因为 E，F 是 PC，DC 中点，所以 $EF \perp$ 平面 $ABCD$，$BD \subset$ 面 $ABCD$，所以 $EF \perp BD$。又因为 $FG \perp BD$，$EF \cap FG = F$，所以 $BD \perp$ 平面 EFG，所以 $\angle EGF$ 就是面 EDB 与面 $ABCD$ 所成二面角的平面角。设 $AD = t$，又因为 $\triangle DFG \backsim \triangle DBC$，所以 $\dfrac{DF}{BD} = \dfrac{FG}{BC}$，所以 $FG = \dfrac{t}{\sqrt{t^2 + 4}}$，所以 $\tan \angle EGF = \dfrac{EF}{FG}$

$= \sqrt{3}$，所以 $t = \sqrt{2}$。因为 $CD = 2$，$AD = \sqrt{2}$，所以 $BD = \sqrt{6}$，$DH = \dfrac{\sqrt{2}}{2}$，HB

$= \dfrac{3\sqrt{2}}{2}$，所以 $\cos \angle DHB = \dfrac{DH^2 + HB^2 - BD^2}{2 \cdot DH \cdot HB} = -\dfrac{1}{3}$，$\sin \angle DHB = \dfrac{2\sqrt{2}}{3}$，所以

$2r = \dfrac{BD}{\sin \angle DHB} = \dfrac{3\sqrt{3}}{2}$，$r = DO = HO = BO = \dfrac{3\sqrt{3}}{4}$，所以 $FM = \dfrac{1}{4}$，$MO =$

$\dfrac{\sqrt{2}}{4}$，所以 $FO = \dfrac{\sqrt{3}}{4}$。设球心为 O_1，设 $OO_1 = \lambda$，$R = HO_1 = \sqrt{\left(\dfrac{3\sqrt{3}}{4}\right)^2 + \lambda^2} =$

$EO_1 = \sqrt{\left(\dfrac{\sqrt{3}}{4}\right)^2 + (\lambda + 1)^2}$，解得 $\lambda = \dfrac{1}{4}$，四棱锥 $E - HBD$ 的外接球的半径为

$R = \dfrac{\sqrt{7}}{2}$，则 $S_{\text{表}} = 4\pi R^2 = 7\pi$。

【解析】

略。

17.（15分）已知椭圆 C 的中心为坐标原点，对称轴为 x 轴和 y 轴，且过 M（2，0），$N\left(1, -\dfrac{\sqrt{3}}{2}\right)$ 两点。

（1）求 C 的方程；

（2）A，B 是 C 上两个动点，D 为 C 的上顶点，是否存在以 D 为顶点，AB 为底边的等腰直角三角形？若存在，求出满足条件的三角形的个数；若不存在，请说明理由。

【答案】（1）由题设，椭圆 C 的方程为 $mx^2 + ny^2 = 1(m > 0$，$n > 0$，$m \neq n)$，因为椭圆过 M（2，0），$N\left(1, -\dfrac{\sqrt{3}}{2}\right)$ 两点，所以 $\begin{cases} 4m = 1, \\ m + \dfrac{3}{4}n = 1, \end{cases}$ 得到

$m = \dfrac{1}{4}$，$n = 1$，所以椭圆 C 的方程为 $\dfrac{x^2}{4} + y^2 = 1$。

（2）由（1）知 D（0，1），易知直线 DA，DB 的斜率均存在且不为 0，不妨设 $k_{DA} = k(k > 0)$，$k_{DB} = -\dfrac{1}{k}$，直线 DA 为 $y = kx + 1$，直线 DB 为 $y = -\dfrac{1}{k}x + 1$。由椭圆的对称性知，当 $k = 1$ 时，显然有 $|DA| = |DB|$，满足题意。当

$k^2 \neq 1$ 时，由 $\begin{cases} y = kx + 1 \\ \dfrac{x^2}{4} + y^2 = 1 \end{cases}$，消去 y 得到 $\left(\dfrac{1}{4} + k^2\right)x^2 + 2kx = 0$，所以 $x_A = -\dfrac{8k}{1 + 4k^2}$，

$y_A = -\dfrac{8k^2}{1 + 4k^2} + 1 = \dfrac{1 - 4k^2}{1 + 4k^2}$，即 $A\left(-\dfrac{8k}{1 + 4k^2}, \dfrac{1 - 4k^2}{1 + 4k^2}\right)$。同理可得

$B\left(\dfrac{8k}{k^2 + 4}, \dfrac{k^2 - 4}{k^2 + 4}\right)$，所以 $k_{AB} = \dfrac{\dfrac{k^2 - 4}{k^2 + 4} - \dfrac{1 - 4k^2}{1 + 4k^2}}{\dfrac{8k}{k^2 + 4} + \dfrac{8k}{1 + 4k^2}} = \dfrac{(k^2 - 4)(1 + 4k^2) - (k^2 + 4)(1 - 4k^2)}{8k(1 + 4k^2 + k^2 + 4)}$

$= \dfrac{k^2 - 1}{5k}$，设 AB 中点坐标为 (x_0, y_0)，则 $x_0 = \dfrac{-\dfrac{8k}{1 + 4k^2} + \dfrac{8k}{k^2 + 4}}{2} = $

$\dfrac{12k(k^2 - 1)}{(k^2 + 4)(1 + 4k^2)}$，$y_0 = \dfrac{\dfrac{1 - 4k^2}{1 + 4k^2} + \dfrac{k^2 - 4}{k^2 + 4}}{2} = \dfrac{-15k^2}{(k^2 + 4)(1 + 4k^2)}$，所以 AB 中垂

线方程为 $y + \dfrac{15k^2}{(k^2+4)(1+4k^2)} = -\dfrac{5k}{k^2-1}\left(x - \dfrac{12k(k^2-1)}{(k^2+4)(1+4k^2)}\right)$，要使

$\triangle ADB$ 为 AB 为底边的等腰直角三角形，则 AB 中垂线方程过点 $(0，1)$，所以

$1 + \dfrac{15k^2}{(k^2+4)(1+4k^2)} = -\dfrac{5k}{k^2-1}\left(0 - \dfrac{12k(k^2-1)}{(k^2+4)(1+4k^2)}\right)$，整理得到 $k^4 - 7k^2 + 1$

$= 0$。令 $t = k^2$，则 $t^2 - 7t + 1 = 0$，$\Delta = 49 - 4 > 0$，所以 t 有两根 t_1，t_2，且 $t_1 + t_2 = 7 > 0$，$t_1 t_2 = 1 > 0$，即 $t^2 - 7t + 1 = 0$ 有两个正根，故有 2 个不同的 k^2 值，满足 $k^4 - 7k^2 + 1 = 0$，所以由椭圆的对称性知，当 $k^2 \neq 1$ 时，还存在 2 个符合题意的三角形，综上所述，存在以 D 为顶点，AB 为底边的等腰直角三角形，满足条件的三角形的个数有 3 个。

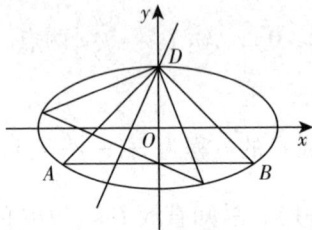

图 4-4-14

【解析】

略。

18.（17 分）已知曲线 $f(x) = (x + a)\ln x$ 在点 $(1，f(1))$ 处的切线方程为 $y = bx - 3$。

（1）求 a，b 的值；

（2）求 $f(x)$ 的单调区间；

（3）已知 $x \geqslant y \geqslant \dfrac{1}{2}$，且 $f(x) + f(y) = a\ln(xy)$，证明：对任意的 $m \in [1，2]$，$3 \leqslant 2x + my \leqslant 4$。

【答案】（1）解：$f'(x) = \ln x + \dfrac{x+a}{x}$，则 $f'(1) = a + 1 = b$。

因为 $f(1) = 0$，所以 $b - 3 = 0$，解得 $b = 3$，$a = 2$。

（2）解：$f'(x) = \ln x + \dfrac{x+2}{x} = \ln x + \dfrac{2}{x} + 1$。

令 $F(x) = \ln x + \dfrac{2}{x} + 1$，则 $F'(x) = \dfrac{1}{x} - \dfrac{2}{x^2} = \dfrac{x-2}{x^2}$，所以 $F(x)$ 在 $(0, 2)$ 上单调递减，在 $(2, +\infty)$ 上单调递增。又 $F(2) = \ln 2 + 2 > 0$，所以 $F(x) > 0$ 恒成立，即 $f'(x) > 0$ 恒成立，故 $f(x)$ 在 $(0, +\infty)$ 上单调递增，无单调递减区间。

（3）证明：由 $f(x) + f(y) = a\ln(xy)$，可得 $x\ln x + y\ln y = 0$。又 $x \geqslant y \geqslant \dfrac{1}{2}$，所以 $x \geqslant 1 \geqslant y \geqslant \dfrac{1}{2}$。

因为 $m \in [1, 2]$，$x \geqslant y \geqslant \dfrac{1}{2}$，所以只需证明 $2x + 2y \leqslant 4$，$2x + y \geqslant 3$，即证明 $x + y \leqslant 2$，$2x + y \geqslant 3$。

先证明 $x + y \leqslant 2$，即 $1 \leqslant x \leqslant 2 - y$，令 $g(x) = x\ln x$，则 $g'(x) = 1 + \ln x$，所以 $g(x) = x\ln x$ 在 $\left(\dfrac{1}{e}, +\infty\right)$ 上单调递增。

只需证明 $x\ln x \leqslant (2-y)\ln(2-y)$，$y \in \left[\dfrac{1}{2}, 1\right]$，即 $(2-y)\ln(2-y) + y\ln y \geqslant 0$，$y \in \left[\dfrac{1}{2}, 1\right]$。

令 $\varphi(y) = (2-y)\ln(2-y) + y\ln y$，$y \in \left[\dfrac{1}{2}, 1\right]$，则 $\varphi'(y) = \ln\dfrac{y}{2-y} \leqslant 0$，所以 $\varphi(y) = (2-y)\ln 2 - + y\ln y \geqslant \varphi(1) = 0$，故 $x + y \leqslant 2$。

再证明 $2x + y \geqslant 3$，即 $x \geqslant \dfrac{3-y}{2} \geqslant 1$。同理，只需证明 $x\ln x \geqslant \dfrac{3-y}{2}\ln\dfrac{3-y}{2}$，即 $\dfrac{3-y}{2}\ln\dfrac{3-y}{2} + y\ln y \leqslant 0$。

令 $h(y) = \dfrac{3-y}{2}\ln\dfrac{3-y}{2} + y\ln y$，$y \in \left[\dfrac{1}{2}, 1\right]$，则 $h'(y) = -\dfrac{1}{2}\ln\dfrac{3-y}{2} + \ln y + \dfrac{1}{2}$。

令 $k(y) = -\dfrac{1}{2}\ln\dfrac{3-y}{2} + \ln y + \dfrac{1}{2}$，$y \in \left[\dfrac{1}{2}, 1\right]$，则 $k'(y) = \dfrac{1}{6-2y} + \dfrac{1}{y} > 0$，所以 $k(y)$ 在 $\left[\dfrac{1}{2}, 1\right]$ 上单调递增。

又因为 $k\left(\dfrac{1}{2}\right) = -\dfrac{1}{2}\ln\dfrac{5}{4} + \ln\dfrac{1}{2} + \dfrac{1}{2} = \dfrac{1}{2}(1 - \ln 5) < 0$，$k(1) = \dfrac{1}{2} > 0$，则

存在 $y_0 \in \left(\dfrac{1}{2},\ 1\right)$，使得 $k(y_0) = 0$，所以当 $\dfrac{1}{2} \leq y < y_0$ 时，$k(y) = h'(y) <$

0，当 $y_0 < y \leq 1$ 时，$k(y) = h'(y) > 0$，所以 $h(y)$ 在 $\left[\dfrac{1}{2},\ y_0\right)$ 上单调递减，

在 $(y_0,\ 1]$ 上单调递增。

又因为 $h(1) = 0$，$h\left(\dfrac{1}{2}\right) = \dfrac{5}{4}\ln\dfrac{5}{4} + \dfrac{1}{2}\ln\dfrac{1}{2} = \dfrac{1}{4}\ln\dfrac{5^5}{4^6} < 0$，所以 $\dfrac{3-y}{2}$

$\ln\dfrac{3-y}{2} + y\ln y \leq 0$，故 $2x + y \geq 3$。综上，对任意的 $m \in [1,\ 2]$，$3 \leq 2x + my \leq 4$。

【解析】

略。

19. （17分）设正整数数列 A：a_1，a_2，$\cdots$，$a_N(N > 3)$ 满足 $a_i < a_j$，其中 $1 \leq i < j \leq N$。如果存在 $k \in \{2,\ 3,\ \cdots,\ N\}$，使得数列 A 中任意 k 项的算术平均值均为整数，则称 A 为"k 阶平衡数列"。

（1）判断数列 2，4，6，8，10 和数列 1，5，9，13，17 是否为"4 阶平衡数列"？

（2）若 N 为偶数，证明：数列 A：1，2，3，$\cdots$，N 不是"k 阶平衡数列"，其中 $k \in \{2,\ 3,\ \cdots,\ N\}$；

（3）如果 $a_N \leq 2019$，且对于任意 $k \in \{2,\ 3,\ \cdots\ N\}$，数列 A 均为"k 阶平衡数列"，求数列 A 中所有元素之和的最大值。

【答案】（1）解：由 $\dfrac{2 + 6 + 8 + 10}{4}$ 不为整数，可得数列 2，4，6，8，10 不是 4 阶平衡数列；数列 1，5，9，13，17 为首项为 1，公差为 4 的等差数列，则数列 1，5，9，13，17 是 4 阶平衡数列。

（2）证明：若 N 为偶数，设 $k = 2m(m \in \mathbf{N}^*)$，考虑 1，2，3，$\cdots$，$k$ 这 k 项，其和为 $S = \dfrac{k(k+1)}{2}$，所以这 k 项的算术平均值为 $\dfrac{S}{k} = \dfrac{k+1}{2} = \dfrac{2m+1}{2}$，此数不是整数。

若 k 为奇数，设 $k = 2m + 1$，$m \in \mathbf{N}^*$，考虑 1，2，3，4，5，$\cdots$，$k - 2$，

$k-1$，$k+1$ 这 k 项，其和为 $S' = \dfrac{k(k+1)}{2} + 1$，所以这 k 项的算术平均数为

$\dfrac{S'}{k} = \dfrac{k+1}{2} + \dfrac{1}{k} = m + 1 + \dfrac{1}{2m+1}$，此数不是整数。

故数列 A：1，2，3，4，$\cdots$，N 不是" k 阶平衡数列"，其中 $k \in \{2, 3, \cdots, N\}$。

（3）解：在数列 A 中任意两项 a_s，$a_t (s \neq t)$，对于任意 $k \in \{2, 3, 4, 5, \cdots, N\}$，在 A 中任意取两项 a_s，a_t，相异的 $k-1$ 项，并设这 $k-1$ 项和为 S_n。由题意可得 $S_n + a_s$，$S_n + a_t$ 都是 k 的倍数，即 $S_n + a_s = pk$，$S_n + a_t = qk$（p，q 为整数），可得 $a_s - a_t = (p-q)k$，即数列中任意两项之差都是 k 的倍数，$k \in \{2, 3, \cdots, N-1\}$，因此所求数列 A 的任意两项之差都是 2，3，$\cdots$，$N-1$ 的倍数，如果数列 A 的项数超过8，那么 $a_2 - a_1$，$a_3 - a_2$，$\cdots$，$a_8 - a_7$ 均为 2，3，4，5，6，7 的倍数，即 $a_2 - a_1$，$a_3 - a_2$，$\cdots$，$a_8 - a_7$ 均为 420 的倍数（420 为 2，3，4，5，6，7 的最小公倍数），$a_8 - a_1 = a_2 - a_1 + a_3 - a_2 + \cdots + a_8 - a_7 > 420 \times 7 = 2940$，即 $a_8 > 2940 + a_1 > 2940$，这与 $a_N \leqslant 2019$ 矛盾，故数列 A 的项数至多7项。数列 A 的项数为7，那么 $a_2 - a_1$，$a_3 - a_2$，$\cdots$，$a_7 - a_6$ 均为 2，3，4，5，6 的倍数，即 $a_2 - a_1$，$a_3 - a_2$，$\cdots$，$a_7 - a_6$ 均为 60 的倍数（60 为 2，3，4，5，6 的最小公倍数），又 $a_7 \leqslant 2019$，且 $a_1 < a_2 < \cdots < a_7$，所以 $a_6 \leqslant 2019 - 60$，$a_5 \leqslant 2019 - 2 \times 60$，$\cdots$，$a_1 \leqslant 2019 - 6 \times 60$，所以 $a_1 + a_2 + \cdots + a_7 \leqslant 2019 + (2019 - 60) + \cdots + (2019 - 6 \times 60) = 12873$，当且仅当 $a_i = 2019 - 60(7-i) = 1599 + 60i (i = 1, 2, \cdots, 7)$，$a_1 + a_2 + \cdots + a_7$ 取得最大值 12873；验证可得此数列为" k 阶平衡数列"，$k \in \{2, 3, \cdots, N\}$，如果数列的项数小于或等于6，由 $a_N \leqslant 2019$，可得，数列中所有项的和小于或等于 $2019 \times 6 = 12114$，综上可得，数列 A 中所有元素之和的最大值为12873。

【解析】

略。

4.5 高考数学成绩提升的关键因素

数学学科作为高校选拔性考试中最重要的考查科目之一，一直备受关注，数学成绩的好坏很大程度上决定了高考总分的高低。在新高考改革过程中，新高考对数学的要求和考查形式也在逐渐变化，通过九省联考和2024年高考可以看出，新高考重基础、重思维、重创新、重应用；考主干、考能力、考素养，突出考查思维过程、思维方法和创新能力。数学在新高考中的作用不仅在于提升学生的数学学科能力，更在于促进学生综合素质的全面发展，使其具备更强的创新和解决问题的能力，以适应未来社会的需求和挑战。要想在高考中取得优异的数学成绩，仅仅依靠刷题和死记硬背是不够的。总的来说，影响高考数学成绩的因素主要是扎实的数学基础知识、完善的数学核心素养、熟练的数学解题能力、常态化的自我反思总结和强大的心理素质。

4.5.1 扎实的数学基础知识

要想在高考数学中脱颖而出，扎实的数学基础知识是不可或缺的。通过分析新高考数学试卷不难发现，考查数学基础知识的比例进一步扩大。以2024年新高考数学全国Ⅰ卷为例，考查基础知识的比例高达70%。这意味着在试卷中，大约七成的题目都是基于数学基础知识点的考查，这些基础知识点的考查不仅限于选择题和填空题，还出现在解答题中。无论是简单的直接应用，还是需要通过一定推理和计算才能得出答案的题目，都强调了对学生数学基础知识的掌握和应用能力的考查。这样的设计旨在保证大多数学生都能在考试中发挥出自己的水平，既体现了对学生数学基础知识的重视，也符合新高考改革的精神，即注重学生的综合素质和能力的培养。

所谓数学基础知识，我们可以将其理解为数学学科中最基本、最核心的概念、原理和方法。在高考中，各种类型的数学问题都离不开这些基础知识，它们是数学发展的基石，也是高考数学中的考查重点。因此，只有学生在平时的学习中，把这些基础知识打牢、理顺、系统化，才能在高考数学中游刃有余，更好地发挥自己的水平。在平时的学习中该如何积累自己的基础知识呢？我们可以从以下几点夯实和提升自身的数学基础。

（1）培养数学学习兴趣

数学是一门需要耐心和热情的学科，学好数学最重要的是培养对数学的兴趣。只有对数学有了浓厚的兴趣，才能更加热爱学习，从而在学习中取得较好的成绩。那如何培养对数学的学习兴趣呢？

首先，得了解数学这个学科本身，其实数学是一门在社会中应用非常广泛的学科，但很多学生对于数学的认知仅限于解题和考试，实际上数学在日常生活和各个领域中都有广泛的应用。它不仅应用于科学研究和工程领域，还可以帮助人们解决日常生活中的问题。比如，数学在金融领域中应用很广泛，可以用于制定投资策略、计算利息和贷款等。此外，数学在医学中也扮演着重要角色，可以用于分析疾病传播模型、制定药物剂量等。在城市规划中，数学被用来优化交通流量、设计道路和建筑物的结构等。此外，数学在环境科学、通信技术、天气预报等领域也有着重要的应用。总之，数学在各个领域中都发挥着不可替代的作用，为人类的生活和发展提供了强大的支持。

其次，寻找合适的数学学习伙伴。找到志同道合的数学学习伙伴，可以一起讨论问题、分享经验和互相鼓励。合作学习是一种非常有效的学习方式，特别是在数学学习中。通过和同伴一起学习，可以互相交流思路，共同解决问题，激发彼此的学习兴趣。此外，与他人合作学习还可以帮助自己发现不足之处，并从他人身上学习到新的技巧和方法。因此，要提高学习数学的兴趣，可以尝试和同伴组建学习小组，一起讨论问题，分享心得，相信你会在合作学习中获益良多。

通过与同伴合作学习，可以相互激励，分享思路，共同解决问题。下面是一些如何通过与同伴合作学习来提高学习数学的兴趣的具体做法。

① 制定学习小组：邀请一些对数学感兴趣的同学组成一个学习小组。这样

便可以共同讨论数学问题，互相鼓励和帮助。

②分工合作：在解决数学问题时，可以将问题分解为几个部分，每个人负责研究一个部分，然后集中讨论和整合各自的成果。这样不仅可以提高效率，也可以增加合作的乐趣。

③比赛切磋：可以组织小型的数学比赛或者挑战，看谁能更快更准确地解决问题。这种竞争的方式可以激发学习的兴趣，并且能够锻炼思维和解决问题的能力。

④互相解惑：遇到难题时可以向同伴请教，共同探讨解决方案。通过和别人交流，有时会有新的思路和方法。

⑤庆祝成果：当你们通过合作解决了一个难题或者取得了进步时，记得要共同庆祝，这样能够增强彼此的成就感和数学学习的兴趣。

与同伴合作学习数学不仅可以提高学习的效率，还能够增加学习的乐趣，相信通过合作学习，你会更加喜欢数学。

总之，兴趣是最好的老师。只要你对数学学习充满了热情和耐心，你就会发现数学的美妙之处。

（2）加强基础知识的积累

高中数学是一门重要的基础学科。要想在数学学科上取得进步，首先需要扎实的数学基础知识。那么，如何强化自身的数学基础知识呢？

首先，明确高中数学的学习目标和计划。了解高中数学的整体框架和知识体系，明确各个知识点之间的联系和层次。根据学习目标，制定合理的学习计划，分阶段进行学习和复习。

其次，完善自身的高中数学知识体系，高中阶段所有学科的学习都需要构建自身的知识体系。高考数学有大量的题目来源于教材，所以需要全面掌握课本内容。高中数学知识体系是一个有机整体，各个知识点之间有着密切的联系。在学习过程中，要注重构建知识之间的联系。通过对比不同知识点之间的共同点和差异点，发现它们之间的内在联系。同时，要注重知识的整合和归纳，将分散的知识点串联起来，形成完整的知识体系。

此外，要找到适合自己的学习方法，每个人的学习方法不同，要找到适合自己的学习方法。有些人可能喜欢通过阅读教材来理解知识，而有些人则更喜欢通过解题来巩固知识。所以可以尝试不同的学习方法，找到最有效的方法来丰富自己的数学基础知识。

当然，理解所学的知识对于数学学科来说也至关重要，高中数学中有很多重要的概念和定理，需要深入理解其内涵和外延。对于每个重要概念和定理，要理解其定义、性质和证明方法。通过对比不同概念和定理之间的联系和区别，加深对它们的理解。

最后，需要持之以恒的决心和勇气，数学是需要持续和有规律学习的学科。每天要安排一定的时间来学习数学，并保持良好的学习习惯。要制定适合自己的学习计划，并按照计划进行学习。持续的学习可以帮助学生巩固知识，并为进一步的学习打下坚实的基础。

4.5.2 提升数学核心素养

高中数学核心素养是指学生在高中阶段所应具备的数学基本能力和素养。主要包括六大核心要素：数学抽象、逻辑推理、数学建模、直观想象、数学运算和数据分析。这些核心素养是学生在数学学习和应用过程中逐步形成和发展起来的，是具有数学基本特征的思维品质、关键能力以及情感、态度与价值观的综合体现。这些素养不仅是高考的重点考查对象，更是为学生将来在各领域的学习和工作奠定了坚实的数学基础。

第一，数学抽象是高中数学中非常重要的一个素养。它可以帮助学生将具体的事物转化为抽象的符号和概念，从而使学生更好地理解和应用数学知识。数学抽象核心素养是高中数学教学的重点和难点之一。在高考中，要求考生具备一定的数学抽象能力，能够将实际问题抽象成数学问题来解决，例如2023年新高考数学全国 I 卷的第 3 题：

设函数 $f(x) = 2^{x(x-a)}$ 在区间 $(0，1)$ 上单调递减，则 a 的取值范围是
（　　）

A.（$-\infty$，-2］　B.［-2，0）　　C.（0，2］　　D.［2，$+\infty$）

此题需要学生将原题抽象为函数 $g(x) = x(x-a)$ 在区间 $(0，1)$ 上单调递减，进而利用二次函数性质解决问题。

又如在立体几何证明题中，学生需要根据已知条件进行推理，建立几何关

系，最终得出结论。这要求学生具备抽象化思维的能力，将具体图形的特征转化为抽象的几何定理和性质。

高考数学对数学抽象核心素养的考查，不仅体现在学生对数学知识的掌握程度上，更重要的是体现在学生抽象思维能力和逻辑推理能力的发挥和应用上。因此，可以说高考数学试题的出题思路和难度都与考生的数学抽象能力密切相关，只有掌握好数学抽象核心素养，才能在高考中获得好成绩。

第二，逻辑推理也是高中数学中不可或缺的一个核心素养，学生需要通过逻辑推理来发现、证明和总结数学规律，从而更好地应用数学知识。毫不夸张地说，高考中的每一道题都考查学生的逻辑推理能力。因为大部分高考题都需要学生经历分析问题、抽象问题、建立条件、进行推理来找到正确的答案；在证明题中，学生需要根据已知条件、结论和推理方法，运用严密的逻辑推理，构建完整的证明过程。因此，在高考数学试卷中，数学逻辑推理素养的体现不仅仅是对数学知识的掌握，更重要的是学生思维逻辑性、严密性和推理能力的展示。总的来说，高考中数学逻辑推理素养的考查方式多样，既有选择题考查考生的分析和判断能力，也有证明题考查考生的推理和演绎能力。这种考查方式旨在培养学生的逻辑思维能力，提高其综合应用数学知识解决问题的能力，也为学生能更好地适应未来的学习和工作挑战奠定基础。

第三，数学建模可以帮助学生将实际问题转化为数学问题，并通过建立数学模型来解决实际问题。高考中越来越多地融入了实际应用情境，这些题目要求学生将现实问题转化为数学问题，从而考查学生的数学建模能力。例如，涉及经济、工程、环境等方面的应用题，通过真实情境让学生感受到数学的实用性和价值。题目中包含的复杂数据和信息处理要求学生具备较强的分析和推理能力。学生需要通过阅读题目中的情境描述，提取有效信息，并建立相应的数学模型进行求解。这一过程不仅仅是对数学知识的考查，更是对学生逻辑思维能力和信息处理能力的综合检验。

此外，高考题有时还会涉及模型的验证与改进，要求学生在解题过程中对所建立的模型进行评估和修正。这部分内容考查学生的批判性思维和创新能力，要求他们不仅能正确建立模型，还能发现和解决模型中的不足之处，从而得出更准确和合理的结论。例如2021年新高考数学全国Ⅱ卷第21题：

一种微生物群体可以经过自身繁殖不断生存下来，设一个这种微生物为第0代，经过一次繁殖后为第1代，再经过一次繁殖后为第2代，……，该微生物每代繁殖的个数是相互独立的且有相同的分布列，设 X 表示1个微生物个体繁殖下一代的个数，$P(X = i) = p_i (i = 0, 1, 2, 3)$。

（1）已知 $p_0 = 0.4$，$p_1 = 0.3$，$p_2 = 0.2$，$p_3 = 0.1$，求 $E(X)$；

（2）设 p 表示该种微生物经过多代繁殖后临近灭绝的概率，p 是关于 x 的方程：$p_0 + p_1 x + p_2 x^2 + p_3 x^3 = x$ 的一个最小正实根，求证：当 $E(X) \leq 1$ 时，$p = 1$，当 $E(X) > 1$ 时，$p < 1$；

（3）根据你的理解，说明（2）问结论的实际含义。

此题第（3）问需要学生根据自己计算的结论来解释它的实际含义，这就要求学生不仅能解题，还要明白该模型的应用价值。有时高考题中也会涉及跨学科的知识整合和应用。例如，在解决某些复杂问题时，可能需要学生应用物理、化学、生物等学科的知识，这体现了数学建模在解决综合性问题中的重要作用。数学建模核心素养在高考中的考查主要通过实际应用情境的设置、复杂数据和信息处理的要求、模型验证与改进的考查以及跨学科知识的整合应用等方面来实现。这不仅有助于全面评估学生的数学素养和综合能力，也培养了学生将数学知识与实际问题相结合的能力。

第四，数学直观的力量在高考中常常能够让人眼前一亮。传统观念中，数学问题通常被视为需要严密的逻辑推理，然而事实并非总是如此。有时候，数学所需要的只是一种直观的理解，这种理解往往能够让问题变得更加简洁、清晰。例如2024年新高考数学全国 I 卷第7题：

当 $x \in [0, 2\pi]$ 时，曲线 $y = \sin x$ 与 $y = 2\sin\left(3x - \dfrac{\pi}{6}\right)$ 的交点个数为（   ）

A. 3   B. 4   C. 6   D. 8

此题只需要将两个函数图像在同一个坐标系内画出，即可通过观察得出结论，如图 4-5-1 所示，两个函数的交点个数一目了然。

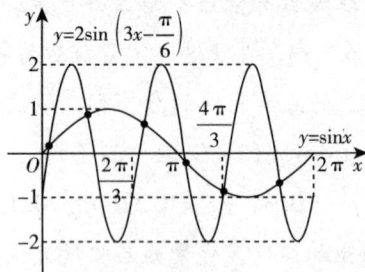

图 4 - 5 - 1

另外，数学直观想象核心素养在高考中也经常体现在对数学问题的分析与解决能力上。高考中常常设置复杂的问题，要求考生先通过直观想象，找出解决问题的方法和路径。例如解析几何中的定点问题，往往需要先利用图像的对称性特征找出定点的具体位置，再进一步进行严格的推理论证，这需要考生具备较强的分析和整合能力。

第五，数学运算也是高中数学中非常重要的一个素养。数学运算的准确性和运算速度是决定高考成绩的关键因素。法国数学家笛卡尔曾说过：一切问题都可以转化为数学问题，一切数学问题都可以转化成代数学问题，而一切代数学问题又都可以转化为方程。因此，解决了方程问题，一切问题将迎刃而解。通过笛卡尔这段话可以看出所有数学问题的终点便是运算，数学运算核心素养旨在考查学生对基本运算的掌握程度，只有掌握了这些基本运算，考生才能在高考数学中灵活应用，快速解决各种数学问题。

近年来，新高考对学生运算能力的要求越来越高。运算能力的培养，要求学生在解题过程中不能只关注解题思路的完整性，更应该将精力放在每一步运算的准确性上。粗心导致的运算错误往往会掩盖学生对问题本质的理解，从而影响整体解题能力的提升。只有通过不断地思考、计算，才能在实际应用中做到熟能生巧，从而在考试中做到游刃有余。因此在平时的学习中，一定要重视基础的运算能力，这对于未来的学习和发展将起到至关重要的作用。

第六，数据分析是 21 世纪最重要的技能之一，数据分析核心素养也是高中学生必须具备的素质之一，我们现在生活在一个"大数据"时代，如果不能有效地处理数据，那么将会被社会所淘汰。学生需要通过数据分析来解决实际问题，并通过数据的收集、处理和分析，发现规律并作出正确的判断。

数据分析核心素养在高考中的作用不仅限于概率统计题型本身，还体现在对学生综合能力的培养上。具备良好的数据分析能力，学生可以更好地理解数学公式背后的实际意义，更深入地了解社会现象的规律。

数据分析核心素养还对学生未来的发展具有重要影响。在大数据时代，数据已经成为最重要的资源之一。无论在科学研究还是实际工作中，数据分析能力都是不可或缺的。具备良好数据分析素养的学生，在未来的学习和工作中将具有更强的竞争力。例如，在商业领域，数据分析可以帮助企业做出更加科学的决策，提高市场竞争力；在科学研究领域，数据分析可以帮助研究人员发现新的规律和现象，推动科学进步。因此，高考中对数据分析核心素养的考查，实际上也是对学生未来发展能力的培养。

4.5.3 强化数学解题能力

高考数学离不开学生的解题能力，那么如何在有限的时间内有效、准确、快速地找到解题思路显得特别重要，尤其是在面对繁复多样的题型时，掌握科学的解题方法和技巧不仅可以提高答题效率，还能在紧张的考试中保持冷静思考，理性地分析出正确的解题方法。大量练习解题，并从中找到解题的思路，可以帮助我们熟悉题型、理解考点、掌握解题思路，提高解题的效率和准确性。熟能生巧，多练才能在考场上游刃有余。

这里不得不介绍波利亚的"怎样解题"法，波利亚的"怎样解题"法不是具体的某种解题方法，而是当我们解题没有思路时一种正确的思考方式，其模式如下：

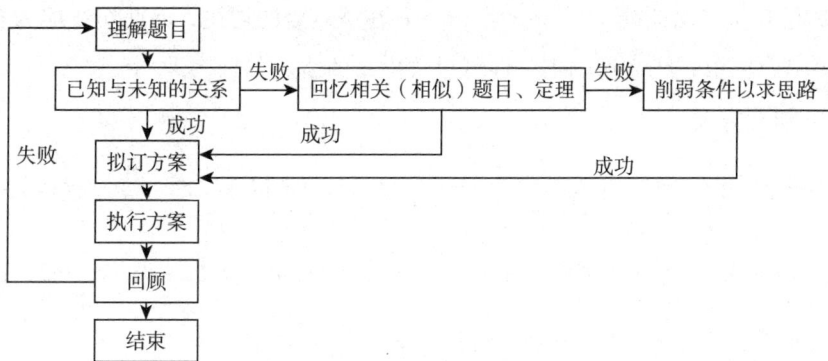

图 4 - 5 - 2

我们通过一个例子来说明波利亚的"怎样解题"法是如何实施的。

(2024 年新高考数学全国 I 卷第 13 题) 若曲线 $y = e^x + x$ 在点 (0，1) 处的切线也是曲线 $y = \ln(x + 1) + a$ 的切线，则 $a = $ _____。

如果学生拿到这道题没有思路的时候，应该怎么入手呢？

① 理解题目

已知条件是什么？

曲线 $y = e^x + x$ 在点 (0，1) 处的切线和曲线 $y = \ln(x + 1) + a$ 相切。

那未知量又是什么？

求 a 的值。

你能完成这道题到哪一步？

首先曲线 $y = e^x + x$ 在点 (0，1) 处的切线方程可以求出：$y = 2x + 1$。

但直线与曲线 $y = \ln(x + 1) + a$ 相切显然不能像直线和二次曲线相切那样联立方程，通过判别式 $\Delta = 0$ 来处理。

通常切线问题能解决的是哪类问题？

给出切点后求切线。

削弱条件：

如果给出曲线 $y = \ln(x + 1) + a$ 的切点，这个问题便能轻松解决。

于是，可以先假设曲线 $y = \ln(x + 1) + a$ 的切点，进而问题便可以进行下去。

② 拟订方案

先设切线与曲线 $y = \ln(x + 1) + a$ 相切的切点为 $(x_0，\ln(x_0 + 1) + a)$，将 x_0 看成已知量求出曲线 $y = \ln(x + 1) + a$ 在该点处的切线，而此切线应为直线 $y = 2x + 1$，再由直线方程的唯一性可以求出 a 的值。

③ 执行方案

由两曲线有公切线得 $y' = \dfrac{1}{x_0 + 1} = 2$，解得 $x_0 = -\dfrac{1}{2}$，则切点为 $\left(-\dfrac{1}{2}，a + \ln\dfrac{1}{2}\right)$，切线方程为 $y = 2\left(x + \dfrac{1}{2}\right) + a + \ln\dfrac{1}{2} = 2x + 1 + a - \ln 2$，根据两切线重合，所以 $a - \ln 2 = 0$，解得 $a = \ln 2$。

上述解题流程可以看成波利亚"求解题"的解题思想，而"证明题"的解题思路会有所差别，我们常说证明题常用综合法和分析法，但有些难度较大的证明题中并不只采用了综合法或者分析法，波利亚在其给出问题和建议中反复地强调解题者一会儿要去关注题设，一会儿要去关注结论，也就是说，在做"证明题"时，思维并不一直都是顺的或一直都是逆的，做"证明题"通常是综合法与分析法的结合，需要既关注题设又注意结论，灵活转换证明的方向，不拘泥于一种方法，其具体的模式如下：

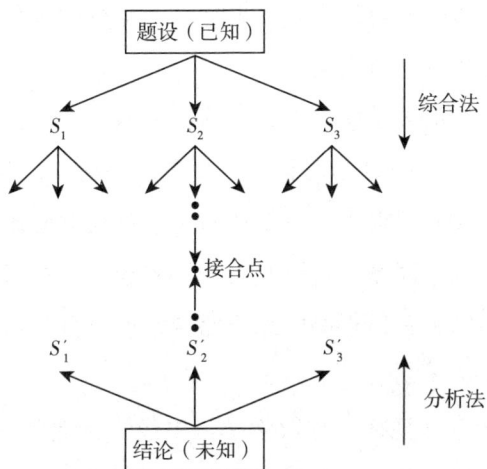

图 4 – 5 – 3

每一道"证明题"，由题设出发都得到若干结论，而结论又可以由若干题设推得。在做"证明题"时，我们要不停地分析题设和结论，直到找到它们的接合点，接合点找到了，证明也就完成了，借助波利亚的解题思想可以帮助我们很快找到题目的接合点。

4.5.4 常态化的自我反思总结

自我反思与总结可以帮助学生更好地了解自己的学习情况，发现哪些方法和策略适合自己，从而减少不必要的时间浪费。通过不断调整和优化学习方法，能够大幅提升学习效率，达到事半功倍。在反思和总结的过程中，学生可以发现自己学习中存在的薄弱环节和不足之处。这些不足可能是某些知识点的理解不够深入，或是解题方法上存在漏洞。及时发现这些问题，有助于学生针对性地进行补习和改进。通过反思和总结，学生可以将所学知识进行系统化整理，深化对知识的理解。自我反思可以促使学生从不同角度思考问题，更加全面和深入地理解题目，从而在遇到类似问题时能够灵活应用所学知识解决。

在数学学习过程中，自我反思是至关重要的一环。通过定期回顾学习内容，我们可以加深对知识点的记忆和理解，及时巩固所学知识。同时，分析学习方法的有效性也能帮助我们找出适合自己的学习方式，提高学习效率。此外，总结常犯错误并加以改进，有助于我们避免重复犯错，不断提升数学学习的质量和水平。因此，进行数学学习的自我反思是必不可少的步骤，能够帮助我们更好地掌握数学知识，提升学习成绩。

这里介绍一些实用的数学学习总结方法：①编写学习日记：每天记录学习的重点内容和收获，分析每日学习情况，找出问题所在，及时调整学习计划，提高学习效率；②制作知识点小抄：简洁明了地总结重要知识点以方便随时查阅复习，也可以携带到不同场合进行复习；③积累解题技巧和经验：记录常见题型的解题方法，总结解题过程中的思维路径，形成自己的解题技巧库，并不断积累改进。

此外，还要善于总结规律，在数学学习中经常会遇到一些规律性的问题。通过总结这些规律，我们可以更好地理解和掌握知识点，善于总结规律对于提升数学学习能力至关重要。我们还可以形成自己的学习思维导图，学习思维导图是一种将知识按照层次和关联性进行组织和呈现的方法。在数学学习中，通过构建学习思维导图，我们可以清晰地展示各个知识点之间的联系，帮助我们更好地理解和记忆知识点。同时，学习思维导图还可以帮助我们发现不同知识点之间的共性和差异，加深对数学知识的整体把握。学习思维导图是提升数学学习能力的一种有效方法。

4.5.5 强大的心理素质

高考对学生的心理素质要求非常高，考试时间长，试题难度大，很容易让考生产生紧张和焦虑的情绪。如何锻炼强大的心理素质，让自己更好地面对考试压力和挑战显得非常重要。

首先，保持正确的心态是非常重要的。学生应该认识到，高考只是人生中的一次考试，尽管它的重要性不言而喻，但它并不代表人生的全部。学生应该相信自己的能力，保持积极乐观的态度，从而提升自己的信心。

其次，学会合理安排时间。在高考备考期间，学生需要制定科学合理的学习计划，并且按照这个计划进行学习和复习。合理安排时间可以帮助学生提高学习效率，同时减轻焦虑和压力。

再次，要有充足的睡眠和休息。良好的睡眠质量能够使人保持精力充沛，面对学习和考试才能更加专注和高效。适当的休息可以帮助学生缓解压力，放松身心，提高学习效果。

从次，要学会面对失败和挫折。在备考过程中，难免会遇到困难和挫折。学生应该学会从失败中总结经验教训，不气馁不放弃，坚持不懈地努力。学会从挫折中崛起，能够更好地应对考试中的各种困难。

最后，要科学调节情绪。学生应该学会控制自己的情绪，保持冷静和稳定。当遇到压力时，可以通过体育锻炼、听音乐、阅读等方式转移注意力，及时缓解紧张和焦虑情绪。

总之，高考数学对学生的心理素质的要求很高，需要学生具备坚定的信心、积极面对挫折的心态以及科学调节情绪的能力。通过这些方法的锻炼，学生可以更好地应对考试压力，发挥自己的潜力，取得优异的成绩。

在高考数学中，扎实的数学基础知识是至关重要的，它是解决各种数学问题的基础。此外，完善的数学核心素养，包括数学抽象、逻辑推理、数学建模、直观想象、数学运算和数据分析，也是影响高考数学成绩的重要因素。另外，熟练的数学解题能力和常态化的自我反思总结有助于考生在备考过程中更好地应对各种数学难题。最后，强大的心理素质能够帮助考生在高考数学考试中保持冷静、专注，并且有效地应对压力。这些因素综合起来，对高考数学成绩有着决定性的作用。

第五章

数学之韵：

数学文化的传承与发展

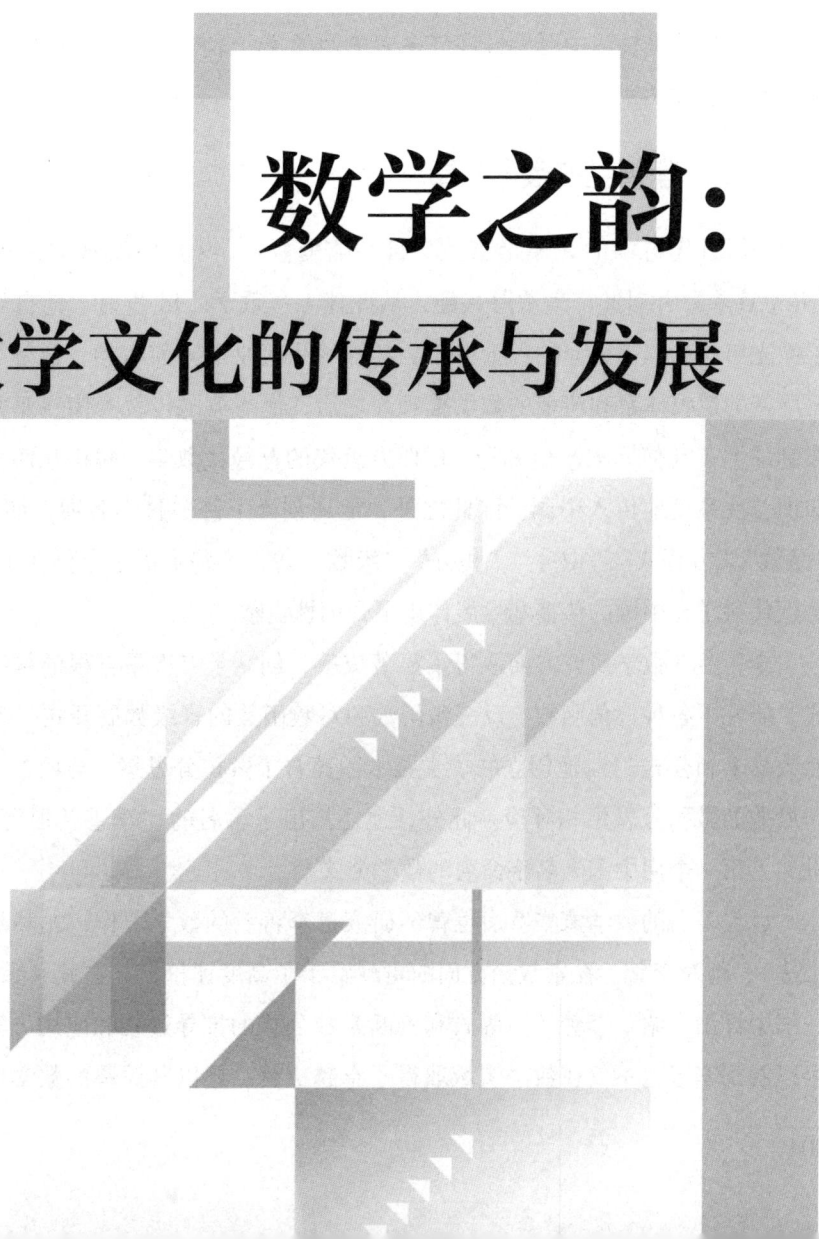

5.1 数学名人与数学故事

在数学历史长河中诞生过许许多多的数学家，本节主要介绍中国近代几位比较著名的数学家。

5.1.1 李善兰的数学故事

中国近代科学的先驱李善兰，自幼酷爱数学，9岁时发现父亲书架上的《九章算术》并对此产生浓厚兴趣，从此迷上了数学。14岁时，他自学并读懂了徐光启与利玛窦合译的古希腊数学名著《几何原本》前六卷，领略了欧氏几何严密的逻辑体系和清晰的数学推理。之后，他与英国传教士伟烈亚力等人合作翻译了《几何原本》后九卷，使西方近代的符号代数学、解析几何和微积分知识首次系统地传入中国。除此之外，他还创译了许多科学名词，如"代数""函数""方程式""微分""积分""级数"等，这些术语至今仍在中国流传，为近代科学在中国的传播和发展作出了开创性贡献。

李善兰在数学研究方面取得了显著成就，创立了二次平方根的幂级数展开式，研究了各种三角函数、反三角函数和对数函数的幂级数展开式（现称"自然数幂求和公式"）。他创立的"尖锥术"蕴含了微积分思想，与西方牛顿、莱布尼兹的微积分思想相呼应。此外，他还推出了著名的"李善兰恒等式"，是世界上第一个用中国人名字命名的数学公式。

近代著名的数学家华罗庚也曾经研究过李善兰的数学著作，尤其是《考数根法》，他对李善兰在素数论方面的贡献给予了高度评价，并在其《数论导引》一书中详细介绍了李善兰恒等式和判断素数公式的推导过程和应用方法。我们可以看到李善兰不仅在数学领域取得了卓越成就，还以其深厚的数学造诣和独特的学术风格，为后世留下了宝贵的数学财富。他的学术精神值得我们敬仰和学习。

5.1.2　苏步青的数学故事

苏步青是中国著名的数学家、教育家，中国微分几何学派创始人，中国科学院院士，被誉为"东方国度上灿烂的数学明星""东方第一几何学家""数学之王"。苏步青最初对数学并无太大兴趣，后来在浙江省立十中念初三时，受到数学老师的影响，他对数学产生了浓厚的兴趣，并从此立志学习数学。中学时曾以 20 种不同的方法证明一条几何定理，受到校长洪泯初的赏识，并资助其留学深造。1919 年赴日本留学，初入东京高等工业学校电机系。1924 年考入日本东北帝国大学数学系继续深造。1927 年大学毕业后，在课余时间进行数学研究，发表了"苏锥面"的论文，引起国际数学界的关注。1928 年至 1931 年间，接连发表了 41 篇关于仿射微分几何和射影微分几何的研究论文，开辟了微分几何研究的新领域。1931 年以优异成绩获得日本东北帝国大学理学博士学位。

1931 年回国后，受陈建功邀请，苏步青到浙江大学数学系任教。在浙江大学任教期间，创立了国际公认的浙江大学微分几何学派。1978 年后任复旦大学校长、数学研究所所长，复旦大学名誉校长、教授。他在学术上的贡献颇多：对"K 展空间"几何学和射影曲线的研究有深入贡献；在仿射微分几何学和射影微分几何学研究方面取得一系列出色成果；在一般空间微分几何学、高维空间共轭理论、几何外形设计、计算机辅助几何设计等方面取得突出成就。他诸多的研究成果与他的勤学钻研是分不开的。苏步青的故事不仅展现了他对数学的热爱和执着追求，也体现了他在数学领域的卓越成就和对后人的深远影响。他的故事激励着一代又一代的数学家和广大学子投身于数学的研究和实践中。

5.1.3　吴文俊的数学故事

吴文俊出生于 1919 年 5 月 12 日，自幼受父亲民主思想的熏陶，对数学产生了浓厚兴趣。1936 年，吴文俊被保送至交通大学（现上海交通大学）数学系学习。在校期间，他展现出了非凡的数学才华。1947 年，吴文俊考取中法交换生，赴法国留学。在法国期间，他深入研究拓扑学，取得了令人震惊的成果。1951年，吴文俊毅然决定回国，先在北京大学任教，后调入中国科学院数学研究所工作。他用所学知识积极报效祖国，回国仅5年，吴文俊就迎来了人生的第一个高峰时刻。1956年，他获得中国科学院科学奖一等奖，这是新中国首次在自然科学领域设立的最高奖项。2001年，吴文俊获得2000年度国家最高科学技术奖。他还获得过Herbrand自动推理杰出成就奖、求是杰出科学家奖、第三世界科学院数学奖、"人民科学家"国家荣誉称号、有东方诺贝尔奖之称的邵逸夫数学奖等众多国内外奖项。

他在数学领域，特别是在数学机械化和拓扑学方面做出了杰出的贡献。吴文俊在研究中国古代数学时，得到了机器证明研究的灵感，他开创了数学机械化领域。1976年，他开始了几何定理机器证明研究，创造性地提出了"吴氏方法"。他的"吴氏方法"不仅在数学机械化领域取得了重大突破，还广泛应用于人工智能、并联数控技术、模式识别等领域。这一方法将一般形式的代数簇分解为"三角列"形式，使很多性质变得容易计算，为代数几何中重要问题的解决提供了新途径。吴文俊在拓扑学领域做了奠基性的工作，他的研究为这一领域的发展奠定了坚实的基础。在拓扑学领域，吴文俊的示性类和示嵌类研究被国际数学界称为"吴公式""吴示性类""吴示嵌类"，至今仍被国际同行广泛引用。吴文俊的研究工作对数学领域产生了深远影响。

吴文俊晚年继续从事数学研究，并致力于培养后继人才。他曾任中国数学会理事长、中国科学院数理学部主任等职务，为中国数学事业的发展做出了重要贡献。吴文俊的学术精神和数学成果对后来的数学家产生了深远影响。他的学生中有多人已成为国内外数学领域的杰出人才，为中国数学事业的发展注入了新的活力。吴文俊的数学故事充满了传奇色彩，他早年留学法国并取得学术突破，回国后开创数学机械化领域并取得重大成就。他的一生致力于数学研究和人才培养，为中国数学事业的发展做出了杰出贡献。

5.1.4 陈省身的数学故事

陈省身，1911年10月28日出生于浙江嘉兴秀水县。1926年，考入南开大学数学系，受到姜立夫教授的深刻影响。1931年，考入清华大学研究院，成为中国国内最早的数学研究生之一。1934 年，获清华大学理学硕士学位后，赴德国汉堡大学深造。1936 年，获德国汉堡大学理学博士学位。1938 年，任西南联合大学教授。1949 年，成为美国芝加哥大学教授。1984 年至 1992 年，任天津南开数学研究所所长，后任名誉所长。陈省身开创并领导了整体微分几何、纤维丛微分几何、"陈省身示性类"等领域的研究，他是第一位获得世界数学界最高荣誉"沃尔夫奖"的华人，被国际数学界尊为"微分几何之父"。2004 年 11 月 2 日，陈省身展示了"小行星命名证书"。当日，国际小行星中心将一颗小行星命名为"陈省身星"。

陈省身在微分几何领域取得了重大突破，给出了高维 Gauss – Bonnet（高斯 –博内）公式的内蕴证明，被通称为 Gauss – Bonnet – Chern（高斯 – 博内 – 陈）公式，提出了"Chern Class（陈氏示性类）"，成为其经典杰作。他还发展了纤维丛理论，其影响遍及数学的各个领域。纤维丛理论是现代数学的一个重要分支，用于研究各种具有纤维结构的几何对象。他建立了高维复流形上的值分布理论，包括 Bott – Chern（博特 – 陈）定理，这一理论对代数数论产生了重要影响。还为广义的积分几何奠定了基础，获得了基本运动学公式。他引入的陈氏示性类与 Chern – Simons（陈 – 西蒙斯）微分式，成为理论物理的重要工具。这些工具在量子场论、拓扑量子计算等领域有广泛应用。

陈省身的研究领域涵盖了微分几何、纤维丛理论、复流形上的值分布理论等多个领域。他的研究方法和数学成果对数学和相关学科的发展产生了深远的影响。陈省身不仅是一位杰出的数学家，还是一位伟大的教育家和领导者。他提倡"学而不思则罔，思而不学则殆"的学习方法，强调数学家的直觉和创造力。陈省身在研究中经常采用直观的思想来探索数学现象和规律。例如，在发现高斯 – 博内 – 陈定理时，他采用了将曲面划分为小三角形的直观方法。陈省身在证明定理和解决问题时，经常应用一些非常优美的数学技巧。这些技巧不仅使他的研究更加深入和精确，也为后来的数学家提供了宝贵的启示和借鉴。陈省身的一生是对数学热爱和不懈追求的缩影，他的数学故事不仅展现了他在数学领域的卓越成就，也体现了他作为一名科学家和教育家的风采。他的工作对现代数学和物理的发展产生了深远的影响，为社会培养了一大批杰出的数学家，也为中国数学事业的发展做出了重大的贡献。

5.1.5 陈景润的数学故事

陈景润，1933 年 5 月 22 日出生于福建福州，幼年家境贫寒，父亲是一名邮递员，收入微薄，但母亲对他的学习抱有极大的支持和期望。陈景润的数学之路始于自学兄长的旧教材，并在田间实际应用统计学方法验证了教材中的理论。这种对数学的热爱和自学精神为他日后的研究打下了坚实的基础。1950 年，陈景润考入厦门大学数理系。1977 年，任中国科学院数学研究所研究员。1980年，当选为中国科学院学部委员（院士）。

陈景润不爱逛公园，就爱学习。学习起来，常常忘记吃饭睡觉。有一天，陈景润吃中午饭的时候，摸摸脑袋发现头发太长了，应该去理发了。但到理发店时发现人很多，大家都排着队。陈景润看着手里三十八号的小牌子想：轮到我还早着呢，时间是多么宝贵啊，我可不能白白浪费掉。他赶忙走出理发店，找了个安静的地方坐下背起外文单词来。他背了一会，忽然想起上午读外文的时候，有个地方没看懂。不懂的东西，必须要把它弄懂，这也是陈景润的脾气。他看了看手表，才十二点半。他想着先到图书馆查一查，再回来理发还来得及，于是站起来就走了。过了好长时间，陈景润在图书馆里把不懂的东西弄懂了，这才高高兴兴地往理发店走去。但当他经过外文阅览室，看到各式各样的新书，就又跑进去看起书来了，直到太阳下山了，他才突然想起理发的事来，那张三十八号的小牌子还躺在口袋里，再到理发店还有啥用呢，这个号码早已过时了。陈景润经常在图书馆里废寝忘食地研究数学，甚至因过度专注错过图书馆的关门时间而被锁在图书馆里。

虽然陈景润性格孤僻，不善言辞，但他在数学研究中却表现出极高的毅力和坚韧。他的这种精神也使他在数学领域取得了辉煌的成就。陈景润于 1982 年获得国家自然科学奖一等奖，其事迹和奋斗精神激励着一代代青年发愤图强，勇攀科学高峰。陈景润的研究成果不仅在数学领域产生了深远影响，还为中国数学界的发展做出了重要贡献。他的"陈氏定理"在国际数学界产生了广泛影响，为中国数学赢得了荣誉。陈景润的主要成就是在哥德巴赫猜想研究中取得了重大突破，证明了"1+2"，被国际数学界称为"陈氏定理"，使我国至今仍在"哥德巴赫猜想"研究中保持世界领先水平。他在圆内整点问题、华林问题、三维除数及三素数定理中的常数估计等研究中，改进了中外数学家的结果。陈景润与数学的故事是一段充满执着、坚持和辉煌的历程。他的数学成就和人生经历将永远激励着人们追求科学真理，勇攀科学高峰。

5.1.6 华罗庚的数学故事

华罗庚 1910 年 11 月 12 日出生于江苏常州金坛区，中国科学院院士，数学家。华罗庚在早年自学数学，并在数学领域中展现出极高的天赋。华罗庚在十九岁那年患上了严重的伤寒病，这场大病几乎毁了他的一生。他因此左腿残疾，但决心用健全的头脑代替不健全的双腿。在逆境中，华罗庚继续自学数学，并开始在杂志上投稿。尽管一开始稿件屡被拒绝，但他坚持不懈，在逆境中坚持奋斗。

1930 年，华罗庚在《科学》杂志上发表了一篇论文，被清华大学数学系主任熊庆来教授发现，并邀请他前往清华大学任教。21 岁的华罗庚来到了北京的清华大学，开始了他的学术生涯。1936 年，华罗庚被清华大学保送到英国剑桥大学访问，进一步深造数学。剑桥大学的数学首席教授哈代对他的才华表示认可，并告诉他只需一年就能获得博士学位。1938 年回国被聘为清华大学教授。1946 年任美国普林斯顿数学研究所研究员、普林斯顿大学和伊利诺伊大学教授，1948 年当选为中央研究院院士。1950 年，华罗庚决定回国，担任清华大学数学系主任，并受中国科学院院长郭沫若的邀请开始筹建数学研究所。回国后，华罗庚潜心为新中国培养数学人才，并在数学领域中取得了丰硕的研究成果。他还发起创建了我国计算机技术研究所，并亲自推广优选法和统筹法，为工农业生产服务。

华罗庚在数论、代数与几何、复分析等领域都成就卓然，领导学生在数论特别是哥德巴赫猜想的研究方面一直走在世界前列，形成了数论研究中的中国学派。华罗庚解决了高斯完整三角和的估计难题、华林和塔里问题改进、一维射影几何基本定理证明等，在国际上以华氏命名的数学科研成果有"华氏定理""华氏不等式"等。华罗庚被选为美国科学院外籍院士、第三世界科学院院士、联邦德国巴伐利亚科学院院士等，并获得了国家自然科学奖一等奖、陈省身数学奖等国内外重要奖项。华罗庚积极组织和领导数学研究工作，培养了一大批数学人才，为新中国数学事业的发展做出了重大的贡献，被誉为"中国现代数学之父"。他的名字和成就被载入史册，激励着后世的数学家们不断追求数学的真理。华罗庚的一生是充满传奇色彩的一生。他克服了重重困难，取得了辉煌的成就，他的故事激励着一代又一代的中国人。

5.1.7 丘成桐的数学故事

丘成桐是中国杰出的数学家。1982 年，丘成桐成为首位获得菲尔兹奖的华人数学家，这是国际数学界的最高荣誉。除此之外，他还获得了美国国家科学奖章、沃尔夫数学奖、马塞尔·格罗斯曼奖、邵逸夫数学科学奖等奖项，使他成为唯一一位包揽诸多国际大奖的科学家。

1949 年 4 月，丘成桐出生于广东汕头一个书香世家，从小就对数学产生了浓厚的兴趣，他的父亲是一位哲学教授，对丘成桐的数学启蒙有着重要影响。1966 年，丘成桐以优异成绩考入香港中文大学崇基学院数学系，以三年时间完成四年大学课程并获得学士学位。1969 年在 Stephen Salaff 教授的推荐下，前往加州大学伯克利分校深造，师从数学泰斗陈省身教授。1971 年获得加州大学伯克利分校博士学位，之后在普林斯顿高等研究院担任博士后研究员。

他在科研方面获得重大突破，破解了卡拉比猜想。1976 年，年仅 27 岁的丘成桐证明了卡拉比猜想，卡拉比猜想是代数几何中一个重要的未解决问题，丘成桐的证明为数学界带来了重要的启示和突破。这一成就震动了整个数学界，为他赢得了崇高的国际声誉。另外，丘成桐在微分几何和几何分析领域也做出了杰出贡献，开创了数学中极为重要的分支"几何分析"。丘成桐的学术贡献不仅限于微分几何和几何分析领域，他的研究还涉及数学物理、控制论、图论等多个领域。他的工作对理论物理和几乎所有核心数学分支都产生了重要影响。

他担任过哈佛大学数学系和物理系教授、香港中文大学博文讲座教授兼数学科学研究所所长、清华大学讲席教授、丘成桐数学科学中心主任等。他一生致力于培养数学人才，推动数学研究的发展。丘成桐直接培养的博士超过 70名，还培养了同样数目的博士后开展科研工作。他培养的博士生和博士后中已有一批青年学者成为世界和中国数学界的核心成员和骨干力量。他还通过翻译和引进西方数学著作、创办学术机构等方式，为中国数学界的发展和国际交流做出了重要贡献。丘成桐以坚持和毅力著称，即使在最艰难的时刻也不放弃对数学的热爱和追求。他的数学故事激励了无数年轻人投身于数学研究，成为他们心中的榜样和偶像。丘成桐是一位杰出的数学家，他的数学故事充满了坚持、毅力和成就。他的成就不仅为中国数学界赢得了国际声誉，也为中西数学交流做出了重要贡献。他的故事将永远激励着人们追求数学的真理和美妙。

　　本节虽然只介绍了我国这几位数学家的生平事迹，但是他们的故事足以给我们启示，足以给我们自信，足以鼓舞我们为数学事业继续拼搏奋斗。

5.2 数学名著与数学文献

5.2.1 引言

随着 2024 年江西省新高考改革的推进，高中数学教育迎来了新的挑战与机遇。数学作为一门基础学科，不仅在培养学生的逻辑思维能力、解题技巧和数学素养方面发挥着重要作用，在推动整个教育体系的发展和创新中也占据着核心地位。在这个背景下，理解和学习数学名著与文献的重要性显得尤为突出。通过阅读名著和文献，我们不仅可以了解数学理论的发展，还可以感受到数学家的思想和情感。这一章将探讨几部重要的数学名著及其对数学发展的影响，并介绍一些具有里程碑意义的数学文献。

新高考强调培养学生的数学思维和解决实际问题的能力，而数学名著与文献正是培养这些能力的理论支持和实践指南。此外，数学名著与文献对高中数学教师的教学培训也具有深远意义。教师可以从中汲取教学方法和案例，将抽象的数学概念转化为学生能够理解和应用的形式。这种教学方式不仅能使学生更好地理解数学的本质和意义，还能培养其解决问题的能力和创新精神，从而更好地适应新高考的考试要求和理念。

5.2.2 历史上的经典数学名著

古代数学名著如《几何原本》和《九章算术》对数学的发展有着深远的影响。这些经典作品不仅在数学理论的发展中占据重要地位，也对现代数学教育产生了深远的影响。在 2024 年江西省新高考改革的背景下，这些经典作品的重要性显得更为突出。在这些古代经典中，发掘出与高中数学教育与教学相结合的知识也十分重要。

《几何原本》是古希腊著名数学家欧几里得编写的一部著作，对人类数学科学的发展产生了深远影响。它系统整理和总结了古希腊的几何学知识，以其严谨的证明和系统的结构著称，被誉为几何学的奠基之作。这部作品由 13 本组成，系统阐述了从平面几何到立体几何的各种基本定理和推论，包括平行公设、直线分割、圆锥曲线等内容。《几何原本》不仅是一部关于几何学的著作，更是逻辑思维和数学证明方法的典范。欧几里得通过公理化方法和推导演绎，展示了数学推理的严密性和逻辑性，这种方法影响了整个欧洲的数学发展，并在世界范围内产生了深远的影响。在新高考背景下，学生通过学习《几何原本》，不仅可以深入理解几何学的基本概念和定理，还能培养其推理能力和逻辑思维。教师可以通过教授《几何原本》中的经典案例和证明方法，引导学生掌握数学证明的技巧和策略。例如，通过学习欧几里得的平行公设及其推论，学生能够理解几何学中的基本概念，如平行线、三角形性质等，为后续几何学的学习打下坚实的基础。

《九章算术》是中国古代数学的重要著作，是中国数学发展史上的一个重要里程碑。这部著作共分为九章，涵盖的数学内容包括代数、几何、数论等多个领域。每章内容详细系统，以实际问题为背景，提出了解决这些问题的具体方法和技巧。它展示了古代中国数学家应用数学处理实际问题的创新能力和智慧。通过实例和问题，作者提出了多种解决策略，如代数方程的求解、几何图形的计算等，为后世数学的发展奠定了基础。在新高考的考试内容中，学生通过学习《九章算术》能够了解古代数学家在解决实际问题时的方法和策略。这部作品不仅展示了数学的实用性和应用性，还能培养学生的问题解决能力和创新思维。例如，在学习代数章节时，学生可以学到解一元二次方程和一元三次方程的方法，这些方法不仅限于代数课堂，也可以在日常生活和职业生涯中应用，有助于学生提升解决实际问题的能力。

5.2.3 近现代数学名著和文献

在近现代数学的发展过程中，涌现出一批重要的数学名著和文献，如牛顿的《自然哲学的数学原理》、高斯的《算术研究》以及笛卡尔的《解析几何》。这些著作打开了现代数学研究的大门，也是目前高中数学教育的"奠基者"。

《自然哲学的数学原理》（*Philosophie Naturalis Principia Mathematica*），通常简称《原理》，是英国科学家艾萨克·牛顿于 1687 年发表的一部伟大著作。该书系统地提出了经典力学的基本原理，包括牛顿三大运动定律和万有引力定律，奠定了经典物理学的基础。《原理》不仅开创了现代物理学的新纪元，还在数学上引入了微积分的概念和方法。牛顿在书中通过严密的数学推导，解释了自然界中的各种运动现象，为科学革命和工业革命提供了理论基础。这部著作极大地推动了数学和物理学的发展，至今仍然是物理学和工程学的重要参考文献。微积分虽然不是目前高考的主要考点，但对于目前的新高考而言，掌握微积分的基本知识，有利于学生更加深入地理解数学上函数和几何的关系。在新高考的背景下，通过学习《原理》，学生能够理解经典力学的基本原理和数学方法。教师可以借助其中的案例和推导过程，培养学生的数学建模能力和物理思维。例如，通过学习牛顿运动定律，学生可以掌握力与运动的关系，并应用这些知识解决实际生活中的物理问题。此外，微积分是《原理》中重要的数学工具，学生通过学习微积分可以提升其分析和解决复杂问题的能力。

《算术研究》（*Disquisitiones Arithmeticæ*）是德国数学家卡尔·弗里德里希·高斯于 1801 年发表的一部数学巨著。这部书集中讨论了数论的基本问题，系统阐述了整数的性质和结构，包括素数分布、同余式理论和二次互反律等。《算术研究》被认为是现代数论的奠基之作，它不仅解决了许多未解的古代数论问题，还开创了数论研究的新领域。高斯在书中引入了严格的数学证明方法和符号体系，极大地推动了数学的现代化进程。这部著作对后来的数学家如黎曼、狄利克雷、费马等人的研究也产生了深远影响，数论中的许多重要定理和方法都源于高斯的工作。在新高考的背景下，通过学习《算术研究》，学生可以深入了解数论的基本概念和方法。教师可以利用高斯的研究成果，帮助学生理解整数的性质和数论中的重要定理。例如，通过学习二次互反律，学生可以掌握数论中同余式的解法和性质，这对于提高学生的数学推理能力和解题技巧具有重要意义。此外，数论在密码学等现代信息技术中也有广泛应用，学生通过数论知识的学习，可以拓展其在信息科学领域的应用能力。

《解析几何》（*La Géométrie*）是法国哲学家和数学家勒内·笛卡尔于 1637 年发表的著作，是解析几何学的开创之作。在这部书中，笛卡尔提出了将代数方法应用于几何问题的思想，建立了坐标系的概念，并通过代数方程来描述几何图形。它开创了用代数方法研究几何问题的全新领域，使几何学和代数学得到了统一。笛卡尔的工作为后来的微积分和分析数学的发展奠定了基础。解析几何的思想和方法至今仍然是数学、物理学和工程学中的重要工具，广泛应用于曲线和曲面的研究、机械设计、计算机图形学等领域。在新高考的背景下，通过学习《解析几何》，学生可以理解和掌握用代数方法解决几何问题的基本思想和技巧。教师可以通过解析几何中的经典问题，如直线和圆的方程、椭圆、抛物线和双曲线的性质，帮助学生建立代数与几何的联系，提高他们的数学综合能力和空间想象力。例如，通过学习直线方程的不同形式，学生学会灵活应用于解析几何的各种问题，从而提升其解题效率和准确性。

5.2.4 数学名著和文献对高中数学教育的影响

数学名著和文献对教育的影响深远且广泛，不仅为现代教材的编写提出了宝贵的意见，还推动了教学改革的发展。如上述的经典著作中，牛顿在《自然哲学的数学原理》中提出的微积分思想，虽然在高中阶段未直接涉及，但其推理和系统性对高中教材的编写很有启发性。教材编写者通过借鉴经典文献中的严密推理和系统论述，能更好地组织教学内容，有助于学生理解数学知识的本质及其应用。高斯在《算术研究》中对数论的系统阐述虽然未在高中阶段完全呈现，但数论中的一些基本概念和方法，如同余理论，仍对高中教材的编写产生了影响。这种历史与理论相结合的编写方式，不仅可以让学生学到数学知识，还能了解到数学发展的背景和逻辑过程。

除了上述的近现代经典著作，当代的一些数学文献书籍也值得我们学习和借鉴。例如，梁惠王的《高中数学解题方法》、王尚志的《高中数学竞赛教程》等书籍是学习高中数学的重要参考书。这些书详细讲解了各类数学问题的解题方法和技巧，对于学生理解和掌握数学知识有重要的帮助。此外，数学教育中的一些优质在线学习资源，如学而思网校、网易公开课等平台，也为学生提供了丰富的学习资源。这些平台上不仅有国内知名教师的课程，还有丰富的习题和练习，可以帮助学生系统地学习和掌握数学知识。最后，学生可以通过阅读数学期刊和学术论文，了解数学发展的最新动态和前沿研究。例如，《数学通报》《数学教学》等期刊，刊登了许多数学教育和研究方面的最新成果，对于培养学生的学术兴趣和研究能力具有非常重要的意义。

5.2.5 小结

总之，经典数学文献和现代学术资源对数学教育的影响深远。通过系统的教材编写、科学的教学改革和丰富的学习资源，学生能够更好地理解和掌握数学知识，有助于培养他们的逻辑思维和创新能力，为应对新高考和未来发展打下坚实的基础。

5.3 数学教育与社会责任

5.3.1 引言

在这个飞速发展的时代，数学教育不仅限于知识的传授，更是培养学生社会责任感和解决问题能力的重要途径。在新高考改革的背景下，这种联系变得更加紧密。本节将探讨数学教育如何深化学生对社会责任的理解，并通过实际案例和教学经验展示数学教育在培养负责任公民方面的潜在作用。

5.3.2 数学教育的社会功能

首先，数学教育在提升公众的逻辑思维能力和科学素养方面发挥着关键作用。透过学习逻辑推理和数学证明，学生能够培养清晰表达观点和批判性分析信息的能力。这些技能不仅是解决数学问题的基础，也是现代公民必备的基本素质。例如，通过数学模型的建立和数据分析技能的掌握，学生在面对复杂的社会问题时，能应用数学思维做出合理的判断和决策。

其次，数学思维在社会问题的解决中具有重要意义。例如，统计数据分析帮助人们理解社会趋势，风险评估在制定公共政策中发挥着关键作用。通过将这些实际应用纳入数学教学，学生能够将抽象的数学知识转化为解决实际问题的工具。这不仅提升了数学的实用性，也培养了学生面对复杂社会挑战时的应变能力和创新思维。

最后，教育公平是社会责任的重要组成部分。通过提供公平的数学教育，可以有效缩小不同社会群体之间的教育差距，促进社会公平和社会包容性的发展。在新高考改革的背景下，推出更加综合的评价体系，有助于确保每个学生都能充分展示自己的潜力，从而有效减少教育资源分配不均导致的不公平现象。

这些方面的讨论不仅帮助我们理解数学教育在个体发展中的重要性，也揭示了数学教育如何在社会层面上发挥其积极作用，从而推动社会的进步和发展。

5.3.3 新高考与数学教育改革：社会责任视角

随着新高考制度的实施，数学教育的目标和定位发生了显著的变化。这一变化不仅是对考试内容的调整，更反映出对学生综合素质发展的重视和对教育社会责任的关注。首先，新高考更加注重培养学生的能力和思维训练，而不仅是对知识的掌握。这种转变要求教育者不应局限于教授纯粹的数学理论，而要注重培养学生的数学思维和创新能力，使其能够在实际生活和职业发展中应对各种复杂情境。通过培养学生解决实际问题的能力，数学教育不仅为社会培养了具备实用技能的人才，也提升了学生在未来社会中的适应力和竞争力。其次，新高考要求学生具备批判性思维和分析能力。数学教育不只是简单的计算和应试技巧，而要注重学生对数学概念的深刻理解和逻辑推理能力的培养。这种转变促使教育者在教学过程中更加注重激发学生的兴趣和思维发展，通过启发式教学和案例分析，帮助学生理解数学背后的原理和应用。这不仅有助于学生学会独立思考和解决问题，也培养了他们在面对社会复杂问题时的责任感和担当意识。

在新高考的背景下，数学教学方法也面临着创新和变革。为了更好地实现教育目标，教师们开始探索多样化的教学方法和项目学习的应用，这也体现了数学教育对社会责任的履行。首先，多样化的教学方法使得教学过程更加生动，更有互动性。例如，引入探究式学习和小组合作学习，能够激发学生的学习兴趣和积极性。通过实际问题的探索和解决，学生不仅能够掌握数学知识，还能培养他们解决实际问题的能力。这样的教学方法不仅增强了学生的学习能力，也在潜移默化中培养了他们的社会责任感。其次，项目学习作为一种新兴的教学方式，强调跨学科的整合和实践应用。在数学教育中，项目学习可以通过设立复杂的实际问题，让学生自主地进行调查研究和数据分析，从而培养他们的创新思维和解决问题的能力。例如，通过模拟市场分析、生态环境评估等项目，学生能够在实践中应用数学知识提升应用能力和综合素质。这种教学方法不仅提高了学生的实际操作能力，还培养了他们在社会中承担责任的意识。

在实施新高考的过程中，一些学校和教师已经开始尝试和探索上述的教学方法和策略，并取得了一系列积极的成果。例如，某些学校通过设立数学实验室和开展数学建模竞赛，有效地激发了学生的学习兴趣和参与度。教师们在教学实践中积累了丰富的经验，通过分享教学案例和成功经验，能够为其他教师提供有益的借鉴和启示。在一个案例中，某高中数学教师设计了一项关于城市交通流量优化的项目，让学生利用数学建模和数据分析的方法提出改进交通状况的建议。这个项目不仅提高了学生的数学应用能力，还增强了他们对社会问题的关注和解决实际问题的责任感。

综上所述，新高考背景下的数学教育改革不仅是内容的调整，更是教育理念和方法的创新。通过强调能力培养和实践应用，数学教育不断深化其在学生综合素质发展中的作用，为其未来的学术和职业生涯奠定坚实的基础。这种变革不仅推动了数学教育的发展，也促进了社会整体教育水平的提升和社会公平的实现，体现出数学教育在承担社会责任方面的重要作用。

5.3.4 数学教育中的社会责任感培养

在高中数学教育中，培养学生的社会责任感是实现全面素质教育的重要组成部分。数学不仅是一门理论学科，其应用广泛且深刻，能够有效解决许多实际问题。教师在教学过程中，应注重引导学生应用数学知识解决社会实际问题，如环境保护、公共政策、经济问题等，从而增强他们的社会责任感。例如，在环境保护方面，教师可以设计一些贴近生活的数学问题，如计算家庭日常用水量并提出节水方案，或者通过统计分析某地区的垃圾分类情况并提出改进措施。这样，学生在解决实际问题的过程中，不仅能够掌握数学知识，还能认识到数学在环境保护中的重要作用，进而培养他们对环境保护的责任感。在公共政策方面，教师可以引导学生分析一些公共数据，如某城市的交通流量数据，帮助学生理解数学在交通管理中的应用。学生可以通过简单的统计和分析，提出优化交通信号灯设置、减少交通拥堵的建议。这不仅提高了学生的数学应用能力，还增强了他们对社会公共事务的关注和责任感。在经济问题上，教师可以设计一些简单的经济问题，如计算家庭月度预算、分析商品价格变动对消费的影响等。通过这些问题的解决，学生能够理解数学在经济生活中的应用，从而增强他们对经济问题的关注和责任感。

5.3.5　小结

高中数学教育在社会发展中发挥着重要作用。通过引导学生应用数学知识解决实际问题，培养他们的社会责任感和综合素质，数学教育不仅提升了学生的学术能力，还增强了他们对社会事务的关注和参与度。通过真实问题的解决和数学竞赛的实践，学生能够在实践中体会数学的价值，增强社会责任感。

在新高考背景下，数学教育应更加注重服务社会的宗旨，致力于培养具备责任感和创新能力的公民。这不仅是对学生个人发展的要求，更是对社会发展和进步的贡献。教育工作者应不断探索和创新，将数学知识与社会实际问题紧密结合，激发学生的学习兴趣和社会责任感，帮助他们成为能够应对未来挑战、积极参与社会建设的优秀人才。通过这些努力，高中数学教育将为社会培养出一批又一批具有责任感、创新能力和实践精神的公民，从而推动社会的可持续发展，彰显出数学教育在社会发展中的重要地位和作用。

5.4 数学文化的国际交流与传播

数学的发展伴随着古代文明的兴盛与衰落。观察一些闻名于世的数学家，我们不难发现古代学者对于数学文化的重视。为了拯救数学文化，怀特、克莱因相继著书出版，后有现代学者跟随他们的脚步，想要重新塑造数学文化的辉煌。数学产生于古代先民的生产劳作中，在西方也伴随着各种学派的诞生与消亡，比如希腊的伊奥尼亚学派、毕达哥斯拉学派、智人学派，还有后来的柏拉图学派、原子论学派。而数学中的原理与其他学科本就可以交叉进行，例如数学中的对称与语文中的对仗，数学中的无限论到语文中的"前不见古人，后不见来者"等。数学文化的学习可以丰富学生的人文知识，提高学生的人文素养。数学教育不应仅停留在解题和逻辑层面，也应该着重于学生的历史观、价值观的培养与教育。历史上不同文明之间数学知识的传播与交流是历史学、文化史、科学史等多学科共同研究的重要课题，对于中外数学文化交流来说，数学知识沿丝绸之路的传播与交流，一直为学者们所关注。

中国古代建筑普遍使用木结构，论者谓榫卯咬合对应凸凹互补，形象上符合阴阳耦合的思想，实际上反映了古代工匠巧妙的空间构思。不知从什么时候起，有人将榫卯结构应用于益智游戏，发明了被称为孔明锁或鲁班锁的玩具，有民谣唱道："不用钉连，不用胶合；我中有你，你中有我。阴阳拼插，卯榫成锁；严丝合缝，岂奈我何。"大约200年前，法王路易十四的御用画师勒克莱克（Sébastien Leclerc）在一幅版画的右下角，留下了一个"六子联芳"的图像，在西方被称为"中国十字架"。增加木构件的个数，可以使榫卯咬合玩具的种类愈加繁复，在游戏中体会空间的几何性质并训练逻辑思维的能力，在近代西方和日本都很流行。从某种程度上说，鲁班锁是当今流行全球的魔方（Rubik's

Cube）的前身。

欧几里得的《几何原本》是一个广为人知的认"真"的样板，但在中学数学教育中，用什么样的方式，采用什么教材来学习这门功课，自古就有不同意见。19 世纪中叶，伴随着工业化进程，对专业性技术人才的需求不断增长，英国社会出现了改革几何学教育的声音，一些著名的社会贤达，如达尔文进化论的忠实卫士赫胥黎（Thomas Huxley）、数学家西尔维斯特（James Sylvester）都支持对几何学教材加以改革。另一位年高德劭的数学家德摩根（Augustus De-Morgan）对此则大为恼火，他没有与西尔维斯特硬杠，而是针对年轻数学教师威尔逊（James Wilson）刚出版的一本初等几何教材大加挞伐。以写作《爱丽丝漫游奇境》等书出名的道奇森（Charles Dodgson，笔名刘易斯·卡洛尔）站在德摩根一边，在 1879 年出版的《欧几里得与其当代对手》一书中，强调学习欧几里得《几何原本》就如同接受一种精神洗礼，由此方能进入一个两千多年的文化园地，成为一个有教养的绅士，学习的方式自然要遵循欧几里得安排的路径。

数学文化是贯穿整个高中数学的重要内容，融入对数学文化的考查已成为新一轮高考命题改革的一个显著特征，以数学文化为背景的高考试题立意深远，构思精巧，内涵丰富，既能考查数学知识、能力、思想和方法，又能加深对中外数学文明的了解，增强爱国主义情怀，提高数学文化素养，丰厚数学文化底蕴。下面精选以解析几何为依托的数学文化题例并进行分类解析，旨在探索题型规律，揭示解题方法。

瑞士数学家欧拉 1765 年在其所著的《三角形的几何学》一书中提出：任意三角形的外心、重心、垂心在同一条直线上，后人称这条直线为欧拉线。在椭圆中，任意两条互相垂直的切线的交点都在一个与椭圆同心的圆上，称该圆为原椭圆的蒙日圆。被誉为"数学之神"的阿基米德是古希腊伟大的物理学家、数学家、天文学家。他最早利用逼近的思想证明了如下结论：抛物线的弦与抛物线所围成的封闭图形的面积等于抛物线的弦与经过弦的端点的两条切线所围成的三角形面积的三分之二。这个结论就是著名的阿基米德定理，其中的三角形被称为阿基米德三角形。数学家 Dandelin 证明一个平面截画锥得到的截口曲线是椭圆的模型（称为"Dandelin 双球"）。在圆锥内放两个大小不同的小球，使得它们分别与圆锥面和截面相切。阿波罗尼奥斯是古希腊数学家，他与阿基米德、欧几里得被称为亚历山大前期三大数学家，以他名字命名的阿波罗尼斯圆是指平面内到两定点距离的比值为定值 λ（$\lambda > 0$，且 $\lambda \neq 1$）的动点的轨迹。17 世纪，德国著名的天文学家开普勒曾经这样说过："几何学里有两件宝，一件是勾股定理，另一件是黄金分割。如果把勾股定理比作黄金矿的话，那么可以把黄金分割比作钻石矿"。黄金三角形有两种，其中底与腰之比为黄金分割比的黄金三角形被认为是最美的三角形，它是一个顶角为 36° 的等腰三角形，另一种是顶角为 108° 的等腰三角形。

此类数学文化题背景一般是从中外优秀传统文化中挖掘素材，将数学文化与高中知识有机结合，要求考生对试题所提供的数学文化材料进行整理和分析，在试题营造的数学文化氛围中，感受数学的思维方式，体验数学的理性精神。

20 世纪以来，许多学者越来越意识到文化观念的重要性和文化研究方法的价值。在海德格尔所揭示的现代图像中，文化占据了一个重要维度："人类活动被当作文化来理解和贯彻，而文化就是通过维护人类的至高财富来实现最高价值。"按照斯托布对文化视角的归纳："首先，文化常常被视作群体成员所共享的思想的集合。其次，文化常常被看作是体现群体成员共享的思想和习俗的集合。"这一观点突出了文化的社会属性。随着教育学研究的不断深化，教育文化学的思想开始孕育并得到发展。其开创者和先驱之一是美国哲学家和教育家杜威。在《自由与文化》中，杜威提出："一个时代、一个集团的文化在它们的安排中是具有决定性影响的，它决定着任何团体、家庭……的行为样式。"在20 世纪后半叶，教育文化得以迅猛发展，有学者称之为"教育研究中的文化转向"，主要集中在文化多样性的新语境、多元文化论和文化认同的相关问题等领域。

参考文献

[1] 刘钝. 只有欧几里得见过赤裸之美——介绍李国伟的《数学文化揽胜集》[J]. 科学文化评论，2024（21）：107 – 115.

[2] 王勇，司晨辉. 依托解析几何传播数学文化 [J]. 数学通讯，2021（4）：39 – 43.

[3] 王勇，吴玉红. 盘活三角知识传播数学文化 [J]. 中学数学研究，2021 (4)：7-9.

[4] 孙周兴. 海德格尔选集（下册）[M]. 上海：上海三联书店，1996.

[5] STAUB T C. Mathematics classroom cultures：Methodological and theoretical issues [J]. International Journal of Educational Research，2007，46 (5)：319-326.

[6] 杜威. 自由与文化 [M]. 傅统先，译. 北京：商务印书馆，2014.

[7] GARRISONJ，NEUBERTS，REICHK. John Dewey's philosophy of education [M]. NewYork：Pal Grave Macmillan，2012.

[8] 田春芝. 中外数学交流研究的新征程——评《西去东来——沿丝绸之路数学知识的传播与交流》[J]. 科学文化评论，2020 (17)：114-122.

5.5 数学文化的未来展望

　　文化，广义上是指人类在社会发展过程中所创造的物质财富和精神财富的总和，特指社会意识形态；狭义的文化是指意识形态所创造的精神财富。数学作为人类文化的有机组成部分，在其演化进程中形成了一种特有的和普遍的形式。随着"数学文化"这个词 2001 年出现在《数学课程标准》之后，其使用频率开始显著增加。综合近年来国内外相关研究成果，研究者提出在教育文化和数学文化的交互性视域中构建数学课堂文化的思路。其基本逻辑的路径是借助于教育文化这一纽带，充分发挥数学文化的理念及其价值在数学课堂文化构建中的作用，让数学与个体认知、创造力和生活方式实现形式合一，逐步克服数学教学中的程式化、应试化和工具主义取向，以厚重浓郁的数学和教育文化积淀承载并重塑数学课堂，使之成为培育数学核心素养、提升素质教育、通识教育和全民族数学教育水平的平台。

　　数学文化发展的整体特征就是数学文化中的"数学科学"与"数学人文"之间的辩证关系在一定的"社会—文化"语境中所呈现出的总体特征。虽然作为整体的数学文化之发展，我们无法观察、归纳和概括，只能依靠局部的"主观体验"和"想象力"来建构这个整体及其特征，但努力把握数学文化发展的整体特征却是我们开展数学课程与教学研究的前提基础或出发点。当代数学文化发展的整体特征主要有以下几点：①数学是辩证的辅助工具和表现形式；②数学的技术特性越来越明显，甚至有人放言，高科技的核心乃是数学；③数学的统一性主要突出体现在不同的数学文化之间趋于一致，而非数学理论的统一；④数学与其他学科之间的交叉互动已经成为数学发展的重要动力之一。因此，站在数学文化观的立场来开展有关数学的思考与研究，应该从以下几个方面来努力理解并把握当代数学文化发展的整体特征：第一，不仅要熟悉现行课程标准中的数学内容，更要力争了解更多的现代数学的新思想、新方法和新趋势。因为现代数学的新思想、新方法和新趋势是我们更新教育观念和开展课程与教学改革的活水源头。目前，在数学教育改革中，存在不少只知道自己所关注的那一学段（甚至年级）的数学内容而不知道该学段的"上下左右"之为何物的现象，这显然就是所谓平常"精讲多练"、考前"多练精讲"、考后"训练补救"的必然缘由，更不要说对新思想、新方法和新趋势的了解、消化与运用了。第二，不仅要与教育家或教学论专家结盟，而且还要与数学家或数学工作者交朋友。数学研究不能仅仅局限于一般的教育学原理或教学论原则，而应该把这些原理与原则"融进"数学文化当中。而数学文化的教育原理和教学原则最好本身就来自数学文化——数学家和数学工作者的数学研究就是数学文化本身之一。另一方面，数学研究者最好也能够兼做一些数学至少是初等数学的教学工作，只有这样，才能真正做到"在教学活动中体验数学活动"。第三，应努力使自己了解、熟悉甚至精通一门或两门现代数学的分支学科，以便真正体验"数学地思考"和窥视"数学文化的整体特征"。这一要求可能过高，但唯有如此，方见数学研究的真功夫。第四，要重视"数学技术"中所蕴含的人文意蕴，而不仅仅是其"方便、快捷、高效"的工具价值，以避免"技术手段"对人的异化。技术要服务于"对人的培养"而不是训练。因此，现代网络信息技术支持下的数学课程、教学与学习问题应成为数学研究的一个内在蕴含而非外在强加的研究课题。第五，勤思考并研究数学的科学性与数学的人文性之统一、教学的科学性与人文性之整体，及其相互之间的辩证关系，以整合数学的科学性与人文性，并以此来回应当代数学文化发展的整体特征。

从数学文化的理论和实践角度对相关研究进行梳理发现，我国的数学文化研究正处在不断拓展和深化的阶段。众多学者构建了丰富的数学文化理论基础，对相关问题进行了富有创意的实践探索。但数学文化是否真正落实到数学教育的实践中，仍需要深入探索数学文化的应有之义与实然之举。从理论探讨到教学实践，数学文化研究取得了一系列进展与成效，各方面的研究逐步展开。据此可对未来的数学文化研究作出如下展望：

（1）课标变化对数学文化研究的持续影响值得关注，从数学文化研究的学段分布可以看出，高中学段的数学文化研究多于小学或初中，这既与 2017 年颁布的高中数学新课标提出将数学文化融入课程内容和教学活动有关，也和数学文化进入高考试题有关。2022 年版的义务教育阶段数学课程标准相比于 2011 年版，从课程、教材、试题命制等方面对数学文化的融入提出了更高的要求，一方面其颁布会对义务教育阶段的数学文化研究起到直接推动作用，另一方面课标更新通常伴随着教科书修订或改版，因此也需关注后续新教材的修订出版，对新教材中数学文化内容及其教学使用等方面应加以研究。

（2）强化数学文化的系统研究。首先要厘清数学教育系统与数学文化的内在联系，无论从理论还是实践的视角进行审视，可以发现数学教育就在数学文化之中，因此，数学教育研究首要任务是汲取数学文化的精华，培育良好的数学文化生态环境，提升数学教育研究品质。其次，要从数学教育的本体论、方法论、价值论等维度更深入探析数学文化的不可替代性，全面梳理不同维度之间的内在关系，建构新型的数学教育体系。最后，要在微观层面研讨数学文化的当代教育意蕴，激活数学文化基因，把数学的美好、统一、力量根植在数学学习共同体的心田，成为学习者的一种文化自觉。

（3）师生数学文化素养的现状有待调查。学生数学文化素养的培养具有长期性和过程性，因此，除了日常数学教学中潜移默化地渗透，也需要适当地通过测评了解学生数学文化素养的发展情况，为教学或研究提供方向上的参考。鉴于当前对数学文化素养测评的研究集中于中高考，这一类测评往往是终结性评价，无法了解到学生数学文化素养的发展过程，也无法为数学文化的教学提供改进和调整的依据。因此，符合各学段各年级学生发展水平的数学文化素养测评工具有待开发，在测评工具的基础上，学生数学文化素养现状也有待调查。另一方面，教师的数学文化素养是教学中渗透与传授数学文化的必要基础，同样具有重要的研究意义。既往研究已指出考试不考、材料缺乏等教师不重视数学文化的原因，那么随着高中和义务教育新课标相继颁布，数学文化日益受到重视，由此带来的种种变化是否促进了教师数学文化素养的普遍提高，还存在哪些问题需要解决，职前与在职培训需要进行何种调整，诸如此类疑问之回答，必须对教师数学文化素养的测评加以研究，必须对教师数学文化素养的现状实施调查。

（4）数学文化教学案例基础上的理论研究将是重要方向。在包含数学文化教学案例的文章中，专题研究式的作者由以往的专业研究者为主转变为一线教师与教研员为主。这说明数学文化的教学实践逐渐脱离专业研究者先行设计，然后由一线教师在此基础上进行尝试应用，转向了一线教师主动进行实践探索，教师在如何渗透数学文化方面也具有了更强的问题意识。这表明，已有相当多的一线教师开展数学文化课的教学实践，丰富了数学文化教学的案例，数学文化的教学呈现出欣欣向荣的发展状态。在多个案例基础上展开进一步研究的条件也日渐成熟。由此可见，从不同角度对数学文化教学案例进行评述、总结并进一步构建相应理论，将是未来的一个重要研究方向。

（5）深化数学文化的反思研究。虽然数学教育共同体都能体会到数学文化的重要性，但仍需用反思的方法来研判与数学文化相关的一些问题。反思是一种反观自照的心理活动，也是对认知活动进行的反向思考。深化数学文化的反思研究，首先要反思数学文化与数学学习共同体的融入度，使之基于数学文化建构的数学教育生态体系更适应数学学习共同体，使教师乐教、学生好学；其次要反思数学文化与数学教育要素的结合度，数学教育中的核心要素是教师、学生和教材，有必要深度反思和研究教师对数学文化的理解度、践行力，也有必要反思和研究学生对数学文化的认同度与学习力，更有必要深入研究数学教材中的符号运算、形式推理、模型构建所蕴藏的数学文化基因；最后要反思数学文化与数学教育融合效果的满意度，数学课程、教学、评价融入数学文化是不争的事实，但产生了怎样的效果与影响力还需要进行深入研究，需要设计数学文化学习空间，需要在作业布置、考试分析、活动开展中对融入数学文化所产生的效应进行更精确的分析，以更好地聚焦数学文化的育人功能。唯有深化数学文化的反思研究，才能更加全面系统地诊断数学文化的理论与实践研究现状，真正使数学文化成为推动数学进步的力量之源。

（6）教学实施的效果有待更多实证研究来调查或验证。尽管有了更多的数学文化教学实施案例，数学文化教学实施效果的研究仍然相对缺乏。不同类型的学生对数学文化教学的接受情况如何，数学文化教学对学生的素养、数学观以及数学情感等方面发展具体产生了怎样的影响，教师课堂教学需要根据教学实施效果采取怎样的调整与改进，诸如此类的问题有待于在实证研究调查或验证的基础上解决。

数学其实是一种文化，不能简单地把它当作一种应用工具。在几千年前的古埃及时期，因为土地丈量的生活需要，数学发展出几何学分支；在古代中国，数学也逐渐发展出其他的分支，以满足人们对农业生产和天文观测的需要。因此数学始终是为人们的需求而服务的，和其他的文化隔离开是不科学的。在古代和近代，都有数学与哲学、艺术交汇发展的大量成就，人们通过数学来思考，从各种具象的数字和图形中总结出抽象的概念，形成数学的哲学。所以数学不单单是一门科学文化，它更是人类文化重要而特殊的一部分。

参考文献

［1］陈康，朱哲．近十年我国数学文化研究的回顾与展望——基于人大复印报刊资料的分析［J］．中学数学月刊，2022（10）：61－65.

［2］张定强，王金燕．"数学文化"研究20年：成果与展望［J］．江苏教育研究，2022（508/509）：81－86.

［3］陈玲．关于数学文化的传播——评《数学与文化》［J］．新闻爱好者，2017（2）：103.

［4］聂晓颖，黄秦安．论数学课堂文化的内涵与模式及对培养数学核心素养的价值［J］．数学教育学报，2017，26（2）：71－74.

［5］田枫．交互性视域下数学课堂文化的价值与理念［J］．数学教育学报，2020，29（3）：75－78.

［6］何金明，何珊．中学数学学习文化及其构成［J］．教学与管理，2015（18）：82－84.

数学常用公式、定理与重要结论

1. 任意的简单 n 面体内切球半径为 $\dfrac{3V}{S_{表}}$，V 是简单 n 面体的体积，$S_{表}$ 是简单 n 面体的表面积。

2. 在任意 $\triangle ABC$ 内，都有 $\tan A + \tan B + \tan C = \tan A \cdot \tan B \cdot \tan C$。

推论：在 $\triangle ABC$ 内，若 $\tan A + \tan B + \tan C < 0$，则 $\triangle ABC$ 为钝角三角形。

3. 斜二测画法直观图面积为原图形面积的 $\dfrac{\sqrt{2}}{4}$ 倍。

4. 过椭圆准线上一点作椭圆的两条切线，两切点连线所在直线必经过椭圆相应的焦点。

5. 导数题常用放缩：$e^x \geqslant x + 1$，$-\dfrac{1}{x} < \dfrac{x-1}{x} \leqslant \ln x \leqslant x - 1$，$e^x > ex$（$x > 1$）。

6. 椭圆 $\dfrac{x^2}{a^2} + \dfrac{y^2}{b^2} = 1$（$a > b > 0$）的面积 S 为 $S = \pi ab$。

7. 圆锥曲线的切线方程求法：隐函数求导。

推论：① 过圆 $(x-a)^2 + (y-b)^2 = r^2$ 上任意一点 $P(x_0, y_0)$ 的切线方程为 $(x_0 - a)(x - a) + (y_0 - b)(y - b) = r^2$。

② 过椭圆 $\dfrac{x^2}{a^2} + \dfrac{y^2}{b^2} = 1$（$a > 0$，$b > 0$）上任意一点 $P(x_0, y_0)$ 的切线方程为 $\dfrac{xx_0}{a^2} + \dfrac{yy_0}{b_2} = 1$。

③ 过双曲线 $\dfrac{x^2}{a^2} - \dfrac{y^2}{b^2} = 1$（$a > 0$，$b > 0$）上任意一点 $P(x_0，y_0)$ 的切线方程为 $\dfrac{xx_0}{a^2} - \dfrac{yy_0}{b_2} = 1$。

8. 切点弦方程：从平面内一点 $P(x_0，y_0)$ 引曲线的两条切线，两切点所在直线的方程叫作曲线的切点弦方程。

① 圆 $x^2 + y^2 + Dx + Ey + F = 0$ 的切点弦方程为 $x_0x + y_0y + \dfrac{x_0 + x}{2}D + \dfrac{y_0 + y}{2}E + F = 0$。

② 椭圆 $\dfrac{x^2}{a^2} + \dfrac{y^2}{b^2} = 1$（$a > b > 0$）的切点弦方程为 $\dfrac{x_0x}{a^2} + \dfrac{y_0y}{b^2} = 1$。

③ 双曲线 $\dfrac{x^2}{a^2} - \dfrac{y^2}{b^2} = 1$（$a > 0$，$b > 0$）的切点弦方程为 $\dfrac{x_0x}{a^2} - \dfrac{y_0y}{b^2} = 1$。

④ 抛物线 $y^2 = 2px(p > 0)$ 的切点弦方程为 $y_0y = p(x_0 + x)$。

⑤ 二次曲线的切点弦方程为 $Ax_0x + B\dfrac{x_0y + y_0x}{2} + Cy_0y + D\dfrac{x_0 + x}{2} + E\dfrac{y_0 + y}{2} + F = 0$。

9. ① 椭圆 $\dfrac{x^2}{a^2} + \dfrac{y^2}{b^2} = 1$（$a > b > 0$）与直线 $Ax + By + C = 0(A \cdot B \neq 0)$ 相切的条件是 $A^2a^2 + B^2b^2 = C^2$。

② 双曲线 $\dfrac{x^2}{a^2} - \dfrac{y^2}{b^2} = 1$（$a > 0$，$b > 0$）与直线 $Ax + By + C = 0(A \cdot B \neq 0)$ 相切的条件是 $A^2a^2 - B^2b^2 = C^2$。

10. 若 A，B，C，D 是圆锥曲线（二次曲线）上顺次四点，则四点共圆（常用相交弦定理）的一个充要条件是：直线 AC，BD 的斜率存在且不等于零，并有 $k_{AC} + k_{BD} = 0(k_{AC}$，$k_{BD}$ 分别表示直线 AC 和直线 BD 的斜率）。

11. 已知椭圆方程为 $\dfrac{x^2}{a^2} + \dfrac{y^2}{b^2} = 1$（$a > b > 0$），两焦点分别为 F_1，F_2，设焦点三角形 PF_1F_2 中，$\angle PF_1F_2 = \theta$，则 $\cos\theta \geq 1 - 2e^2$（$\cos\theta_{\max} = 1 - 2e^2$）。

12. 椭圆的焦半径（椭圆的一个焦点到椭圆上一点横坐标为 x_0 的点 P 的距离）公式 $r_{1,2} = a \pm ex_0$。

13. 已知 k_1，k_2，k_3 为过原点的直线 l_1，l_2，l_3 的斜率，其中 l_2 是 l_1 和

l_3 的角平分线，则 k_1，k_2，k_3 满足下列转化关系：$k_1 = \dfrac{2k_2 - k_3 + k_3 k_2^2}{1 - k_2^2 + 2k_2 k_3}$，

$k_2 = \dfrac{k_1 k_3 - 1 \pm \sqrt{(1 - k_1 k_3)^2 + (k_1 + k_3)^2}}{k_1 + k_3}$，$k_3 = \dfrac{2k_2 - k_1 + k_1 k_2^2}{1 - k_2^2 + 2k_1 k_2}$。

14. 任意满足 $ax^n + by^n = r$ 的二次方程，过函数上一点 $(x_1，y_1)$ 的切线方程为 $ax_1 x^{n-1} + by_1 y^{n-1} = r$。

15. 已知 $f(x)$ 的渐近线方程为 $y = ax + b$，则 $\displaystyle\lim_{x \to +\infty} \dfrac{f(x)}{x} = a$，$\displaystyle\lim_{x \to +\infty} [f(x) - ax] = b$。

16. 椭圆 $\dfrac{x^2}{a^2} + \dfrac{y^2}{b^2} = 1(a > b > 0)$ 绕 Ox 坐标轴旋转所得的旋转体的体积为 $V = \dfrac{4}{3}\pi ab$。

17. 平行四边形对角线平方之和等于四条边平方之和。

18. 在锐角三角形中，$\sin A + \sin B + \sin C > \cos A + \cos B + \cos C$。

19. 函数 $f(x)$ 具有对称轴 $x = a$，$x = b(a \neq b)$，则 $f(x)$ 为周期函数且一个正周期为 $|2a - 2b|$。

20. 直线 $y = kx + m$ 与椭圆 $\dfrac{x^2}{a^2} + \dfrac{y^2}{b^2} = 1(a > b > 0)$ 相交于两点，则纵坐标之和为 $\dfrac{2mb^2}{a^2 k^2 + b^2}$。

21. 已知三角形三边 x，y，z，求面积可用下述方法（一些情况下比海伦公式更实用，如 $\sqrt{27}$，$\sqrt{28}$，$\sqrt{29}$）。

$A + B = x^2$，

$B + C = y^2$，

$C + A = z^2$，

$2S = \sqrt{A \cdot B + B \cdot C + C \cdot A}$。

22. 圆锥曲线的第二定义：

椭圆的第二定义：平面上到定点 F 距离与到定直线的距离之比为常数 e（即椭圆的离心率，$e = \dfrac{c}{a}$）的点的集合（定点 F 不在定直线上，该常数为小于 1

的正数）。

双曲线的第二定义：平面内，到给定一点及一直线的距离之比大于 1 且为常数的点的轨迹称为双曲线。

23. 到角公式：若把直线 l_1 依逆时针方向旋转到与 l_2 第一次重合时所转的角是 θ，则 $\tan\theta = \dfrac{k_2 - k_1}{1 + k_1 \cdot k_2}$。

24. A，B，C 三点共线 $\Leftrightarrow \overrightarrow{OD} = m\overrightarrow{OA} + n\overrightarrow{OC}$，$\overrightarrow{OB} = \dfrac{1}{m + n}\overrightarrow{OD}$。

25. 过双曲线 $\dfrac{x^2}{a^2} - \dfrac{y^2}{b^2} = 1$（$a > 0$，$b > 0$）上任意一点作两条渐近线的平行线，与渐近线围成的四边形面积为 $\dfrac{ab}{2}$。

26. 反比例函数 $y = \dfrac{k}{x}$（$k > 0$）为双曲线，其焦点为（$\sqrt{2k}$，$\sqrt{2k}$）和（$-\sqrt{2k}$，$-\sqrt{2k}$）。

27. 面积射影定理：如图，设平面 α 外的 $\triangle ABC$ 在平面 α 内的射影为 $\triangle ABO$，分别记 $\triangle ABC$ 的面积和 $\triangle ABO$ 的面积为 S 和 S'，记 $\triangle ABC$ 所在平面和平面 α 所成的二面角为 θ，则 $\cos\theta = \dfrac{S'}{S}$。

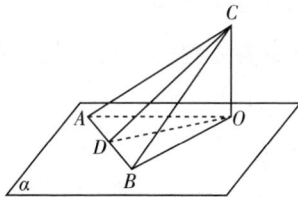

28. 角平分线定理：如图，三角形中一个内角的平分线分其对边所成的两条线段与这个角的两边对应成比例。

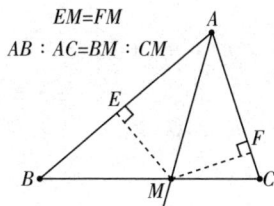

角平分线定理的逆定理：如果三角形一边上的某个点分这条边所成的两条线段与这条边的对角的两边对应成比例，那么该点与对角顶点的连线是三角形的一条角平分线。

29. 数列不动点：

定义：方程 $f(x) = x$ 的根称为函数 $f(x)$ 的不动点。

利用递推数列 $f(x)$ 的不动点，可将某些递推关系 $a_n = f(a_{n-1})$ 所确定的数列化为等比数列或较易求通项的数列，这种方法称为不动点法。

定理 1：若 $f(x) = ax + b(a \neq 0，1)$，$p$ 是 $f(x)$ 的不动点，a_n 满足递推关系 $a_n = f(a_{n-1})$，$n > 1$，则 $\{a_n - p\}$ 是公比为 a 的等比数列。

定理 2：设 $f(x) = \dfrac{ax + b}{cx + d}(c \neq 0，ab - bc \neq 0)$，$\{a_n\}$ 满足递推关系 $a_n = f(a_{n-1})$，$n > 1$，初值条件 $a_1 \neq f(a_1)$。

（1）若 $f(x)$ 有两个相异的不动点 p，q，则

$$\frac{a_n - p}{a_n - q} = k \cdot \frac{a_{n-1} - p}{a_{n-1} - q}。\left(这里，k = \frac{a - pc}{a - qc}\right)$$

（2）若 $f(x)$ 只有唯一不动点 p，则

$$\frac{1}{a_n - p} = \frac{1}{a_{n-1} - p} + k。\left(这里，k = \frac{2c}{a + d}\right)$$

定理 3：设函数 $f(x) = \dfrac{ax^2 + bx + c}{ex + f}(a \neq 0，e \neq 0)$ 有两个不同的不动点 x_1, x_2，且由 $u_{n+1} = f(u_n)$ 确定着数列 $\{u_n\}$，那么当且仅当 $b = 0$，$e = 2a$ 时，

$$\frac{u_{n+1} - x_1}{u_{n+1} - x_2} = \left(\frac{u_n - x_1}{u_n - x_2}\right)^2。$$

30.

（1）在任意 $\triangle ABC$ 中：$\sin(nA) + \sin(nB) + \sin(nC) = $

$$\begin{cases} -4\sin\dfrac{nA}{2}\sin\dfrac{nB}{2}\sin\dfrac{nC}{2}，& n = 4k, \\[2mm] 4\cos\dfrac{nA}{2}\cos\dfrac{nB}{2}\cos\dfrac{nC}{2}，& n = 4k + 1, \\[2mm] 4\sin\dfrac{nA}{2}\sin\dfrac{nB}{2}\sin\dfrac{nC}{2}，& n = 4k + 2, \\[2mm] -4\cos\dfrac{nA}{2}\cos\dfrac{nB}{2}\cos\dfrac{nC}{2}，& n = 4k + 3, \end{cases} \quad (k \in \mathbf{N}^*)。$$

（2）若 $A + B + C = \pi$，则

① $\dfrac{\sin2A + \sin2B + \sin2C}{\sin A + \sin B + \sin C} = 8\sin\dfrac{A}{2}\sin\dfrac{B}{2}\sin\dfrac{C}{2}$ ；

② $\cos A + \cos B + \cos C = 1 + 4\sin\dfrac{A}{2}\sin\dfrac{B}{2}\sin\dfrac{C}{2}$ ；

③ $\sin^2\dfrac{A}{2} + \sin^2\dfrac{B}{2} + \sin^2\dfrac{C}{2} = 1 - 2\sin\dfrac{A}{2}\sin\dfrac{B}{2}\sin\dfrac{C}{2}$ ；

④ $\sin\dfrac{A}{2} + \sin\dfrac{B}{2} + \sin\dfrac{C}{2} = 1 + 4\sin\dfrac{\pi - A}{4}\sin\dfrac{\pi - B}{4}\sin\dfrac{\pi - C}{4}$ ；

⑤ $\sin A + \sin B + \sin C = 4\sin\dfrac{A}{2}\sin\dfrac{B}{2}\sin\dfrac{C}{2}$ ；

⑥ $\cot\dfrac{A}{2} + \cot\dfrac{B}{2} + \cot\dfrac{C}{2} = \cot\dfrac{A}{2}\cot\dfrac{B}{2}\cot\dfrac{C}{2}$ ；

⑦ $\tan\dfrac{A}{2}\tan\dfrac{B}{2} + \tan\dfrac{B}{2}\tan\dfrac{C}{2} + \tan\dfrac{C}{2}\tan\dfrac{A}{2} = 1$ ；

⑧ $\sin(B + C - A) + \sin(C + A - B) + \sin(A + B - C) = 4\sin A\sin B\sin C$ 。

（3）在任意 $\triangle ABC$ 中，有

① $\sin\dfrac{A}{2} \cdot \sin\dfrac{B}{2} \cdot \sin\dfrac{C}{2} \leqslant \dfrac{1}{8}$ ；

② $\cos\dfrac{A}{2} \cdot \cos\dfrac{B}{2} \cdot \cos\dfrac{C}{2} \leqslant \dfrac{3\sqrt{3}}{8}$ ；

③ $\sin\dfrac{A}{2} + \sin\dfrac{B}{2} + \sin\dfrac{C}{2} \leqslant \dfrac{3}{2}$ ；

④ $\cos\dfrac{A}{2} + \cos\dfrac{B}{2} + \cos\dfrac{C}{2} \leqslant \dfrac{3\sqrt{3}}{2}$ ；

⑤ $\sin A \cdot \sin B \cdot \sin C \leqslant \dfrac{3\sqrt{3}}{8}$ ；

⑥ $\cos A \cdot \cos B \cdot \cos C \leqslant \dfrac{1}{8}$ ；

⑦ $\sin A + \sin B + \sin C \leqslant \dfrac{3\sqrt{3}}{2}$ ；

⑧ $\cos A + \cos B + \cos C \leqslant \dfrac{3}{2}$ ；

⑨ $\sin^2\dfrac{A}{2} + \sin^2\dfrac{B}{2} + \sin^2\dfrac{C}{2} \geqslant \dfrac{3}{4}$ ；

⑩ $\tan^2 \dfrac{A}{2} + \tan^2 \dfrac{B}{2} + \tan^2 \dfrac{C}{2} \geqslant 1$；

⑪ $\tan \dfrac{A}{2} + \tan \dfrac{B}{2} + \tan \dfrac{C}{2} \geqslant \sqrt{3}$；

⑫ $\tan \dfrac{A}{2} \cdot \tan \dfrac{B}{2} \cdot \tan \dfrac{C}{2} \leqslant \dfrac{\sqrt{3}}{9}$；

⑬ $\cot \dfrac{A}{2} + \cot \dfrac{B}{2} + \cot \dfrac{C}{2} \geqslant 3\sqrt{3}$；

⑭ $\cot A + \cot B + \cot C \geqslant \sqrt{3}$。

（4）在任意锐角 $\triangle ABC$ 中，有

① $\tan A \cdot \tan B \cdot \tan C \geqslant 3\sqrt{3}$；

② $\cot A \cdot \cot B \cdot \cot C \leqslant \dfrac{\sqrt{3}}{9}$；

③ $\tan^2 A + \tan^2 B + \tan^2 C \geqslant 9$；

④ $\cot^2 A + \cot^2 B + \cot^2 C \geqslant 1$。

31. 帕斯卡定理：如果一个六边形内接于一条二次曲线（椭圆、双曲线、抛物线），那么它的三对对边的交点在同一条直线上。

32. 拟柱体：所有的顶点都在两个平行平面内的多面体叫作拟柱体，它在这两个平面内的面叫作拟柱体的底面，其余各面叫作拟柱体的侧面，两底面之间的垂直距离叫作拟柱体的高。

拟柱体体积公式［辛普森（Simpson）公式］：设拟柱体的高为 H，如果用平行于底面的平面 γ 去截该图形，所得到的截面面积是平面 γ 与一个底面之间距离 h 的不超过 3 次的函数，那么该拟柱体的体积为 $V = \dfrac{1}{6}(S_1 + 4S_0 + S_2)H$，式中，$S_1$ 和 S_2 是两底面的面积，S_0 是中截面的面积，即平面 γ 与底面之间距离 h $= \dfrac{H}{2}$ 时得到的截面的面积。

事实上，不只是拟柱体，其他符合条件（所有顶点都在两个平行平面上、用平行于底面的平面去截该图形时所得到的截面面积是该平面与一底之间距离的不超过 3 次的函数）的立体图形也可以应用该公式求体积。

33. 三余弦定理：设 A 为面上一点，过 A 的斜线 AO 在面上的射影为 AB，AC 为面上的一条直线，那么 $\angle OAC$，$\angle BAC$，$\angle OAB$ 三角的余弦关系为 $\cos\angle OAC = \cos\angle BAC \cdot \cos\angle OAB$（$\angle BAC$ 和 $\angle OAB$ 只能是锐角）。

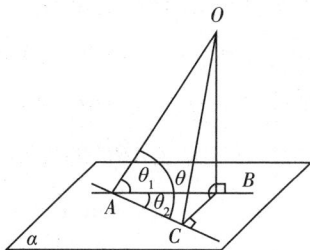

34. 在 Rt$\triangle ABC$ 中，C 为直角，内角 A，B，C 所对的边分别是 a，b，c，则 $\triangle ABC$ 的内切圆半径为 $\dfrac{a+b-c}{2}$。

35. 立方差公式：$a^3 - b^3 = (a-b)(a^2 + ab + b^2)$；

　　立方和公式：$a^3 + b^3 = (a+b)(a^2 - ab + b^2)$。

36. 已知 $\triangle ABC$，O 为其外心，H 为其垂心，则 $\overrightarrow{OH} = \overrightarrow{OA} + \overrightarrow{OB} + \overrightarrow{OC}$。

37. 过原点的直线与椭圆的两个交点和椭圆上不与左、右顶点重合的任一点构成的直线斜率乘积为定值 $-\dfrac{a^2}{b^2}(a > b > 0)$。

　　推论：椭圆上不与左、右顶点重合的任一点与左、右顶点构成的直线斜率乘积为定值 $-\dfrac{a^2}{b^2}(a > b > 0)$。

38. $\mathrm{e}^x = 1 + x + \dfrac{x^2}{2!} + \cdots + \dfrac{x^n}{n!} + \dfrac{\mathrm{e}^{\theta x}}{(n+1)!}x^{n+1}$；

　　推论：$\mathrm{e}^x > 1 + x + \dfrac{x^2}{2}$。

39. $\mathrm{e}^x - \mathrm{e}^{-x} \geqslant ax(a \leqslant 2)$；

　　推论：① $t - \dfrac{1}{t} \geqslant 2\ln t(t > 0)$；

　　② $\ln x \geqslant \dfrac{ax}{x+a}(x > 0，0 \leqslant a \leqslant 2)$。

40. 抛物线焦点弦的中点，在准线上的射影与焦点 F 的连线垂直于该焦点弦。

41. 双曲线焦点三角形的内切圆圆心的横坐标为定值 a（半长轴）。

42. 向量与三角形四心：

在 $\triangle ABC$ 中，角 A，B，C 所对的边分别是 a，b，c。

(1) $\overrightarrow{OA} + \overrightarrow{OB} + \overrightarrow{OC} = \vec{0} \Leftrightarrow O$ 是 $\triangle ABC$ 的重心。

(2) $\overrightarrow{OA} \cdot \overrightarrow{OB} = \overrightarrow{OB} \cdot \overrightarrow{OC} = \overrightarrow{OC} \cdot \overrightarrow{OA} \Leftrightarrow O$ 为 $\triangle ABC$ 的垂心。

(3) $a\overrightarrow{OA} + b\overrightarrow{OB} + c\overrightarrow{OC} = \vec{0} \Leftrightarrow O$ 为 $\triangle ABC$ 的内心。

(4) $|\overrightarrow{OA}| = |\overrightarrow{OB}| = |\overrightarrow{OC}| \Leftrightarrow O$ 为 $\triangle ABC$ 的外心。

43. 正弦平方差公式：$\sin^2\alpha - \sin^2\beta = \sin(\alpha - \beta)\sin(\alpha + \beta)$。

44. 对任意圆锥曲线，过其上任意一点作两条直线，若两直线斜率之积为定值，则与曲线两交点连线所在直线过定点。

45. 三角函数数列求和裂项相消：$\sin x = \dfrac{\sin\left(x + \dfrac{1}{2}\right) - \sin\left(x - \dfrac{1}{2}\right)}{2\cos\dfrac{1}{2}}$。

46. 点 $(x，y)$ 关于直线 $Ax + By + C = 0$ 的对称点坐标为 $\left(x - \dfrac{2A(Ax + By + C)}{A^2 + B^2}，y - \dfrac{2B(Ax + By + C)}{A^2 + B^2}\right)$。

47. 圆锥曲线统一的极坐标方程：$\rho = \dfrac{ep}{1 - e\cos\theta}$（$e$ 为圆锥曲线的离心率）。

48. 超几何分布的期望：若 $X \sim H(n，N，M)$，则 $E(X) = \dfrac{nM}{N}$ $\left(\text{其中}\dfrac{M}{N}\text{为符合要求元素的频率}\right)$，$D(X) = n\dfrac{M}{N}\left(1 - \dfrac{M}{N}\right)\left(1 - \dfrac{n-1}{N-1}\right)$。

49. $\{a_n\}$ 为公差为 d 的等差数列，$\{b_n\}$ 为公比为 q 的等比数列，若数列 $\{c_n\}$ 满足 $c_n = a_n \cdot b_n$，则数列 $\{c_n\}$ 的前 n 项和为 $S_n = \dfrac{c_{n+1} - q^2 c_n + c_1}{(q-1)^2}$。

50. 若圆的直径端点 $A(x_1，y_1)$，$B(x_2，y_2)$，则圆的方程为 $(x - x_1)(x - x_2) + (y - y_1)(y - y_2) = 0$。

51. 过椭圆上一点作斜率互为相反数的两条直线交椭圆于 A，B 两点，则直线 AB 的斜率为定值。

52. 二项式定理的计算中不定系数变为定系数的公式：$kC_n^k = nC_{n-1}^{k-1}$。

53. 三角形五心的一些性质：

（1）三角形的重心与三顶点的连线所构成的三角形面积相等。

（2）三角形的垂心与三顶点中任一点是其余三点所构成的三角形的垂心。

（3）三角形的垂心是它垂足三角形的内心。或者说，三角形的内心是它旁心三角形的垂心。

（4）三角形的外心是它的中点三角形的垂心。

（5）三角形的重心也是它的中点三角形的重心。

（6）三角形的中点三角形的外心也是其垂足三角形的外心。

（7）三角形的任一顶点到垂心的距离，等于外心到对边的距离的 2 倍。

54. 在 $\triangle ABC$ 中，角 A ，B ，C 所对的边分别是 a ，b ，c ，则 $\overrightarrow{AB} \cdot \overrightarrow{AC} = \dfrac{a^2 + b^2 - c^2}{2}$ 。

55. 当 $m > n$ 时，$\dfrac{e^m + e^n}{2} > \dfrac{e^m - e^n}{m - n} > e^{\frac{m+n}{2}}$ 。

数学常用软件与工具介绍

数学专业是一门需要大量计算和分析的学科，而数学软件和工具是数学专业学习和研究的重要辅助。本文将探讨数学专业中常用的数学软件和工具，着重介绍它们的功能和应用。

一、数学必备教学软件

手机投屏、在线腾讯文档、爱剪辑、希沃智能助教、希沃白板课堂活动、班级优化大师、人人通空间、问卷星。

二、其他推荐数学软件工具

软件名称	推荐等级	类型	功能和应用描述
3D 数学教学平台	★★★★★	电脑软件	数学实验与课件制作工具，包括函数绘图、动画制作、三维图形制作等功能
Desmos	★★★★★	网页端或 APP	绘制任何函数图像并做图像的动态演示，利用函数图像绘制图片
Flash8	★★★★★	电脑软件	一款相当优秀的专业化 flash 动画制作工具
GeoGebra	★★★★★	电脑软件或 APP	动态数学软件，包含了几何、代数、表格、图形、统计和微积分
MathType6.0 公式编辑器（汉化版）	★★★★☆	电脑软件	MathType 可以在多种文档中加入复杂的数学公式和符号，是编辑数学资料的得力助手
MathType 测试版	★★★★★	PC 类软件	一款强大的数学公式编辑器，支持在任何文字处理软件、演示程序、页面程序、HTML 编辑工具及其他类型的软件中建立公式。中小学教师可以用它来编辑数学试卷、书籍、报刊、论文、幻灯演示等。目前很多高校教师也都在使用，是编辑数学资料的得力工具
Photomath	★★★★★	APP	扫描数学问题，立即获得结果
超级计算器	★★★★★	电脑软件或 APP	可以进行三角函数、对数、周长、分数等各种高级数学计算，同时也可以一键切换到快速四则运算模式
公式大全	★★★★☆	小程序	初高中数学物理公式大全，中小学生在线复习利器

续 表

软件名称	推荐等级	类型	功能和应用描述
几何画板测试版	★★★★★	PC 类软件	一款专业的几何绘图工具，简洁易用，有助于教师解决制作几何课件难的问题。主要功能包括绘制平面、立体几何图形，将线段进行等分，作垂线、平行线，给图形自动添加标签等，还可以使图形上下、左右360°的旋转，可以无限放大、缩小，还可以动态演示图形变换过程等。很多教师对它强大的功能爱不释手，数学教学课件必备
美妙数学天天见	★★★★☆	公众号	一个邀请了众多数学大咖来给小朋友讲数学故事、数学趣闻、数学趣题的公众号，并按年级分类
青果错题本	★★★★☆	APP	青果错题本专为中学生设计，拍照上传即能轻松管理错题，还有基于知识点详解的丰富学习资源支持强化复习；操作便捷、省时省力、功能强大、效果显著。据统计，使用青果错题本强化复习两轮后，学生第一轮后对错题掌握正确率在50% ~ 70%左右，第二轮后达到90%以上，第三轮后达到了99%以上
申老师教你学数学	★★★★★	公众号	一个专门致力于数学学习方法讲解的公众号。以小学数学内容为主，分1 ~ 3年级和4 ~ 6年级，紧扣日常教学中的教材与教法
数学电子书	★★★★☆	小程序	这个小程序包含了各种版本的数学电子书，极大方便了家长和教师

续 表

软件名称	推荐等级	类型	功能和应用描述
数学口算练习	★★★★☆	小程序	一款口算、心算、速算的训练工具。适合小学和学龄前大班孩子使用。由不同等级和难度的题卡组成丰富的题库资源，适用于不同水平的孩子掌握数学知识。操作流程也很直白，选题、答题、复习、强化四个环节很容易上手
数学与思维	★★★★★	公众号	一个专门致力于训练学生数学思维的公众号，包括思维训练、同步学习和口算游戏。视频讲解决了家长辅导孩子对于辅导孩子方法的困惑，是一个值得推荐的公众号
谭念君名师工作室	★★★★★	公众号	湖南省教科研团队的标杆，围绕"育名师、出成果"的奋斗目标，开展"数学味、思维味、文化味"的三味课堂研究。名师成长的摇篮，资源辐射的中心，师生对话的平台，教育科研的基地
小盒老师	★★★★★	APP	小盒老师是小学数学通用的智能教学管理工具，教师可一键布置日常练习、系统自动批改并生成班级学情报告，还可针对不同学情、不同掌握能力的学生进行分层辅导和个性化学习内容推荐。此外，小盒老师还包含有丰富的教学课件、名师导学课程，是教师提高自身教学能力的数字资源库。APP还有拍照免批纸质口算功能，可帮助教师减轻日常练习批改压力

软件名称	推荐等级	类型	功能和应用描述
小学数学动画	★★★★☆	APP	通过形象、生动、清楚、易懂的触摸动画展示小学数学知识和原理（小学数学原理和公式）。APP 包含以下教学动画：加减乘除（1—10）；多位数运算；分数运算；小数运算；四则运算规律；几何公式教学

综上所述，数学专业的学习和研究都离不开数学软件和工具的支持。数学建模软件、数学绘图工具和数学符号编辑工具已成为数学专业学习和研究的有效助手，它们极大地提高了数学问题的解决效率和结果的准确性。对于数学专业学生和研究人员来说，熟练地掌握这些数学软件和工具，能更好地应对数学领域的挑战，从而取得更好的学术成果。

数学，让生活更美好！

在浩瀚的人类文明长河中，数学始终以其独特的魅力与深邃的内涵，成为推动社会进步、促进文明发展的重要力量。它不仅是科学研究的基石，更是日常生活中不可或缺的一部分。数学，以其严密的逻辑、精确的计算和无限的创造力，让我们的生活变得更加美好。

一、数学的魅力：探索未知，启迪智慧

作为一门研究数量、结构、空间等概念的学科，数学的魅力在于它的无限性和探索性。在数学的世界里，没有绝对的终点，只有不断地探索和发现。数学家们以无尽的热情和智慧，不断挑战数学的巅峰，解开一个又一个谜团。他们的努力不仅丰富了数学的理论体系，更为我们揭示了自然界的奥秘，启迪了人类的智慧。

数学的魅力还在于它的简洁性和普适性。数学语言是一种高度抽象和概括的语言，它用简洁的符号和公式表达了复杂的概念和规律。这种简洁性使得数学成为一种跨文化的通用语言，不同国家和民族的人可以通过数学进行交流和理解。同时，数学的普适性也体现在它的广泛应用上，无论自然科学、社会科学还是工程技术领域，都离不开数学的支撑和推动。

二、数学在生活中的应用：无处不在，无所不能

数学与我们的生活息息相关，它无处不在，无所不能。从日常购物到投资

理财,从城市规划到环境保护,从医疗健康到农业科技,数学都发挥着重要作用。

在购物时,我们需要计算商品的价格和折扣,以确保自己得到最大的实惠;在投资理财时,我们需要应用数学方法分析市场趋势和风险收益比,以做出明智的决策。这些看似简单的计算,背后都蕴含着数学的智慧和力量。

在城市规划中,数学的应用更是不可或缺。规划师们需要应用数学方法和模型对城市的交通流量、人口密度、资源分布等进行精确分析和预测,以制定出科学合理的规划方案。这些方案不仅关系到城市的可持续发展和居民的生活质量,更体现了数学在城市建设中的重要作用。

在医疗健康领域,数学的应用也日益广泛。医生们需要应用数学方法对患者的病情进行诊断,并制定合理的治疗方案。同时,数学在药物研发、疾病预防等方面也发挥着重要作用。通过应用数学方法和模型进行模拟和预测,科学家们可以更准确地了解疾病的发病机制和传播规律,从而制定出有效的防控措施。

三、数学对思维方式的塑造:培养理性思维,激发创造力

数学不仅是一门学科,更是一种思维方式。它教会我们如何理性思考,如何解决问题,如何面对挑战和困难。在学习数学的过程中,我们需要遵循一定的逻辑顺序和推理规则进行思考和计算。这种训练有助于我们培养理性思维的能力,使我们在面对复杂问题时能够保持清醒的头脑和清晰的思路。

同时,数学还激发了我们的创造力。在数学的学习和研究中,我们需要不断尝试新的思路和方法来解决问题。这个过程不仅锻炼了我们的创新思维和创造力,还让我们学会了如何从不同的角度看待问题并寻找解决方案。这种创造力的培养不仅在数学领域具有重要意义,在我们的日常生活和工作中也发挥着重要作用。

四、数学与科技的融合:推动社会进步,创造美好未来

随着科技的飞速发展,数学与科技的融合越来越紧密。在现代社会中,数学已成为推动科技进步和产业升级的重要力量。无论是信息技术、生物技术还

是新能源技术等领域的发展都离不开数学的支持和推动。

在信息技术领域，数学的应用尤为广泛。从计算机硬件的设计到软件的开发，从网络通信的加密到大数据的处理和分析，数学都在其中发挥着重要作用。特别是在人工智能领域，数学更是扮演着至关重要的角色。通过应用数学方法和模型进行算法优化、模型训练等工作，人工智能系统可以实现对复杂问题的智能决策、预测等功能。这些技术的应用不仅提高了我们的工作效率和生活质量，还为我们创造了更加便捷和智能的生活方式。

在生物技术和新能源技术领域中，数学的应用同样重要。生物学家们需要应用数学方法来分析基因序列和蛋白质结构等数据以揭示生命的奥秘；新能源工程师们则需要应用数学方法来优化能源转换和储存过程以提高能源利用效率，并减少环境污染。这些技术的应用不仅推动了相关领域的发展进步，还为我们创造了绿色和美好的未来。

综上所述，数学作为一门基础学科不仅具有重要的理论价值，还具有广泛的实用价值和社会意义。它已经渗透到我们生活的每一个角落，我们的生活因数学而变得更加美好，更加丰富多彩。在未来的日子里，让我们继续拥抱数学、热爱数学，用数学的智慧去创造更加美好的明天吧！同时，我们也应该注重数学教育的普及和提高，培养更多具有数学素养和创新能力的人才，为推动社会进步和发展贡献自己的力量。让我们携手共进，共同创造一个充满智慧与美好的世界！